캡스톤 디자인을 위한

로보틱스 프로그래밍

(TETRIX PRIZM 아두이노 활용)

남상엽 · 안병구 · 이규대 · 강현웅 공저

도서출판 상학당

欲爲大者 當爲人役

크고자 하거든 남을 섬기라

학습 모듈코드 1903080308_14v1

대분류	중분류	소분류	세분류	능력단위
전기전자/19	전자기기개발 /03	로봇개발/08	로봇소프트웨어개발/03	로봇지능소프트웨어개발/08

캡스톤 디자인을 위한 로봇틱스 프로그래밍 (TETRIX PRIZM 아두이노 활용)

머리말

TETRIX PRIZM 로보틱스 컨트롤러 프로그래밍 교재는 전자공학, 정보통신공학, 컴퓨터공학기계공학, 메카트로닉스 공학의 전공 학생들을 대상으로 PRIZM 컨트롤러와 TETRIX MAX 시스템을 이용해 뛰어나고 정밀한 로봇을 제작하고, 코딩할 수 있는 방법을 통하여 창의적 종합설계, 문제중심의 학습(Problem-Based Learning : PBL), 협동 중심(Cooperative Learning : CL)의 캡스톤 디자인 교육을 소개하고자 한다.

이 책은 TETRIX PRIZM 로봇을 PRIZM 컨트롤러와 아두이노 소프트웨어(IDE)를 이용해서 조립하고, 코딩하는 방법을 학습하기 위한 교재이다. 이 교재에서 다루는 내용들을 아주 기초적인 내용들뿐이며, 더 큰 로봇들을 이용해서 더 복잡한 일들을 수행할 수 있다. 이 책을 학습한 학생들은 기초를 쌓아서 캡스톤 디자인과 같은 창의적 종합설계 단계로써 더 어려운 창의적 문제해결 단계로 넘어가는 단계이다.

이 책은 실제 산업현장에서 부딪히는 문제를 해결할 수 있도록 대학(초/중/고등) 전 과정에서 배운 모든 이론 교과목들을 종합적으로 적용하여 문제를 해결하는 능력을 배양하고, 산업체와 공동으로 캡스톤 디자인이나 졸업 작품을 설계/제작함과 동시에 작품을 기획/설계/제작하는 전 과정을 경험하도록 하는 캡스톤 디자인 설계와 졸업 종합설계(capstone-Design) 교육 프로그램으로 교육과정을 제안하고자 한다.

교과의 내용은 5개의 기초 단계의 시작하기 활동들과 Bee-Dee Robot 조립 설명서, Bee-Dee Robot을 활용한 10개 이상의 심화된 수행활동들, 그리고 마지막으로 코드를 확장해보는 활동들로 이루어져 있다. 따라서 PRIZM 컨트롤러의 기능들과 TETRIX 하드웨어 부품들, 그리고 아두이노 소프트웨어를 탐구하는데 매우 유용한 교재가 될 것이다.

이 책은 플러그 앤 플레이 식의 PRIZM 컨트롤러와 더불어 직관적인 조립 방식, 그리고 문자기반의 사용하기 쉬운 소프트웨어를 사용해 로봇 기술을 배우고 학습하기 위한 것에 특화된 입문서이다. 또한 단계별로 기능을 발전시켜나가는 식의 순서로 구성되어 학생들이 좀 더 쉽게 흥미를 느끼며 수월하게 배울 수 있으며, 문제 해결 능력과 STEM 지식을 활용하는 법을 익히는데 도움이 될 것이다.

PRIZM은 단순히 프로그래밍뿐만 아니라 실생활에도 밀접히 관련되어 인생 교훈을 줄 수도 있는 교재이다. 센서, 기어 비, 파워 등 현실에서 실제로 사용되는 것을 기반으로 하며, 더 나아가 컨트롤러는 내부 구조를 사용자들이 볼 수 있도록 투명한 폴리카보네이트(polycarbonate)로 처리되어 있다.

이 교재는 매 활동마다 STEM을 바탕으로 심화 주제들을 포함하고 있으며, 학생들의 지식수준이나 능력에 맞춰 선택적으로 수행하도록 마련되어 있다.

이 교재를 통하여 PRIZM과 아두이노의 프로그래밍을 학습하는 것에 있어서 큰 발판이 되길 기원한다. 교재를 학습하고 나면, 분명히 창의적이고 기발한 로봇 제작을 할 수 있다.

이 교재에서 사용되는 부품은 TETRIX MAX에 사용되는 부품들 중 아주 일부에 불과하다. TETRIX 조립 시스템에 대한 추가적인 내용에 대해서는 www.TETRIXrobotics.com사이트를 방문

하면 여러 추가 부품들에 대한 설명과 비디오 등을 볼 수 있다.

이 교재는 컴퓨터, 정보통신, 전기, 전자, 무선통신, LED 등 관련 공학 분야의 입문자를 대상으로 가시광 무선 기술 활용에 대한 기본적인 지식이 없어도 단계별 필요지식을 꾸준히 따라오면 가시광 통신 기술 활용 관련 지식을 얻어 이해하는 단계로 발전하여 능력향상이라는 숲을 볼 수 있도록 눈높이를 맞추는 데 1차적인 목표를 두었다. 이 교재의 주요 구성은 다음과 같다.

학습 1 캡스톤 디자인 프로그램의 개요, 학습 2 TETRIX PRIZM™ 로보틱스 컨트롤러 구성 및 특징, 학습 3 PRIZM Bee-Dee Bot 조립, 학습 4 PRIZM과 아두이노 프로그래밍의 만남(1), 학습 5 PRIZM과 아두이노 프로그래밍의 만남(2), 학습 6 TETRIX PRIZM 아두이노 라이브러리 함수(1), 학습 7 TETRIX PRIZM 아두이노 라이브러리 함수(2), 학습 8 PRIZM Educator 기초 프로그래밍(1), 학습 9 PRIZM Educator 기초 프로그래밍(2), 학습 10 PRIZM Educator 기초 프로그래밍(3), 학습 11 PRIZM 응용 프로그래밍(1), 학습 12 PRIZM 응용 프로그래밍(2)으로 구성되어 있다. 특히 각 학습에서는 수행순서에 따른 수행질문에 따라 임의적으로 해법에 대하여는 생략했다. 창의적인 사고를 학생들이 추가로 작성하고 수행과제를 스스로 제시하고 토론을 통하여 새로운 자리를 마련하여 많은 지식을 상호간 문제점에 대하여 토론하길 바란다.

이 교재가 출간되기까지 가장 많은 지원과 아낌없는 격려를 보내주신 도서출판 상학당 남승우 사장님 및 출판할 수 있도록 배려해주신 편집의 남상석 차장, 노아현 연구원께 감사를 전한다. 또한 로보틱스 컨트롤러 프로그래밍 및 아두이노 관련 자문 및 논문, 보고서 자료제공을 해주신 관련 교수님, 기업 및 단체에 대하여 지면을 빌려 깊은 감사의 말씀을 전하고, 특히 아두이노 관련 자료를 인터넷 블로그 및 관련 연구소 자료집에 올려주신 저자들 등 관련 관계자 여러분에게 감사의 마음을 전한다. 이 책에서 부족했던 점이나 기타 문의사항과 관련한 자료 제공 및 지원은 도서출판 상학당을 통해 지속적으로 지원할 계획이며, 수행에 필요한 자료 등 기타 보충자료 또한 지속적으로 업데이트할 예정이므로 독자 여러분의 따뜻한 질책과 조언을 부탁드린다.

저자 씀

차 례

차 례

로보틱스 컨트롤러 프로그래밍 학습 모듈의 위치

대분류	19. 전기전자
중분류	03. 전자기기개발
소분류	08. 로봇개발

세분류	능력단위
03. 로봇 소프트웨어개발	01. 로봇 작업요구사항 분석
	02. 로봇 액추에이터 제어 소프트웨어 개발
	03. 로봇 센서 인터페이스 개발
	04. 로봇미들웨어 설계
	05. 로봇 모션제어 및 지능 소프트웨어 개발
	06. 로봇 시뮬레이터 개발
	07. 로봇용 UX/UI 개발
	08. 로봇 콘텐츠 소프트웨어 개발
	... 18 인지지능 소프트웨어 개발

로보틱스 컨트롤러 프로그래밍 학습 모듈의 개요

1. 학습 모듈의 목표

로봇의 모션 제어 목표 성능과 신뢰성을 만족하는 소프트웨어를 개발할 수 있으며, 로봇이 작업을 수행하거나, 이동하거나, 주변 환경을 인지하거나, 사람과 상호작용하기 위한 지능 기반 소프트웨어를 개발할 수 있다.

2. 선행 학습

C 프로그래밍, 로봇 소프트웨어 플랫폼(ROS) 프로그래밍, 로봇 공학, 모션 컨트롤러
아두이노

3. 핵심 용어

지능로봇, 소프트웨어, 알고리즘, 인공지능, 작업지능, 이동지능, 인지지능, HRI지능
아두이노

4. 교육과정 학점 및 이수시간

학 습	교육과정 학점 및 이수시간	
	학점	이수시간
1. 캡스톤 디자인 프로그램의 개요	3	3
2. TETRIX PRIZM™ 로보틱스 컨트롤러 구성 및 특징	3	3
3. PRIZM Bee-Dee Bot 조립	3	3
4. PRIZM과 아두이노 프로그래밍의 만남(1)	3	6
5. PRIZM과 아두이노 프로그래밍의 만남(2)	3	6
6. TETRIX PRIZM 아두이노 라이브러리 함수(1)	3	6
7. TETRIX PRIZM 아두이노 라이브러리 함수(2)	3	6
8. PRIZM Educator 기초 프로그래밍(1)	3	3
9. PRIZM Educator 기초 프로그래밍(2)	3	3
10. PRIZM Educator 기초 프로그래밍(3)	3	3
11. PRIZM 응용 프로그래밍(1)	3	3
12. PRIZM 응용 프로그래밍(2)	3	3

로보틱스 컨트롤러 프로그래밍 학습 모듈의 명세서

학습명	학습내용명
1. 캡스톤 디자인 프로그램의 개요	1-1 캡스톤 디자인의 의미 1-2 캡스톤 디자인의 도입배경 1-3 캡스톤 디자인의 목적 1-4 캡스톤 디자인 설계 단계 1-5 캡스톤 디자인 수행을 위한 전제조건 1-6 캡스톤 디자인의 외국사례
2. TETRIX PRIZM™ 로보틱스 컨트롤러 구성 및 특징	2-1 TETRIX PRIZM 로봇 컨트롤러의 개요 2-2 TETRIX PRIZM 로봇 컨트롤러의 특징 2-3 TETRIX PRIZM 로봇 컨트롤러의 구성 2-4 PRIZM 컨트롤러 부품개요 및 핀 다이어그램 2-5 TETRIX PRIZM 로봇 컨트롤러의 주변장치
3. PRIZM Bee-Dee Bot 조립	3-1 Prizm Bee-Dee Bot 조립의 개요 3-2 PRIZM™ 컨트롤러 연결 3-3 Bee-Dee Bot 조립하기 3-4 실생활과 접목하기 3-5 STEM 심화 주제
4. PRIZM과 아두이노 프로그래밍의 만남(1)	4-1 TETRIX PRIZM과 아두이노의 만남 4-2 아두이노 소프트웨어의 설치 4-3 아두이노 프로그래밍의 개요
5. PRIZM과 아두이노 프로그래밍의 만남(2)	5-1 아두이노 시리얼 통신의 프로그래밍 5-2 아두이노 자료형 변수와 상수의 프로그래밍 5-3 아두이노 연산자의 프로그래밍 5-4 아두이노 제어문의 프로그래밍 5-5 아두이노 함수의 프로그래밍 5-6 아두이노 배열의 프로그래밍
6. TETRIX PRIZM 아두이노 라이브러리 함수(1)	6-1 아두이노 라이브러리 함수의 설치 6-2 아두이노 라이브러리 함수의 종류 6-3 Include문 6-4 객체 선언 6-5 초기화 함수 6-6 배터리 전압 6-7 시작 버튼 6-8 컨트롤러 보드 LEDs

학습명	학습내용명
7. TETRIX PRIZM 아두이노 라이브러리 함수(2)	7-1 DC 모터 함수 7-2 인코더 함수 7-3 서보 모터 함수
8. PRIZM Educator 기초 프로그래밍(1)	8-1 PRIZM Educator의 개요 8-2 STEM의 심화주제와 실생활 접목
9. PRIZM Educator 기초 프로그래밍(2)	9-1 활동 시작하기 9-2 센서의 활용 9-3 STEM 심화주제와 실생활 접목
10. PRIZM Educator 기초 프로그래밍(3)	10-1 활동 시작하기 10-2 STEM 심화주제와 실생활 접목
11. PRIZM 응용 프로그래밍(1)	11-1 라인파인더 센서의 응용 11-2 STEM 심화주제와 실생활 접목
12. PRIZM 응용 프로그래밍(2)	12-1 초음파 센서를 활용한 응용 12-2 STEM 심화주제와 실생활 접목

학습 1 캡스톤 디자인 프로그램의 개요

학습 2	TETRIX PRIZM™ 로보틱스 컨트롤러 구성 및 특징
학습 3	PRIZM Bee-Dee Bot 조립
학습 4	PRIZM과 아두이노 프로그래밍의 만남(1)
학습 5	PRIZM과 아두이노 프로그래밍의 만남(2)
학습 6	TETRIX PRIZM 아두이노 라이브러리 함수(1)
학습 7	TETRIX PRIZM 아두이노 라이브러리 함수(2)
학습 8	PRIZM Educator 기초 프로그래밍(1)
학습 9	PRIZM Educator 기초 프로그래밍(2)
학습 10	PRIZM Educator 기초 프로그래밍(3)
학습 11	PRIZM 응용 프로그래밍(1)
학습 12	PRIZM 응용 프로그래밍(2)

학습 목표

1. 캡스톤 디자인 프로그램의 개요를 이해할 수 있다.

1-1 캡스톤 디자인의 의미

캡스톤(Capstone)이라는 의미는 피라미드의 맨 꼭대기에 얹히는 단 한 개의 돌기둥이나 담 위 등 그 상징적인 중요성 때문에 눈부신 흰색의 최고급 화강암으로 대단히 정교하게 깎아 만들었으며, '왕관과 같은 돌(관석, 罐石)'이라는 의미를 가지며, 창의적인 모양의 건축물의 정점에 놓인 장식, 최고의 업적 · 성취를 뜻하는 단어로써, "창의적 종합설계"로 표현하며 엔지니어를 양성하기 위한 공학교육에서 캡스톤 디자인은 대학과정 동안 배운 내용을 정점에 놓을 수 있도록 하는 교육 프로그램이다.

즉, 공학계열 학생들이 제품 등의 설계과제를 학생들이 직접 수행하면서 실제 현장 또는 산업현장에서 부딪칠 수 있는 문제들을 해결할 수 있는 능력을 길러주기 위해 대학과정 동안 배운 이론을 바탕으로 작품을 스스로 기획, 설계, 제작하는 전 과정을 경험하도록 하여, 산업 현장의 수요에 적합한 창의성, 실무능력, 팀워크 능력, 리더십 등을 키우기 위해 설계 기술 인력을 양성하는 종합적인 교육 프로그램을 의미한다.

[그림 1-1] 캡스톤 디자인

1-2 캡스톤 디자인의 도입배경

대학의 공학교육 과정이 대부분 이론중심의 기술교육 위주로 구성돼 있고 산업현장과 괴리된 엔지니어가 양산되고 있다는 지적은 이미 오래전부터 나왔다.

창의성과 경영공학을 중심으로 심도 있는 창의적 공학교육이 부족해 대학을 졸업하고 취업한 후에 실제 비즈니스 현장엔 적응하지 못하는 인력을 양산하면서 기업과 학생들의 불만도 자연스럽게 높아가고 있다.

기업들도 무한경쟁의 국제 경제 환경에서 '이론 중심의 기술교육'을 통한 전통산업만으로는 생존하기 어렵다는 것을 인식, 나노기술(NT) · 바이오기술(BT) · 정보기술(IT) 등 기술분야와 경영 · 마케팅 · 디자인 분야의 융합교육이 필요함을 강조해왔다.

이 같은 문제를 해결하기 위해 지난 2002년부터 산업자원부와 유관기관, 대학들이 선진국을 벤치마킹해서 도입한 것이 캡스톤 디자인이다.

캡스톤 디자인의 거시적 목표는 학문 분야별로 습득한 전문지식으로 산업에서 필요로 하는 작품 등 설계과제를 학생들이 직접 스스로 설계, 제작을 수행함으로써 제품의 개발단계에서부터 생산까지의 과정을 이해하는 것으로 실무능력, 팀웍 등을 기를 수 있는 전문 인력양성 프로그램이다. 그러나 최근에는 제품을 단순히 개발하고 생산하는데 그치지 않고 상품성과 경제성, 양산단계의 문제점까지 고려해야 한다는 다학제간 협력과제의 중요성이 부각되고 있다.

컴퓨터, 전자, 정보통신 공학, 산업공학 등 각 공학분야를 융합해 교육할 수 있는 시스템을 구축하기 위한 방법으로 기업가 정신을 기반으로 하는 다학제 융합 캡스톤 디자인 교육이 제시되고 있다. 기본 방향은 캡스톤 디자인을 사업 참여 학과의 정규 교과과정에 적용하여 산업체와 연계하여 현장감 있는 교수법 개발, 사업참여 산업체 요청 및 참여학과 교수와 산업체 협의로 과제선정, 과제결과 및 수행 내용을 축적하여 동종 업종 간의 기술공유, 과제의 평가 및 지도 결과를 학점으로 인정, 작품전시 및 평가회를 통하여 우수사례 발굴 등이다.

1-3 캡스톤 디자인의 목적

캡스톤 디자인의 설계요소는 크게 아이디어 단계(주제 목표설정 단계 : The establishment of objective and criteria), 작품계획(Plan) 합성(Synthesis) 및 제작(Construction)단계, 작품완성 단계로 구분되며 세 번째 단계인 작품완성 단계에서 제작된 스톤디자인 작품을 시험(Testing) 및 평가(Evaluation) 등을 공유함으로써 혁신적 공학교육활동의 성과 및 우수과제 등을 소개함으로써 공학계열 학생의 학습의욕 및 자긍심을 고취시키고자 한다.

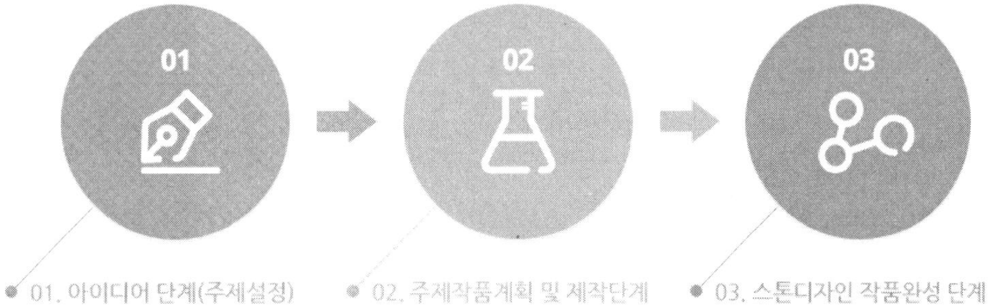

[그림 1-2] 캡스톤 디자인의 설계요소 단계

또한 캡스톤 디자인 작품들을 통하여 창의 · 융합형 공학설계 능력을 갖춘 공학기술 인력 양성 및 창의적 공학교육 확산의 계기를 마련함과 동시에 산업체에게 컴퓨터, 전자, 정보통신분야의 학생들의 역량 홍보의 역할을 한다.

1-4 캡스톤 디자인 설계 단계

캡스톤 디자인은 설계 혹은 구현 과제를 학생들이 직접 수행하도록 하여 다양한 문제의 도출부터 구체적인 해결방안 제시까지의 과정을 학생들이 체험할 수 있는 기회를 제공한다. 이러한 과정에서 현장실무능력을 키우기 위해서는 단순히 문제를 제시하는데 그치지 않고, 여러 가지 현실적인 제한조건(경제적, 환경적, 사회적)들이 설계에 반드시 고려되어야 하고, 설계된 문제의 구현에 대한 문제점까지 고려해야 한다는 요구가 있다.

또한 일반적으로 공학적인/비공학적인 관점에서의 캡스톤 디자인을 통하여 소비자들의 요구사항을 추출해내어서 문제를 정의하는 과정과 브레인스토밍을 통하여 창의적인 설계(해결)안을 만드는 과정, 그리고 실제 문제를 모델링하고 상용 SW를 이용하여 해석 하는 과정, 그리고 설계안에 따라 제작하고 비용을 분석해보는 과정 등이 반드시 포함되어야 한다.

따라서 캡스톤디자인에 포함되어야 할 내용들을 요약하면 〈표 1-1〉과 같다. 이러한 캡스톤 디자인을 수행하는 동안 학생들은 제한된 경비와 설계조건 내에서 최종 설계안을 도출해내고, 재료를 구입하고 스스로 최종 설계결과물을 만들어가는 과정을 경험해야 한다. 또한 팀으로 과제를 수행하면서 리더십, 팀워크, 의사소통능력, 갈등해소능력 등을 배양하게 된다.

〈표 1-1〉 캡스톤 디자인 단계

캡스톤 디자인 단계	내 용
문제의 정의	• 제품개발 필요성 인식 • 설문조사 및 시장성 평가 • 문제 정의문 작성
개념설계	• 제한조건 부여 • 창의적 해결방안 창출 • 최종안 선정
상세설계	• 문제의 수학적/역학적 모델링 • 공학적 해석 (상용 SW 사용) • 형상 모델링 및 도면의 작성
제작	• 제작과정 • 비용분석 및 원가계산
실험 및 결과	• 그래프 작성 / 결과분석
결론	• 결론 도출

1-5 캡스톤 디자인 수행을 위한 전제조건

캡스톤 디자인의 핵심은 체계적 공학설계 방법론에 창의적 사고를 어떤 방식으로 접목 시키느냐 하는 것이다. 각 설계과정은 여러 가지 의사결정 순간들의 연속이다. 의사결정을 올바르게 하기 위해서는 주어진 요구사항을 충족하는 적절한 대안들을 준비하고, 정확한 평가기준에 따라 평가한 후 결정할 수 있어야 한다.

여기서 적절한 대안들을 준비하는 과정에 창의적 사고를 적극적으로 활용하여야 한다. 즉 어느 특정한 설계 단계에서 창의적 사고를 적용하는 것이 아니라, 모든 의사결정이 이루어져야 하는 단계에서 창의적인 사고와 판단이 이루어져야한다. 따라서 캡스톤 디자인의 성공적인 운영을 위해서는 다음과 같은 사항이 전제되어야 한다.

1. 학생 각자의 전공지식에 대한 깊은 이해

전공지식이 부족한 가운데 문제를 해결할 수 있는가?

창의성 이전의 문제다. 전공지식에 대한 이해 없이 팀 작업을 통한 협력이 가능한가?

전공지식에 능숙한 학생에게 미루게 되고, 결국 그 팀에 무임승차하게 된다. 따라서 본격적인 프로젝트 진행 이전에 관련 전공지식을 충분히 이해하고 있는 수준에 도달하였는가를 평가하는 단계가 필요하다. 각 전공지식에 대한 충분한 이해는 각 교과목에서 이미 이루어졌어야 하지만 그렇지 못한 경우가 매우 많다.

전공지식을 통합된 문제 해결에 적절히 적용하는 능력은 종합설계 교과목 진행을 통하여 이루어질 수 있다. 과제 진행의 중간에 2~3번 정도 팀 구성원이 각자의 역할을 적절히 수행하고 있으며, 과제 해결을 위해 전공지식을 충분히 이해하고 있는지 확인할 필요가 있다.

팀 구성원 모두 전공지식이 부족한 경우, 최악의 팀 구성이 될 것이다. 팀 구성원은 팀워크의 필요성과 장점을 충분히 이해하고 활용할 수 있어야 한다.

2. 교수도 과제에 대한 충분한 이해

지도교수가 과제 진행상 의사결정에 참여해서는 안 되지만, 학생들의 과제진행에 따른 의식의 흐름을 이해하고 있어야 한다. 즉 교수 자신이 전공지식에 대한 충분한 이해와 함께 학생들의 과제 진행상의 흐름을 확실하게 이해하고 있어야 한다.

다양한 분야의 전공 지식이 필요할 경우, 여러 전공분야의 교수가 함께 지도하여야 한다. 교수의 체면을 세우기 위해 학생들의 희생에 눈을 감아서는 안 된다. 또한 수업 진행은 원칙적으로 공개할 수 있어야 한다. 일 년에 한 번 정도는 동료교수들이 강의진행을 참관하며 서로 조언과 격려를 아끼지 않는 열린 교육풍토가 조성되어야 한다.

3. 학생들은 문제해결을 위한 충분한 시간을 할애

문제 해결을 위한 몰입이 이루어지기에는 어느 정도의 워밍업 시간이 필요하므로, 외부의 방해를 받지 않고 작업을 진행할 수 있는 독립되고 방해받지 않는 공간이 필요하다. 이 공간이 반드시 넓거나 어떤 특정한 장치를 갖출 필요는 없다. 야간에도 편리하게 작업할 수 있는 안전이 보장된 공간이 필요하다.

4. 시제품 제작에 필요한 지원

과제진행에 따라 기능 확인에 필요한 시제품 또는 부품을 제작할 수 있는 공간과 도구가 필요하며, 가능하다면 지원인력이 상주하는 것이 바람직하다. 그러나 모든 작업을 지원인력에 의존할 수는 없으므로, 어느 정도의 교육을 받아 자신의 문제는 스스로 해결할 수 있는 정도의 작업능력을 갖추어야 한다.

5. 창의적 사고에 대한 학생 개인의 인식

학생들이 창의성을 발휘하여 작업을 진행하도록 지속적으로 자각시켜야 한다. 수업시간에 반복적으로 창의성에 대한 호기심을 유발시켜 주의를 환기시킨다. 관련 예를 설명하여 창의성 발휘를 위한 불씨를 던져야 한다.

6. 창의적 사고를 위한 다양한 도구

창의적 사고를 위한 다양한 도구는 소개하되, 그 사용은 학생 각자의 자율에 맡기도록 한다. 도구는 도구일 뿐이지 그것이 문제를 창의적으로 해결해주는 핵심은 아니다. 도구 사용 이전에 문제를 한 번 더 깊이 이해하도록 노력하고, 그에 적합한 전공 이론이나 지식을 찾는 것이 더욱 중요하다.

7. 학생들은 체계적 설계 방법론을 충분히 이해

학생들은 체계적 설계 방법론을 충분히 이해하고 적용할 수 있는 수준이 되어야 한다,

체계적 설계방법론에서 제시하고 있는 설계 단계는 학생들의 사고과정을 구속하는 것이 아니라 오히려 자유롭게 하려는 것이다. 각 단계를 충분히 이해할수록 제외해야 할 단계는 무엇이며, 반복해야 할 단계는 무엇인지를 명확히 할 수 있다. 설계단계라는 틀은 안 보일수록, 느끼지 못 할수록 바람직하지만, 진행과정에서 너무 벗어나지 않도록 방향을 잡아주는 데에 도움을 줄 수 있다. 설계단계 진행을 소프트웨어로 개발하여 사용할 수도 있으나 궁극적으로 간접적인 도구나 시스템으로는 해결하기 어렵다. 작업자가 충분히 이해하고 설계를 진행하는 것이 바람직하다. 또한 설계 진행과정 각 단계에서의 산출물이 무엇인지 인지하여야 다음 단계로의 진행이 확실해진다. 기존연구에 따르면 설계진행의 방향을 바로 잡는 작업을 지도교수와의 상담을 통하여 진행하게 되면 창의력 향상에 도움을 준다.

8. 체계적으로 만들어진 설계 작업의 샘플

체계적으로 만들어진 설계 작업의 샘플은 학생들의 작업에 많은 도움을 준다. 그러나 주의할 점은 그 샘플에 주어진 의사결정 내용이나 세부적인 설계 내용을 최상의 것으로 받아들여 답습하는 경우가 많다.

따라서 샘플은 주어진 프로젝트와는 무관하거나, 매우 거리가 먼 것을 예로 드는 것이 바람직하다. 또한 샘플은 단지 하나의 예라는 인식을 반복하여 학생들의 마음에 새기도록 하여야 한다. 그 외에도 학생들이 의사결정을 할 때에는 판단에 결정적인 조언을 하면 안 된다. 학생들은 그것을 정답으로 오해하고, 나중에 그 결정의 책임을 교수에게 돌리는 경우가 종종 있다. 모든 의사결정은 학생들이 스스로 해야 하며, 그에 따른 결과에 대한 책임도 그들이 져야한다는 것을 분명히 인식하도록 하여야 한다.

9. 창의적 사고의 결과에 대한 평가

창의적 사고에 대한 부분이 평가에 포함된다는 것을 명확히 하여야 한다.

창의적 사고의 결과에 대한 평가 시 결과물뿐 아니라 그 과정 자체에 대한 평가도 이루어져야 하며, 이러한 방식으로 평가가 이루어진다는 것을 학생이 명확하게 인지하도록 하여야 한다. 최종 결과물은 다른 학생들의 결과물과 비교하여 상대적으로 평가하는 것이 아니라, 그 자체의 과정에 대한 적절성(전공 지식의 정확한 이해 및 적용, 논리적 사고 전개, 적절한 의사결정 과정 등)을 절대평가 하여야 한다.

1-6 캡스톤 디자인의 외국사례

1. 미국 미시건 공대

40여개 기업과 함께 60여개의 캡스톤 디자인 프로젝트를 운영, 기업이 실제 필요한 사항을 직접 경험할 수 있게 한 것이 특징이다.

2. 중국의 칭화대학과 베이징대학

학교가 보유하고 있는 기술과 자본을 결합시켜 회사에 직접 투자하고 경영에 참여함으로써 학생들에게 풍부한 현장실습을 제공하는 독특한 프로그램을 전개하고 있다.

3. 싱가포르의 난양대학

공학도들에게 경제 마인드 및 기업가적 정신을 불어넣고 실제 창업 절차와 창업시 발생할 수 있는 난관과 대책, 벤처 캐피털리스트와의 면담 등 실제로 기업을 운영하는데 필요한 노하우와 기술을 선행 학습하는 기업가 정신 과정을 시도하고 있다.

4. 일본 가나자와 공대

인구 40만의 조그만 지방도시에서 프로젝트형 교육체계인 '공학설계교육(캡스톤 디자인)'을 실시하여 총학장의 설문조사에서 종합 2위를 차지하였다. 1992년부터 교수와 교직원을 미국 MIT, 스탠퍼드 대학 등으로 파견해 공학교육 현황을 파악하고 3년여 동안 200여 차례의 회의를 거쳐 1995년에 가나자와 공대만의 공학설계교육 프로그램을 완성했다. 기업이 제품을 개발하는 과정을 그대로 학교로 옮겨 놓은 것으로 실제 생산현장과 똑같은 과정을 대학 1학년 때부터 경험하게 하고 엔지니어로서 갖춰야 할 인간성을 정규 교과과정에서 몸에 배게 해 행동하는 엔지니어를 육성하고 있다.

수행 내용

재료 · 자료

- 캡스톤 디자인 관련 서적, 캡스톤 디자인 계획서, 부품 구매 계획서, 장비 도입 및 사용 메뉴얼 Arduino, TETRIX의 제어 및 코딩 관련 자료

기기(장비 · 공구)

- 컴퓨터, TETRIX DC 모터, TETRIX 파워 폴 모터 케이블, PRIZM 컨트롤러, USB 케이블, TETRIX 12V충전식 NiMH 배터리 팩, PRIZM 컨트롤러 ON/OFF 배터리 스위치 어댑터 180도 표준 스케일 HS-485HB 서보 모터 등

안전 · 유의사항

- 컴퓨터, TETRIX의 주변기기, PRIZM 컨트롤러의 전원을 관리한다.

수행 순서

01 캡스톤 디자인 수행 절차에 대하여 이해하고 계획을 수립해보자.

1. 캡스톤 디자인의 과제배경 및 목적을 고민해야한다.
2. 캡스톤 디자인의 계획을 위한 아이디어를 팀원간에 많은 토론을 통하여 수행내용의 정리가 필요하다.
3. 정리된 아이템을 계획서를 통하여 수행방법, 기대효과 및 절차를 마련해야 한다.
4. 캡스톤 디자인의 수행 계획을 통하여 부품, 장비, 등 제작을 위한 기본적인 설계에 따라 소요예산에 따라서 구입 및 대여 방법을 수립해야 한다.

학생 수강신청	○ 학과별 캡스톤 디자인 교과목 신청
≫	~1주차 : 수강신청 변경기간 내
캡스톤 디자인 오리엔테이션 및 팀 구성	○ 캡스톤 디자인 오리엔테이션(예산사용절차, 과제수행절차 등) ○ 지도 교수 협의를 통해 팀 구성 ※ 한 학생이 한 과제 (1개 과제)만 신청 가능
≫	~ 2, 3주차, / 과제신청서 제출
아이템 발굴	○ 팀별 아이템 발굴 및 기본설계 계획
≫	~ 3주차
주제 선정	○ 전략 수립을 통한 팀별 주제 선정
≫	~ 4주차
과제수행 시작	○ 과제수행 시작 ○ 팀별 작품설계 및 시제품 제작 – 팀별로 물품구매 요청서를 취합하여 교육운영지원/검토
≫	~ 학기 중
결과 발표	○ 교과목별 팀 단위로 과제 결과 발표 및 우수사례 선정 – 교과목별 1개의 우수사례 선정 ○ 최종 결과보고서 제출
≫	~ 기말고사 전 주
캡스톤 디자인 경진대회	○ 캡스톤 디자인 경진대회 출품 – 우수사례 작품 발표 및 시상
	~ 기말고사 전 주

02 캡스톤 디자인의 주별 세부 계획을 수립해 보자.

주차	주 제
1주차	과목 소개 및 캡스톤디자인 review
2주차	각 조별 설계 제작 계획서 작성
3주차	각 조별 설계 제작 계획서 발표
4주차	각 주제별 기본 이론 확인 및
5주차	각 주제별 기본 이론 학습 2
6주차	각 주제별 기본 이론 학습 3
7주차	각 조별 설계 제작 계획서 보완 및 계획 발표
8주차	과제 설계 및 제작 1
9주차	과제 설계 및 제작 2
10주차	과제 설계 및 제작 3
11주차	과제 설계 및 제작 4
12주차	중간 성과 발표
13주차	수정 보완 1
14주차	수정 보완 2
15주차	결과보고서 작성
16주차	최종 성과 발표

03 캡스톤 디자인 프로젝트의 발표시 들어가야 할 내용은 무엇인가?

캡스톤 디자인을 계획하는 팀별 다양한 계획과 내용이 있지만 반드시 포함될 내용을 정리해 본다.

1. 프로젝트의 소개
   1) 과제 개발 배경 및 목적
   2) 개발 동기(장르선정 이유)
   3) 선정 제목

4) 선정 이유 상세기술(설계 요구사항)

프로젝트 설계의 요구사항(소비자의 동향, 핵심기술 등)에 대하여 기술한다.

5) 개발 목표 등

프로젝트의 최종 목표를 기술한다.

6) 프로젝트 설계의 현실적인 제약요소

- 소비자의 요구사항(산업체 요구사항 포함)
- 프로젝트이 주요 특징 위주로 작성한다.
- 프로젝트의 구성시 고려되는 제약조건(산업 표준, 경제성, 윤리성, 안전성, 신뢰성, 미적요소 등을 간단히 설명한다.)

2. 프로젝트의 기능 분석(창의성)

1) 기능 진행(창의성)

창작형 과제인 경우 이 부분이 중요하므로 창의성과 독창석의 프로젝트의 특징 위주로 작성한다. 특히 산업체 도출과제인 경우 기존 제품과의 차별성 위주로 작성한다.

2) 기능에 대한 상세 설명 등(산업체 기술의 접목성)

산업체 도출 프로젝트인 경우는 이 부분이 중요하며 창작형 프로젝트인 경우 산업체에서 적용 가능성 위주로 작성한다. 관련 산업체의 요구사항 및 연계기술, 프로젝트의 특징 등을 기술한다.

3. 프로젝트의 기술 내용(핵심기술)

1) 개발 환경

2) 언어, 라이브러리, 프레임워크 구조, 클라이언트, 주요함수, 운영체계 등

3) 하드웨어 및 소프트웨어 관련 기술 소개 등

- 프로젝트 설계에 관한 핵심기술에 관한 기본이론을 자유롭게 기술한다.
- 프로젝트의 시스템 구성에 관하여 그림으로 설명한다.
- 프로젝트의 회로로 작성시에는 그림으로 설명한다.
- 프로젝트가 SW로 구성시에는 해당 프로그램 설계과정을 Flowchart 형식으로 작성한다.

4) 시뮬레이션 결과

- 프로젝트의 H/W 경우에 회로설계 시뮬레이션 결과 및 설계 검증 과정을 기술한다.
- 프로젝트의 S/W 경우에 시뮬레이션 결과 및 설계 검증 과정을 기술한다.

4. 프로젝트의 팀원 역할과 수행내용
   분야별 프로젝트 참여도 등
5. 프로젝트이 결과 및 현재 진도(중간발표시)
   1) 현재 진도
   2) 계획
   3) 작품 제작 결과 및 진행과정
      프로젝트의 제작과정 및 결과에 대하여 사진 및 설명을 한다.
   4) 작품 제작시험 및 동작 설명
      프로젝트의 시험장비 및 시험결과(그래프 등)를 설명한다.
   5) 작품 제작시 문제 및 해결방안
      프로젝트 과정에서 발생한 문제점 및 해결방법에 대하여 설명한다.
6. 기타(결론)
   1) 프로젝트의 수행 결과에 대하여 설계 작품의 와성된 결과를 요약하여 기술한다.
   2) 본 프로젝트 설계 작품을 통해 배운 점을 기술한다.
   3) 향후 개선사항을 기술한다.
   4) 프로젝트를 위해 활용한 참고자료(문헌)을 기술한다.
      - 논문저자, "논문명", 논문지 권(호) 및 발행기관, 2019년 5월, pp. 페이지번호
      - 저자명, "도서명", 도서출판 기관, 출판년월 2019년 5월, pp. 페이지번호
      - 자료저자(회사)명, "자료명", 발행기관, 2019년 5월, pp. 페이지번호
      - 웹사이트, "자료명", 웹사이트 URL 및 기관명

04 캡스톤 디자인의 결과보고서에 들어가야 할 내용은 무엇인가?

1. 결과보고서의 요약개요를 기술한다.
   1) 결과 보고서에 들어갈 내용은 학과명, 팀명칭, 과제기간, 과제형태, 과제제목, 주제구분, 팀구성 및 소요 금액을 상세하게 기술한다.
   2) 참여 인원현황 및 담당업무를 상세하게 기술한다.
   3) 참여기업 현황 등을 상세하게 기술한다.

학과명		팀명칭	
과제 기간	년 월 일 ~ 년 월 일		
과제 형태	1. 전시 2. 공연/행사 3. 논문발표 4. 기타( )		
과제 제목			
주제 구분	ㅁ 기업체요구주제 ㅁ 자율주제		
팀 구 성	ㅁ 전공형 ㅁ 융합형 ㅁ 기업연계형		
소요 금액			

참여인원현황 및 담당업무						
구분	성명	학과명	학년	학번	담당업무	연락처
지도교수						
팀장						
팀원						

참여기업 현황			
회사명	참여자 성명	소속/직위	담당업무

2. 캡스톤디자인의 결과보고서에서 상세 결과보고서를 작성한다,

1) 과제 배경 및 목적

가. 예시) 000학과 2학년 학생의 재학기간 동안의 학업성취도의 결과물을 도출하며, 학생들의 전공능력 향상 등등.....

나.

2) 운영 결과 및 평가

가. 운영결과

(1) (운영상 강점 기술)

(2)

(3)

나. 산업체 참여 기업 내역(산업체 참여시 작성)

(1) (참여기업 현황 및 과제 진행시 참여기업 역할 작성)

(2) (운영 및 과제 결과물에 대한 참여기업 의견 작성)

(3)

다. 산출 결과물

(1) (결과물에 대한 세부 내용 작성)

(2)

(3)

라. 개선사항 도출 및 환류

(1) (운영상 문제점 및 개선해야할 점 기술 및 개선사항에 대한 개선 방안술)

(2)

(3)

3) 소요예산(예제 참조)[운영비 정산 양식에 작성]

20XX학년도 캡스톤디자인 운영비 정산내역 총괄표

결재	담당	책임교수	학과장

학과명 : OOO학과

구 분	세부내역	일자	수입금액(원)	지출금액(원)	증빙자료	비 고
정산예정금액	20XX학년도 캡스톤디자인 운영비	20XX-09-20	1,000,000			
	20XX년 결산이자	20XX-10-25	450			
	실습재료 구입	20XX-09-25		400,000	체크카드영수증	국제문구
	도록 제작비	20XX-10-20		500,000	현금영수증	국제인쇄
	현수막 제작비	20XX-10-01		55,000	체크카드영수증	국제인쇄

사용 예정액은 빨간색으로 표시

4) 기타사항으로 결과 보고서에 추가로 작성할 사항이 있으면 첨부하여 작성한다.

5) 캡스톤 디자인 실시 사진을 첨부한다(과제 진행사진 및 결과물 사진).

학습 1

05 캡스톤 디자인 교과목을 한 학기 동안 프로젝트 수행한 후 이 과목의 전반적 설문 항목의 내용에 대하여 자발적으로 평가 수행해 보자.

1. 캡스톤 디자인 교과목 전반적 내용 및 평가

설문항목	매우 그렇다	그렇다	보통이다	아니다	전혀 아니다
	5	4	3	2	1
1. 학생이 이 프로그램에 참여하게 된 계기는 무엇입니까?	자발적 참여	교수님 권유	전공 선택과목	홍보를 통해	기타
2. 캡스톤디자인 교과목의 내용은 본인에게 적절하였으며, 문제해결 능력 및 자기계발에 도움이 되었다.					
3. 캡스톤디자인 교육프로그램의 전반적 운영 및 과제지원비가 적당하였다.					
4. 캡스톤디자인을 통해 취업역량 강화에 도움이 되었다.					
5. 캡스톤디자인 교과목 수강을 다른 사람에게 권유 하겠다.					
6. 산업체 관계자(멘토)의 자문 및 지도 내용은 과제진행 시 도움이 되었다.					
합 계					

2. 기타 건의사항(장점, 단점, 개선점, 애로사항 등)을 자유롭게 기재해 보자.

학습활동.1 교수 · 학습 방법

교수 방법

- 캡스톤 디자인 프로그램의 개요에 대한 관련 용어, 구성, 방식 이해 정도를 파악한 후 수업을 진행한다.
- 교수자의 주도로 캡스톤 디자인 프로그램의 개요 등의 내용을 PPT 자료로 제시한 후 설명한다.
- 가능하면 사전에 개인별 학습 자료를 준비하여 모든 학생이 참여할 수 있는 문제 해결식 수업, 협력 수업이 가능하도록 한다.
- 캡스톤 디자인 프로그램의 개요 전 과정을 작업의 순서에 따라 단계적으로 실습이 이루어질 수 있도록 지도한다.
- 교재를 통해 수업을 준비하는데 있어서 필요한 모든 정보나 팁, 힌트 등 도움이 될 만한 내용들을 확인할 수 있다.
- 학생들이 만들게 될 각 모델들은 수업시간에 중점적으로 다뤄질 부분과 어휘, 질문, 답을 포함하고 있으며 또한 탐구할만한 추가적인 아이디어들도 포함하고 있다.

학습 방법

- 캡스톤 디자인 프로그램의 개요에 대한 관련 용어를 숙지하고, 캡스턴 디자인 프로그램의 개요에 대해 이해한다.
- 캡스톤 디자인 프로그램의 개요의 각 단계별 중점 사항을 체계적으로 학습한다.
- 캡스톤 디자인 프로그램의 개요의 수행순서의 전 과정을 실습한다.
- 캡스톤 디자인 프로그램의 개요의 내용을 이해한다.
- 캡스톤 디자인 프로그램의 개요를 이해하고 숙달이 될 때까지 학습한다.

학습활동.1 평가 및 피드백

평가 준거

- 평가자는 피평가자가 수행 준거 및 평가 내용에 제시되어 있는 내용을 성공적으로 수행할 수 있는 지를 평가해야 한다.

학습내용	평가항목	성취수준		
		상	중	하
캡스톤 디자인 프로그램의 개요	캡스톤 디자인 프로그램의 개요를 이해할 수 있다.			

평가 방법

• 작업 포트폴리오

학습내용	평가항목	성취수준		
		상	중	하
캡스톤 디자인 프로그램의 개요	캡스톤 디자인 프로그램의 개요를 이해할 수 있다.			

• 필기시험

학습내용	평가항목	성취수준		
		상	중	하
캡스톤 디자인 프로그램의 개요	캡스톤 디자인 프로그램의 개요를 이해할 수 있다.			

• 체크리스트를 통한 관찰

학습내용	평가항목	성취수준		
		상	중	하
캡스톤 디자인 프로그램의 개요	캡스톤 디자인 프로그램의 개요를 이해할 수 있다.			

• 피드백

1. 작업 포트폴리오
   - 제출한 보고서를 평가한 후 주요 사항에 대하여 표시하여 돌려준다.
2. 필기 시험
   - 평가 결과 성적이 저조한 학생은 보고서 제출 기회를 부여한다.
3. 체크리스트를 통한 관찰
   - 실습 과정에서 평가한 후 개선해야 할 사항 등을 정리하여 돌려둔다.

참고자료

1. www.jj.ac.kr/practice/capstone/01.jsp
2. capstone.hknu.ac.kr
3. linc.kookmin.ac.kr/education/capstone_design
4. 캡스톤디자인 매뉴얼. 창원대학교, 2016.9
5. 캡스톤 디자인 교과목 운영 안내, 연세대학교, 2018.9
6. https://www.hansung.ac.kr/web/capstone-design/home
7. https://www.mju.ac.kr

학습 1	캡스톤 디자인 프로그램의 개요
학습 2	**TETRIX PRIZM™ 로보틱스 컨트롤러 구성 및 특징**
학습 3	PRIZM Bee-Dee Bot 조립
학습 4	PRIZM과 아두이노 프로그래밍의 만남(1)
학습 5	PRIZM과 아두이노 프로그래밍의 만남(2)
학습 6	TETRIX PRIZM 아두이노 라이브러리 함수(1)
학습 7	TETRIX PRIZM 아두이노 라이브러리 함수(2)
학습 8	PRIZM Educator 기초 프로그래밍(1)
학습 9	PRIZM Educator 기초 프로그래밍(2)
학습 10	PRIZM Educator 기초 프로그래밍(3)
학습 11	PRIZM 응용 프로그래밍(1)
학습 12	PRIZM 응용 프로그래밍(2)

학습 목표	2. TETRIX PRIZM™ 로보틱스 컨트롤러 구성 및 특징을 이해할 수 있다.

2-1 TETRIX PRIZM 로봇 컨트롤러의 개요

TETRIX® PRIZM™은 자율 제어 가능하도록 설계된 프로그래밍이 가능한 타깃 시스템이다.

구축하고자하는 로봇 및 메카트로닉스 시스템은 TETRIX 구성 부품를 사용하여 제작하도록 되어 있다. PRIZM의 설계 구조는 아두이노(Arduino)와 호환되며 프로그램 메모리 칩과 아두이노(Arduino) UNO.로써 미리 프로그래밍된 옵티부트(Optiboot) 부트로더된 ATmega328P를 사용한다.

PRIZM은 제작하고자하는 로봇에 강력하면서도 사용하기 쉬고 완벽하게 통합된 두뇌로 사용할 수 있도록 제공한다. 또한 아두이노 소프트(Arduino Software)인 통합 개발환경(IDE : Integrated Development Environment)과 결합하면 공학 설계 및 코딩 교육에 사용에 사용하면 이상적인 학습 도구를 제공할 수 있다.

IDE는 코딩, 디버그, 컴파일, 배포 등 프로그램 개발에 관련된 모든 작업을 하나의 프로그램 안에서 처리하는 환경을 제공하는 소프트웨어이다. 종래의 소프트웨어 개발에서는 컴파일러, 텍스트 편집기, 디버거 등을 따로 사용했다. 이러한 프로그램들을 하나로 묶어 대화형 인터페이스를 제공한 것이 통합 개발 환경이다. 최근의 통합 개발 환경(IDE)은 그래픽 사용자 인터페이스(GUI) 응용 프로그램 개발용 고속 개발 도구가 많다.

학습 2

〈표 2-1〉 TETRIX PRIZM 로봇 컨트롤러 기술 사양

항 목	상 세 사 양
마이크로 컨트롤러	아두이노 오티부트 부트로더로 인스톨된 ATmega328P
메모리	32 KB 플래시 프로그램 가능한 메모리(ATmega328P)
전원	9~18 volts DC
DC 모터 포트	2 파워폴(Powerpole)연결; H-bridge PWM controlled; 10 amps 각 채널연속 전류, 20-amp 피크(peak)
추천 모터	TETRIX® 12-Volt DC Motor(39530)
DC 모터 제어 모드	Constant power(−100% to 100%) PID constant 속도(−720 to 720 degrees per second) 인코더 목표 위치 및 고정에 대한 PID constant 속도 인코더 각도 위치 및 유지에 대한 PID constant 속도 정지시 브레이크 또는 코스트(Coast)모드 DC 모터 현재 모니터링(모든 모드)
추천 인코더	TETRIX MAX 모터 축 인코더(Motor Shaft Encoder_Pack (38000)
모터 인코더 포트	2 직교(quadrature), 5 Volts DC, 50 mA max; Spec: 360 CPR, 1,440 PPR; ENC 1와 ENC 2
USB 커넥터	USB 타입 B
USB 드라이버	FTDI
표준 서보 포트	전체 6개 : 서보 채널 1~6
연속 회전(Continuous rotation)서보 포트	전체 2개 : CR1과 CR2 채널
전체 서보 전원 제한한계	6 Volts DC, 6 Amps 최대
서보 제어 모드	서보속도 설정(0% to 100%) 서보옵션 설정(01~80도) CR 서보상태 설정(Spin CW/Spin CCW)
배터리 전원 모니터링	0~18V 범위
1 디지털 센서 포트 (D2-D5):	각각은 디지털 입력과 출력으로 구성할 수 있다. D2는 직렬통신 포트로써 구성할 수 있다.
3 아날로그 센서 포트 (A1-A3):	각 포트는 아날로그 입력 혹은 디지털 입, 출력 포트로 구성할 수 있다.

항　목	상세사양
1 I^2C 포트 (I^2C):	100 Khz 속도(speed). 이 연결은 내부 DC 모터 및 서보 모터 제어 칩과 동일한 I^2C 버스를 공유한다. I2C 어드레스 0x01-0x06는 PRIZM 제어기에 의하여 지정되어 있다.
모터 컨트롤러 확장포트 (EXP):	확장포트에 추가된 TETRIX DC 모터와 서보 제어 모듈을 데이지 체인 방식으로 연결하기 위한 추가 포트
배터리 연결 포트	파워폴 형태; 확장 포트에 추가 된 모터 컨트롤러에 배터리 전원을 데이지 체인 방식으로 연결하기 위한 추가 포트
1 녹색 시작 버튼 (START)	프로그램 가능한 푸시버튼
1 적색 Stop/Reset 버튼 (RESET)	프로그램 불가능한 푸시버튼
1 적색 LED	표시기로 사용하는 프로그램 가능한 LED
1 녹색 LED:	표시기로 사용하는 프로그램 가능한 LED
1 청색 LED:	조명일 때 전원 표시기가 켜진다.
2 황색 LEDs:	USB 포트에 시리얼 데이터 동작 표시기
1 적색과 1 녹색 DC 모터 LEDs	각 DC 모터 채널을 위해 DC모터의 회전과 방향 표시기

2-2 TETRIX PRIZM 로봇 컨트롤러의 특징

TETRIX PRIZM 로보틱스 컨트롤러의 특징은 다음과 같다.

- 2개의 고 전류 DC 모터 제어 포트,
- 6개의 표준 제어 서보 포트
- 2개의 연속 회전(CR : Continuous Rotation) 서보 포트
- 4개의 디지털 센서 포트 : D2는 직렬 포트로 사용 가능, D2-D5는 디지털 입력 또는 출력 구성 가능
- 3개의 아날로그 센서 포트 : (A1-A3)는 아날로그 입력 또는 디지털 입력 또는 출력)
- I2C 포트 1개
- USB 프로그래밍 포트 1개
- 모터 컨트롤러 확장 포트 1개
- 2구적 인코더 입력 포트
- 2개의 배터리 연결 포트(전원을 다른 장치에 데이지 체인 연결하는 데 사용되는 추가 포트 장치)

2-3 TETRIX PRIZM 로봇 컨트롤러의 구성

TETRIX PRIZM의 구성은 [그림 2-1]처럼 TETRIX PRIZM 로봇틱스 컨트롤러를 포함하여 구성되어 있다.

- TETRIX PRIZM 로봇 컨트롤러 1대
- 2개의 파워 폴 DC 모터 케이블
- 1개의 USB 케이블 유형 A~B
- 1개의 배터리 온 / 오프 스위치 어댑터 파워 폴 커넥터 포함

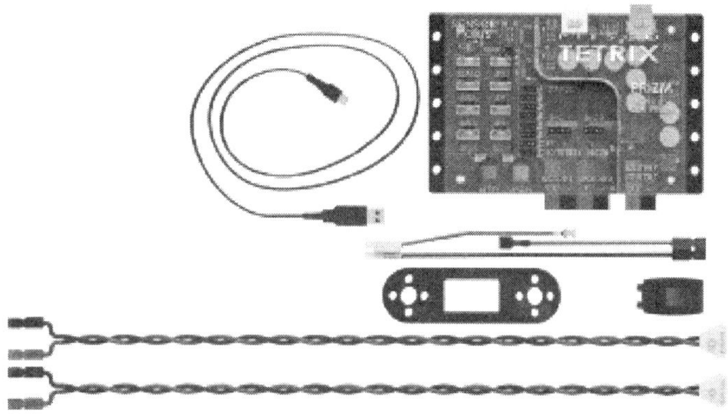

[그림 2-1] TETRIX PRIZM 로보틱스의 구성

PRIZM 컨트롤러는 USB 케이블을 통해서 컴퓨터와 연결할 수 있다.

전원은 TETRIX 12V 충전식 니켈 금속 수소화물(NiMH; Nickel Metal Hydride) 배터리 팩을 사용한다. 컨트롤러는 두 개의 DC 모터 제어 시스템을 가지며, 각각의 모터는 속도와 위치의 정확한 제어를 위해 직교형 인코더를 가진다.

더불어, 6개의 표준 서보 포트와 2개의 연속 회전 서보 포트를 가지고 있다. 디지털 센서 포트는 총 4개, 아날로그 센서 포트는 총 3개이며 I2C 포트 1개도 포함하고 있다. 디지털 포트 D2는 연속적인 데이터 통신을 위해서 아두이노 내의 시리얼 모니터와 연결해 사용할 수 있다. 마지막으로, PRIZM 보드는 두 개의 LED를 포함하며, 하나는 적색, 다른 하나는 녹색으로 시각적인 표시로 사용될 수 있다.

PRIZM 컨트롤러의 기능은 ATmega328P 칩을 통해 구현되며, USB 연결을 통해 프로그램을 업로드할 때는 옵티부트 부트로더를 사용한다. 더불어 모터 함수를 제어하기 위해서 DC 모터 제어 및 인코더 인터페이스 칩과 서보 제어 칩, 두 가지의 추가 프로

세서 칩을 사용한다.

이 두 개의 칩은 I2C 통신을 거쳐 메인 프로세서 칩과 소통하게 된다. 두 개의 모터 제어 칩 모두 각자의 펌웨어(firmware)를 가져, 메인 프로세서가 코드를 실행하는 면에 있어서 훨씬 자유롭고, 유연한 처리를 가능하게 한다.

녹색의 시작 버튼은 컨트롤러에 업로드된 프로그램을 실행시키는 버튼이다.

그리고 적색의 리셋 버튼은 실행된 프로그램을 멈추는 데 사용된다. 리셋 버튼을 누르면 모든 칩을 재설정하며, 안에 저장된 메모리 값들은 모두 0로 초기화된다.

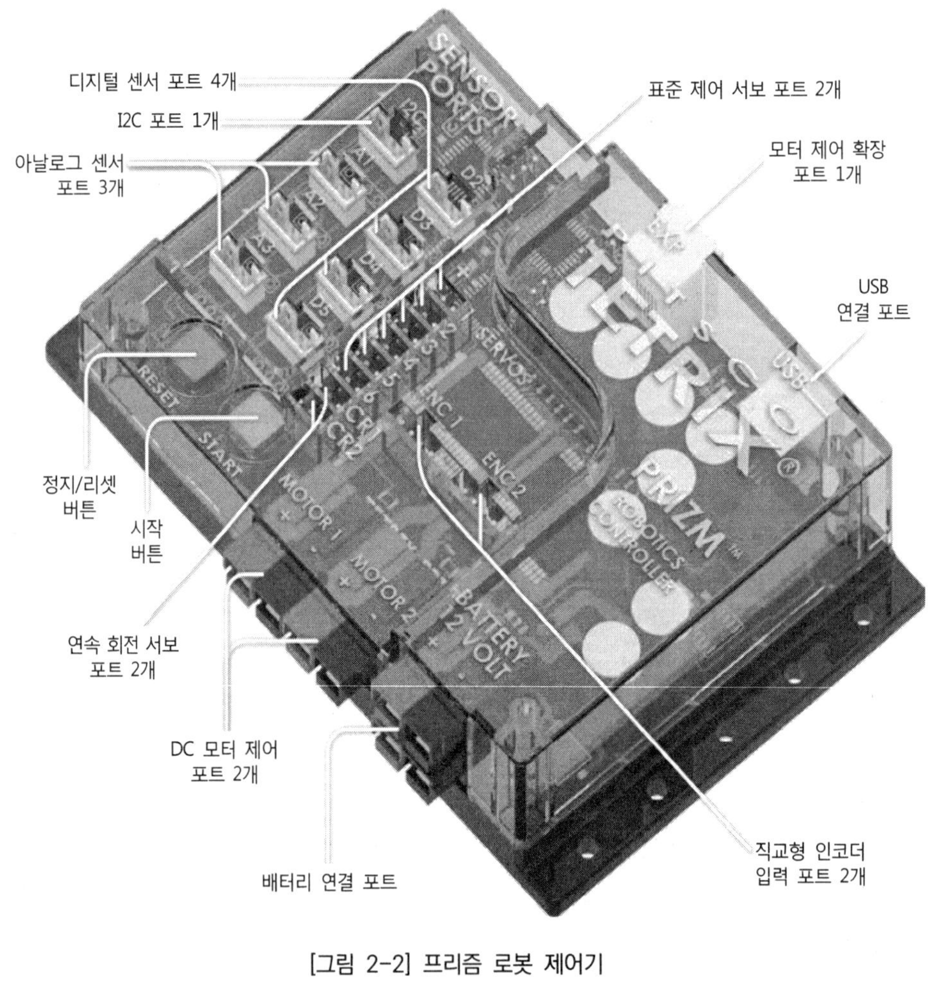

[그림 2-2] 프리즘 로봇 제어기

2-4 PRIZM 컨트롤러 부품개요 및 핀 다이어그램

1. PRIZM 센서 포트

PRIZM 컨트롤러는 아두이노 UNO와 호환 가능한 핀 지정(pin assignment)을 사용한다.

아두이노 PRIZM 라이브러리에서 지원되는 센서들은 라이브러리 함수를 사용하면 자동으로 설정이 된다. 그 외의 다양한 유형의 센서들도 지원이 가능해지면 추가될 예정이다. 하지만 I^2C 포트를 제외한다면 다른 모든 포트들은 아두이노 핀모드(pinMode) 함수를 이용하면 입력 또는 출력으로 사용될 수 있다. 자세한 내용은 아두이노 홈페이지(www.arduino.cc)의 Language Reference 항목을 참고하라.

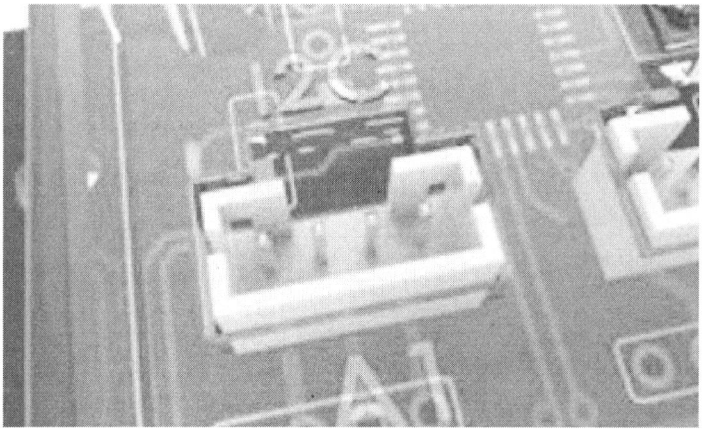

[그림 2-3] PRIZM 센서 포트

〈표 2-2〉 I2C 핀 지정

핀 번호	기능	아두이노 소프트웨어 (IDE) 핀 배치
Pin 1	접지(Ground)	N/A
Pin 2	+5 volts, 100mA	N/A
Pin 3	SDA (I2C 시리얼 데이터)	ADC4 입력 채널 (A4)
Pin 4	SCL (I2C 시리얼 클록)	ADC5 입력 채널 (A5)

〈표 2-3〉 아날로그 센서 포트 (A1)

핀 번호	기능	아두이노 소프트웨어 (IDE) 핀 배치
Pin 1	접지(Ground)	N/A
Pin 2	+5 volts, 100 mA	N/A
Pin 3	No connect	N/A
Pin 4	아날로그 입력 혹은 디지털 입/출력	아날로그 입력 (A1) ㅣ 디지털 I/O (15)

〈표 2-4〉 아날로그 센서 포트 (A2)

핀번호	기능	아두이노 소프트웨어 (IDE) 핀 배치
Pin 1	접지(Ground)	N/A
Pin 2	+5 volts, 100 mA	N/A
Pin 3	No connect	N/A
Pin 4	아날로그 입력 혹은 디지털 입/출력	아날로그 입력 (A2) ㅣ digital I/O (16)

〈표 2-5〉 아날로그 센서 포트 (A3)

핀번호	기능	아두이노 소프트웨어 (IDE) 핀 배치
Pin 1	접지(Ground)	N/A
Pin 2	+5 volts, 100 mA	N/A
Pin 3	No connect	N/A
Pin 4	아날로그 입력 혹은 디지털 입/출력	아날로그 입력 (A3) ㅣ digital I/O (17)

✔ Tip

- PRIZM I^2C 포트는 I^2C 모드에서만 사용될 수 있다.
- 아날로그나 디지털 모드에서 I^2C 포트를 사용하지 마라.

✔ Tip

A1 - A3의 아날로그 센서 포트는 디지털 입력/출력으로도 사용될 수 있다.

〈표 2-6〉 디지털 센서 포트 (D2)

핀번호	기능	아두이노 소프트웨어 (IDE) 핀 배치
Pin 1	접지(Ground)	N/A
Pin 2	+5 volts, 100 mA	N/A
Pin 3	디지털 입/출력	디지털 I/O (9)
Pin 4	디지털 입/출력	디지털 I/O (2)

〈표 2-7〉 디지털 센서 포트 (D3)

핀번호	기능	아두이노 소프트웨어 (IDE) 핀 배치
Pin 1	접지(Ground)	N/A
Pin 2	+5 volts, 100 mA	N/A
Pin 3	No connect	N/A
Pin 4	디지털 입/출력	디지털 I/O (3)

〈표 2-8〉 디지털 센서 포트 (D4)

핀번호	기능	아두이노 소프트웨어 (IDE) 핀 배치
Pin 1	접지(Ground)	N/A
Pin 2	+5 volts, 100 mA	N/A
Pin 3	No connect	N/A
Pin 4	디지털 입/출력	디지털 I/O (4)

〈표 2-9〉 디지털 센서 포트 (D5)

핀번호	기능	아두이노 소프트웨어 (IDE) 핀 배치
Pin 1	접지(Ground)	N/A
Pin 2	+5 volts, 100 mA	N/A
Pin 3	No connect	N/A
Pin 4	디지털 입/출력	디지털 I/O (5)

2. PRIZM 서보 포트

PRIZM 컨트롤러는 6개의 서보 포트를 가지며 각각 1에서 6로 표시되어 있다. 하나의 서보 채널은 하나의 표준 서보 포터를 제어할 수 있으며 TETRIX PRIZM 라이브러리를 통해서 이루어진다.

[그림 2-4] 서보 모터 포트

✔ **Tip**

아래의 서보 모터를 추천한다.
모두 www.TETRIXrobotics. com 에서 구입 가능하다. 180-Degree Standard-Scale HS-485HB Servo Motor (39197), the Quarter-Scale HS-785HB Winch Servo Motor with Horn (39905), Quarter-Scale HS-755HB Servo Motor with Horn(39904)

- PIN 1: 서보 PWM 신호(황색 또는 흰색)
- PIN 2: 서보 전원 연결 선(적색)
- PIN 3: 서보 접지선(흑색)

서보 포트에 반대로 연결하여도 PRIZM 컨트롤러에 직접적인 손상은 없을 것이다. 하지만 제대로 연결하지 않았다면, 서보 모터가 작동하지 않는다.

PRIZM 컨트롤러는 각각의 서보 포트에 6V 전압을 6A의 전류로 공급할 수 있다. 더 이상은 안전 퓨즈에 의해 제한되어 있다.

3. PRIZM 연속 회전 서보 포트

PRIZM 컨트롤러는 연속 회전(CR : Continuous Rotation) 서보 모터의 연결을 위해서 두 개의 특수 서보 포트를 추가로 포함하고 있다. 연속 회전 서보 모터는 시계 방향 또는 반시계 방향으로 연속적으로 회전시키고 싶을 때 사용되며 CR1 또는 CR2 포트에 연결하면 된다.

[그림 2-5] PRIZM 연속 회전(CR) 서보 모터 포트

- PIN 1 : 서보 PWM 신호(노란색 또는 흰색)
- PIN 2 : 서보 전원 연결 선(빨간색)
- PIN 3 : 서보 접지선(검은색)

서보 포트에 반대로 연결하여도 PRIZM 컨트롤러에 직접적인 손상은 없을 것이다. 하지만 제대로 연결하지 않았다면, 서보 모터가 작동하지 않는다. PRIZM 컨트롤러는 각각의 서보 포트에 6V 전압을 6A의 전류로 공급할 수 있다.

더 이상은 안전 퓨즈에 의해 제한되어 있다.

4. PRIZM 인코더

PRIZM 컨트롤러는 두 개의 직교형 인코더 입력을 통해 DC 모터 1과 모터 2 채널을 정밀하게 제어할 수 있다. 인코더는 DC 모터의 위치와 속도를 알려줄 수 있기 때문에, DC 모터를 이용해 로봇을 프로그래밍할 때 훨씬 수월하고, 정밀하게 작업을 할 수 있다.

ENC1 포트는 DC 모터 채널 1에 대해, 그리고 ENC2 포트는 DC 모터 채널 2에 대해 피드백을 제공한다.

PRIZM 아두이노 라이브러리 함수 항목에 인코더를 이용한 예시 코드들을 볼 수 있다.

또는 아두이노 내에 Files 〉 Examples 〉 TETRIX_PRIZM에서 확인할 수도 있다.

✔ **Tip**

인코더는 어느 TETRIX MAX 로봇 세트에도 포함되어있지는 않는다. 만약 인코더를 추가하고 싶다면, 아래의 사이트에서 TETRIX MAX Motor Shaft Encoder Pack(38000)을 구입하면 된다. www.TETRIXrobotics.com

[그림 2-6] PRIZM 직교형 인코더 포트

- PIN 1 : 5V 이상의 전원 공급
- PIN 2 : 인코더 카운트 신호 (A)
- PIN 3 : 인코더 접지
- PIN 4 : 인코더 카운트 신호 (B)

물론 커넥터와 소켓이 반대로 꽂히는 것을 방지하도록 디자인되어 있긴 하지만, 억지로 반대방향으로 연결하려 하지 마라. 인코더나 PRIZM 컨트롤러에 손상이 갈 수 있다.

5. PRIZM 확장 포트

PRIZM 컨트롤러는 EXP라고 표시되어 있는 RJ-45 모듈러 잭을 포함하고 있으며, 이는 I^2C 버스와 연결되어 있다. 이 포트를 통해서 TETRIX DC 모터 또는 서보 모터 컨트롤러를 추가로 직렬 연결할 수 있다.

최대 4개까지 연결될 수 있으며, 각각의 컨트롤 박스는 I2C 주소를 직렬 연결 상의 각각의 위치에 맞게 동적으로 할당하게 된다. 예를 들면, 첫 번째 박스는 0x01 주소를 사용하고, 두 번째 박스는 0x02 주소를 사용하는 것이다.

✔ Tip

이 포트는 레고 마인드 스톰 장치들과 호환이 되지 않는다. 이 포트에 레고 마인드 스톰 센서들이나, 모터, EV3 브릭 등 레고 기반 장치들을 연결하지 마라.

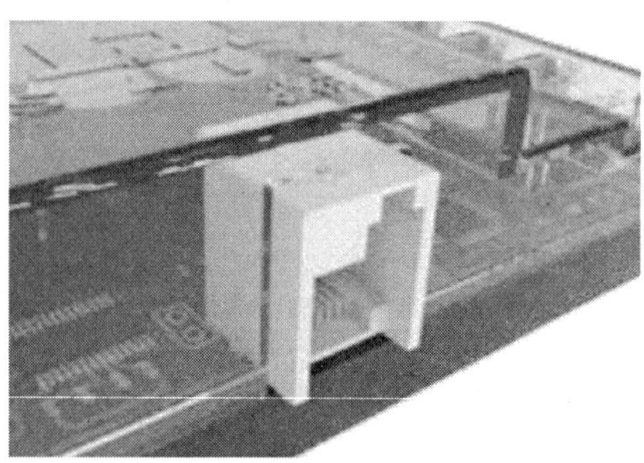

[그림 2-7] PRIZM 확장 포트

6. PRIZM USB 포트

PRIZM USB 포트는 PRIZM과 윈도우, 매킨토시, 또는 리눅스 컴퓨터 간의 통신을 위해서 사용된다. 프로그램 메모리 프로세서에 프로그램 코드를 다운로드 받기 위해 주로 사용되며 PRIZM과 컴퓨터 사이에 연속적인 데이터를 공유할 때도 사용되곤 한다.

예를 들면, 아두이노 소프트웨어(IDE)는 시리얼 모니터 기능이 내장되어 있는데, 이때 연속적인 데이터 처리가 USB 포트를 통해서 이루어진다. 이 기능을 통해서 센서나 인코더로부터 받은 데이터를 비롯한 많은 프로그램 정보들을 보여줄 수 있다.

데이터 값을 보면 프로그램을 디버깅할 때 종종 도움이 된다. 또한 시리얼 모니터는 PRIZM 컨트롤러에 정보를 보낼 때도 사용될 수 있다. 예를 들면, 키보드 입력에 따라 PRIZM 컨트롤러가 DC 모터 또는 서보 모터를 움직임을 변화시키고 싶다면, 시리얼 모니터를 통해 구현할 수 있다.

[그림 2-8] PRIZM USB 포트

7. PRIZM 리셋 버튼

빨간색 리셋 버튼은 두 가지 용도로 사용된다. 버튼을 누르면, 현재 실행 중인 모든 프로그램 코드를 종료시키는 동시에 센서와 인코더 데이터 값을 모두 초기화시킨다. 전원을 껐다가 키는 것처럼 전체 시스템을 재설정하는 것이다.

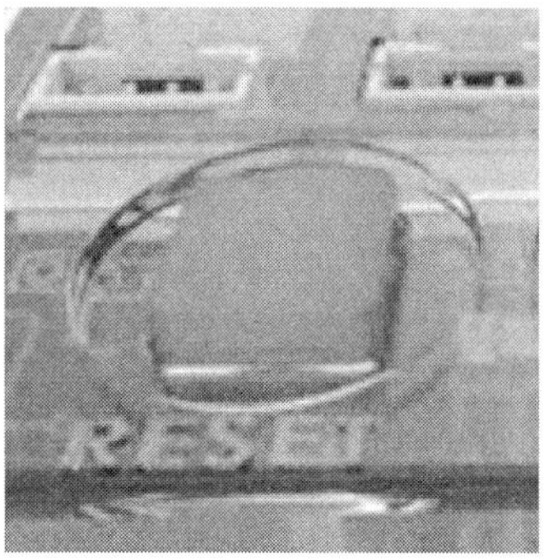

[그림 2-9] PRIZM 리셋 버튼

8. PRIZM 시작 버튼

초록색 시작 버튼은 PRIZM 컨트롤러에 다운로드 받은 프로그램 코드를 실행시키고 싶을 때 사용된다. 아두이노 소프트웨어(IDE)에서 프로그램 코드를 작성했다면, PrizmBegin 함수에 의해서 프로그램을 실행하기 전에 필요한 모든 기본 명령들이 실행된다.

PrizmBegin 함수가 호출되면, 필요한 매개변수들을 적절한 값으로 초기화시킨 뒤 초록색 시작 버튼이 누르기 전까지 프로그램 실행을 기다리도록 지시를 내린다.

[그림 2-10] PRIZM 시작 버튼

9. PRIZM DC 모터 포트

PRIZM 컨트롤러는 각각 Motor 1과 Motor 2라고 표시된 두 개의 DC 모터 연결 포트를 가진다. 각각의 모터 채널은 TETRIX DC 모터를 PRIZM 아두이노 소프트웨어(IDE) 라이브러리의 여러 함수들에 따라 모터의 속도와 방향을 제어하는 역할을 한다.

[그림 2-11] PRIZM DC 모터 포트

두 모터 채널은 12V 전압의 10A DC 전류를 제공한다. 각각의 모터 채널은 빨간색과 검은색의 커넥터를 가지며, 빨간색은 +극 연결을, 검은색은 −극 연결을 가리킨다. TETRIX DC 모터 파워 케이블 역시 빨간색과 검은색으로 된 단자를 가지며 색깔에 맞춰서 끼워 넣으면 된다.

10. PRIZM 배터리 연결 포트

PRIZM 컨트롤러는 TETRIX 12V 충전식 니켈 금속 수소화물(NiMH : Nickel Metal Hydride)배터리 팩으로 전원을 공급한다.

PRIZM 컨트롤러와 함께 포함된 ON/OFF 스위치 어셈블리를 이용해서 배터리 팩과 PRIZM 배터리 연결 포트를 이어주면 된다. 배터리 연결 포트는 [그림 2-12]처럼 위 아래 두 개가 있는데, 어느 쪽에 꽂혀도 상관없다. 배터리 연결 포트가 두 개로 구성된 이유는 모터 컨트롤러를 추가적으로 직렬 연결할 경우를 위한 것이다.

[그림 2-12] PRIZM 배터리 전원 출입 포트

2-5 TETRIX PRIZM 로봇 컨트롤러의 주변장치

1. 센서

센서(Sensor)는 주변의 환경 요소들을 감지하고, 이에 반응하는 장치로써 위치 측정, 식별 및 대상물 감지에서부터 유체 측정까지 다양한 응용분야에 요구조간을 맞추도록 되어있다. 산업에서 일상적으로 사용되는 용도부터 까다로운 환경까지 다양한 장소에서 활용되고 있다.

1) 초음파 센서

초음파 센서(Ultrasonic Sensor)는 일정한 간격으로 높은 주파수 사운드 펄스를 통하여 물체까지의 거리를 측정한다. 초음파 센서는 2개의 압전소자(또는 1개의 압전소자와 금속판)로 되어 있으며 2개의 압전 소자로 되어 있는 것을 Bimole(바이몰), 1개의 압전소자로 되어 있는 것을 Unimole(유니몰)이라 부른다.

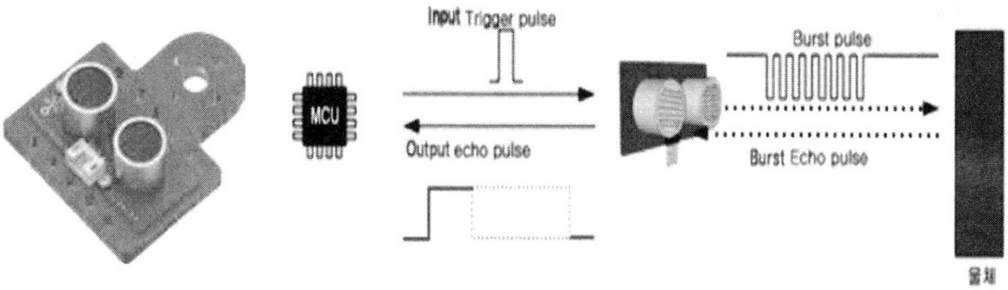

[그림 2-13] 초음파 센서

이것에 초음파가 입사되면 압전소바는 진동해서 전압이 발생되고 역으로 압전 소자에 전압을 인가하면 초음파가 발생이 되게 된다.

초음파 센서는 센서 자신이 갖고 있는 고유 진동 주파수와 똑같은 주파수의 교류 전압을 가하면 좀 더 효율이 좋은 음파를 발생할 수 있다. 그래서 물체에서 반사된 음파를 그대로 센서로 입력(진동)시켜서 발생된 전압을 회로에서 처리하므로서 측정 거리를 계산할 수 있게 된다.

(1) 송신용 초음파 센서

초음파를 출력한다는 것은 송신 소자에 공진 주파수와 동시에 주파수의 발진 전력을 공급하여야 하는데 공급하는 신호는 구형파 펄스이고 전압 진폭은 1~20V 정도이다. 단 직류 성분이 없어야 하므로 콘덴서를 사용하여 직류성분을 제거하여 공급한다. 전압이 높으면 음압이 높게 되므로 멀리까지 보낼 수 있지만 약 10V에서 포화되어 10V 이상 전압을 높여도 큰 효과는 없다.

(2) 수신용 초음파 센서

초음파를 수신하면 그 출력 단자에 전압을 출력한다. 수신 감도는 센서의 공진 주파수 근처가 송신기와 마찬가지로 40khz가 가장 좋으며 출력에 부하 저항을 연결하면 그 양단에 초음파의 강약에 따라서 40khz의 정현파가 나타나게 된다. 출력 전압은 거리에 따라 몇mV~수백mV 정도가 되기 때문에 이것을 증폭해서 비교기 등에서 고감도로 검출해서 디지털 신호로 변환하여 사용한다.

(3) 음이 1cm를 왕복하는데 걸리는 시간

초음파센서의 송신측에서 짧은 시간동안 펄스를 출력하면 신호가 물체에 도달하여 반사되어 되돌아오게 된다. 반사되어 되돌아온 신호를 수신기의 초음파 센서에서 검출한다. 이 송신된 신호는 음속 Vs의 속도로 출력되기 때문에

$$t = \frac{2 \times L(\text{물체와의 거리}\ m)}{Vs(\text{음속}\ m/s)}$$

여기서 t : 신호가 되돌아 올 때까지 걸리는 시간(s)

음속 $V_s = 331.5 + 0.6\text{T}$ T : 온도(℃)

실내 온도를 25℃라고 하면 음속 $Vs = 340\text{m/s}$라고 하면 음이 1cm의 거리를 왕복하는데 걸리는 시간은 $tc = 2*0.01/340 = 58.824*10^{-6}$이 된다. 음이 1cm의 거리를 왕복하는데 걸리는 시간은 58.824㎲가 구해지는 것이다.

2) 라인파인더 센서

라인파인더 센서(Line Finder Sensor)는 발광부와 수광부로 나누어지는데 발광부에서 나온 적외선이 물체에 반사되어 수광부에 얼마나 많은 양이 들어오느냐에 따라서 수광부에 들어오는 전압의 양이 변화하게 된다. 예를 들면, 흰색 배경에서 검은색 선 또는 검은색 배경에서 흰색 선에 적외선을 보냈을 경우 수광부에서는 반사량이 큰 흰색의 경우에 수광부에 전압이 높아지게 된다.

[그림 2-14] 라인파인더 센서

그래서 라인파인더 센서는 그 값을 가지고 작업을 수행하게 된다. 센서 보드 상에 적외선 발신부와 포토트랜지스터가 있어서 발신한 적외선이 물체에 반사되어 돌아오는 것을 포토트랜지스터가 검출한다.

2. 모터

모터(Motor)는 일을 하기 위한 힘 또는 동력을 생산하는 기계이다.

모터 회전의 기초 원리는 [그림 2-15]처럼 회전축을 지닌 영구 자석의 주변에서 ① 자석을 회전시키면 (회전 자계), ② N극과 S극이 당겨지는 힘이나 같은 극끼리 밀어내는 힘에 의해 ③ 회전축을 지닌 자석이 회전한다.

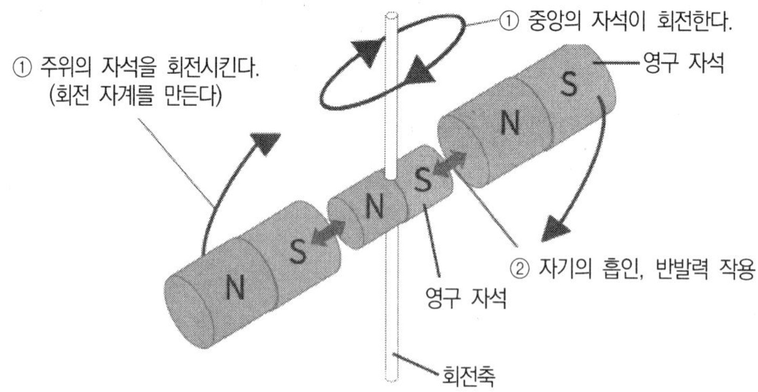

[그림 2-15] 모터의 원리

[그림 2-16]처럼 실제로는 도선에 전류를 주입함으로써 그 주변에 자계를 발생시켜 회전 자계 (자력)를 만들어 자석이 회전하는 것과 동일한 상태가 된다.

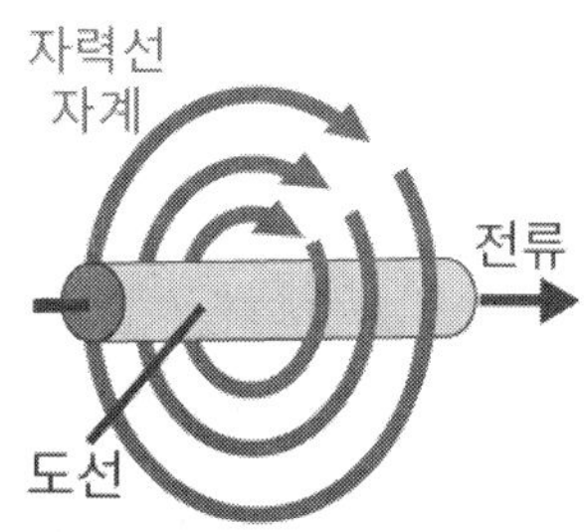

[그림 2-16] 회전자계의 원리

[그림 2-17]처럼 또한, 도선을 코일 상태로 말면, 자력의 합성을 통해 큰 자계의 다발(자속)이 되어 N극과 S극이 발생한다.

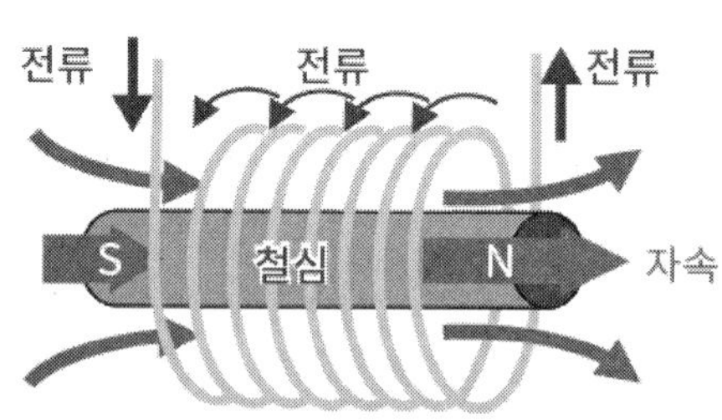

[그림 2-17] 강한 자력 발생

코일 상태의 도선 속에 철심을 넣음으로써 자력선이 통과하기 쉽게 되어, 보다 강한 자력을 발생시킬 수 있다.

모터는 전력 에너지를 받아 동력 에너지로 변환하는 전동기이다.

자장 내에서 전류를 흐르게 함으로써 받게 되는 힘을 회전 동작으로 변환하는 것이 일반적이지만, 광범위하게는 리니어 동작하는 것도 포함한다.

모터를 구동 전원의 종류에 따라 분류하면 DC 모터와 AC 모터로 분류된다.

1) DC 모터

DC모터는(DC Motor) 직류전원으로 동작하며, 다른 고정 장치에 비해 가볍고 간단하다. 외부의 고정된 부분(고정자)에 영구자석을 배치하고 내부의 회전체에 코일을 사용하여 구성한다. 회전체(회전자/전기자)에 흐르는 전류의 방향을 전환함으로써 발생하는 자기장과 자석 자기장의 상호 반발력을 이용하여 회전력을 얻는다.

DC모터는 다른 구동장치에 비해 가볍고 구조가 간단하여 선풍기, 냉장고 등 가전제품부터 전기자동차, 고속 열차 등 운송수단까지 광범위하게 사용되고 있다. DC모터는 양방향으로 동작하기 때문에 어떤 선을 연결할지 DC모터의 극성은 크게 신경을 쓰지 않아도 된다.

DC모터에 연결된 전류의 방향에 따라 회전 방향만 변경된다. DC모터의 회전속도는 코일에 흐르는 전류와 정비례하기 때문에, DC모터의 구동전압을 변화시키면 회전속도가 변화된다. DC모터 구동시(정지시) 역전류가 발생할 수 있다. 역전류란 반대 방향으로 흐르는 전류를 말하며, 큰 전위차를 만들기 때문에 오렌지보드를 포함한 전자부품에 손상을 줄 수 있다. 따라서 다이오드를 달아 역전류를 막아준다. 본 교재에서 사용하는 DC모터는 12V DC 모터로 152rpm, 320oz-in 토크를 가진다.

[그림 2-18] DC 모터

2) 표준 서보 모터

서보 모터는 제어는 속도제어와 위치 제어로 나눈다. 서보(Servo)의 어원은 라틴어의 Servue로서 노예라는 의미를 가지고 있으며, 목표치에 대한 위치, 방위, 자세 등의 w[어가 자동으로 가능하다. 서보모터는 지정된 각도만큼 회전할 수 있다.

모터로 부터의 피드백을 통해 정확하게 제어할 수 있는 구조를 갖추고 있는 모터로 자동화 생산 시스템, 로봇, 장난감, 가전제품 등 광범위하게 쓰이고 있다.

서보 모터는 회전 반경이 정해져 있다. 약 0~270도 범위의 회전각을 갖는다.

서보 모터는 일반 모터와 달리 회전 반경이 정해져 있다. 종류에 따라 다르지만 일반적으로 약 0~270도 범위의 회전각을 가진다. 서보모터에는 3개의 단자가 있다.

검정색(또는 갈색), 적색, 황색(또는 주황색, 흰색)이며 적색 선은 +전원, 검정색 선은 −전원에 연결되어 서보모터에 전기를 공급하는 역할을 하며, 노란색 선은 서보모터의 동작을 제어하는 신호선이다. 서보모터의 회전 각도는 [그림 2-19]와 같이 PWM(펄스폭변조) 방식으로 제어한다.

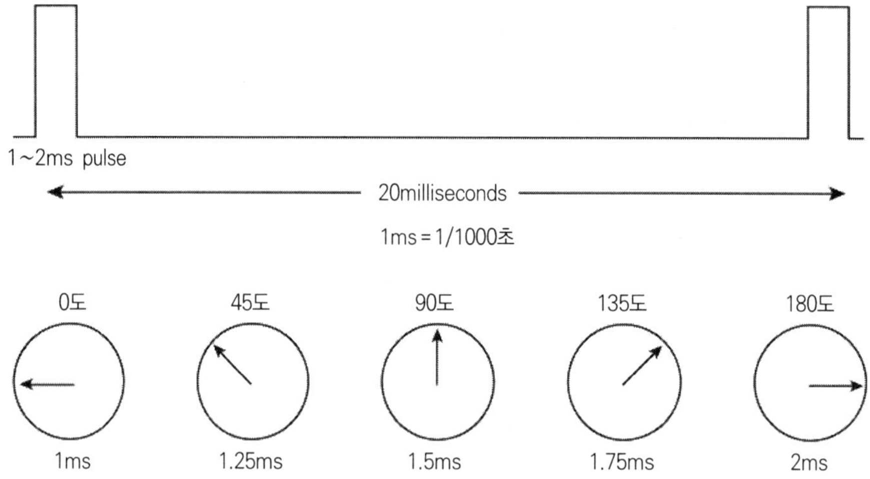

[그림 2-19] 펄스 길이에 따른 서보모터 위치

서보모터 내부에는 DC모터, 가변저항, 서보모터 드라이버가 들어있다. 그리고 아두이노를 통해서 서보모터를 제어하기 위한 PWM 신호를 주는데 서보모터에서 PWM 신호값과 가변저항 값을 비교해서 DC모터를 회전하게 된다.

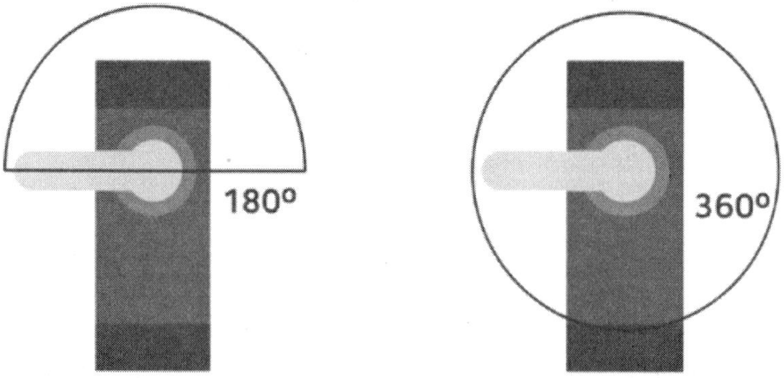

(a) 일반표준 서보모터 (b) 연속 회전 서보모터

[그림 2-20] 표준서브모터와 연속회전 서브모터의 차이

[그림 2-20]처럼 일반 표준 서보 모터는 각도의 제한이 있고 각도 제어가 가능하고 연속 회전 서보 모터는 각도의 제한이 없고 각도 제어가 불가능하고 방향 및 속도제어가 가능하다. 그렇다면 연속 회전 서보모터는 어떻게 제어되는 걸까?

가변저항의 기준으로 PWM과 비교해서 DC모터를 제어한다.

예를 들어서 PWM신호가 100도이고, 가변 저항값이 90도 라고 할 때 100도로 움직이기 위해 DC모터는 오른쪽으로 회전하기 시작할 것이다. 그리고 PWM신호가 80도라면 DC모터는 왼쪽으로 회전하는 것이고 회전을 하다가 각도가 맞추어 지면 DC모터는 멈추게 된다. 그런데 여기에서 가변저항을 사용하지 않고 똑같은 저항을 두개 사용해서 값을 90도로 고정하면 어떻게 될까?

아무리 회전을 해도 각도가 바뀌지 않기 때문에 계속 연속회전을 하게 된다.

표준 서보 모터(Standard Servo Motor)는 [그림 2-20(a)]처럼 180도 범위 내 모션에 한해서 정확한 위치를 결정한다.

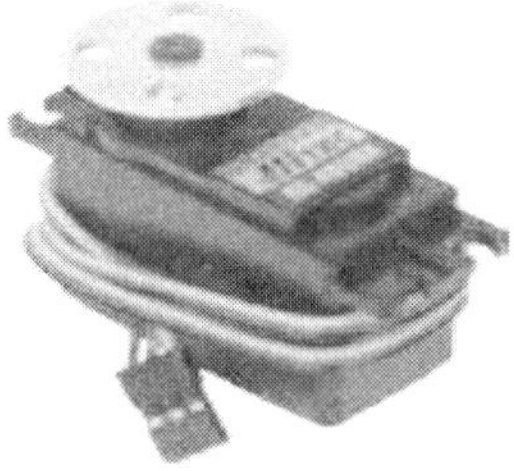

[그림 2-21] 표준 서보 모터

3) 연속 회전 서보 모터

연속 회전 서보 모터(Continuous Rotation Servo Motor)는 [그림 2-20(b)]처럼 360도 앞, 뒤 방향으로 연속적인 움직임을 가능하다.

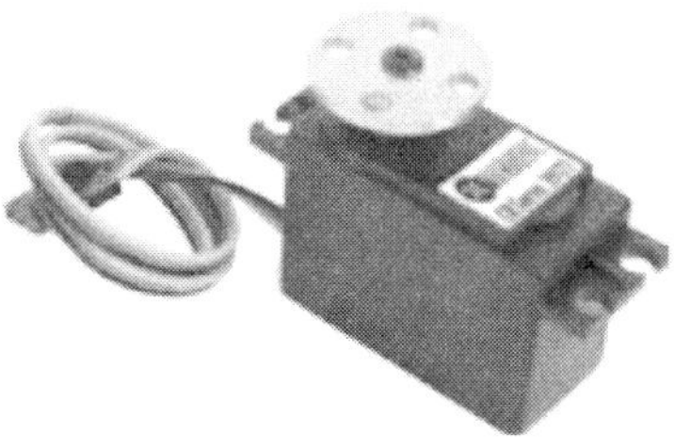

[그림 2-22] 연속 회전 서보 모터

4) 파워 폴 모터 케이블

파워 폴 모터 케이블(Powerpole Motor Cable)는 DC 모터에 전원을 연결한다.

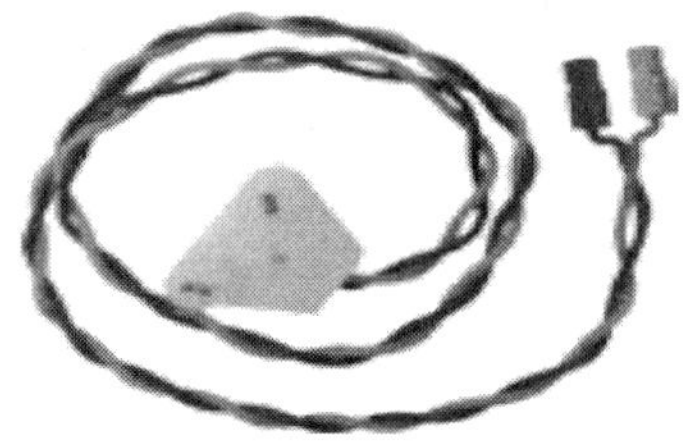

[그림 2-23] 파워 폴 모터 케이블

3. 인코더

인코더(Encoder)는 서보모터의 회전 방향을 포함한 회전속도 및 회전 각도의 변화량을 전기적인 신호(Pulse)로 변환하여 출력하는 광학식 장치로써 광학식 인코터, 자기식 인코더, 리졸버 등이 일반적으로 사용되고 있다. 최근에는 광학식 인코더가 주류로 제일 많이 사용하고 있다. TETRIX DC 모터들의 위치, 속도나 방향 등을 결정하기 위해 모션을 PRIZM 컨트롤러가 인식할 수 있는 전기 신호로 변환하는 감지 장치이다.

1) 모터 축 인코더

모터 축 인코더(Motor Shaft Encoder)는 회전과 각도를 모두 사용해 DC 모터를 프로그래밍할 수 있다.

TETRIX 모터 축 인코더는 로봇 세트에 포함되어 있지 않다. 필요시에는 별도 구입하여야 한다.

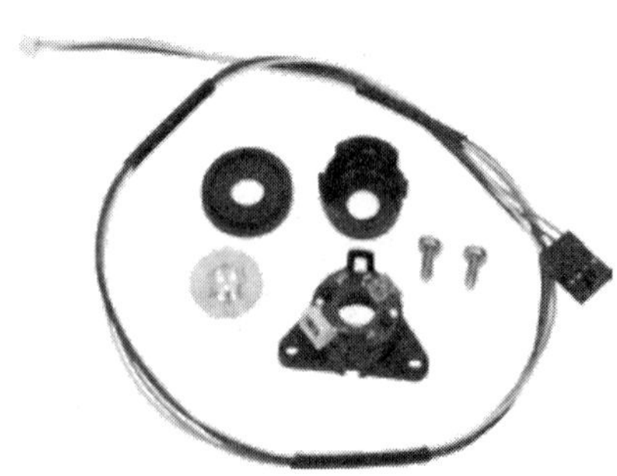

[그림 2-24] 모터 축 인코더 부품

수행 내용

재료 · 자료

- Arduino, TETRIX의 제어 및 코딩 관련 자료

기기(장비 · 공구)

- 컴퓨터, TETRIX DC 모터, TETRIX 파워 폴 모터 케이블, PRIZM 컨트롤러, USB 케이블, TETRIX 12V충전식 NiMH 배터리 팩, PRIZM 컨트롤러 ON/OFF 배터리 스위치 어댑터 180도 표준 스케일 HS-485HB 서보 모터

안전 · 유의사항

- 컴퓨터, TETRIX의 주변기기, PRIZN 컨트롤러의 전원을 관리한다.

수행 순서

01 TETRIX PRIZM의 설정에서 센서 연결하기를 구현한다.

PRIZM에 센서를 연결하기 위해서는 [그림 2-25]처럼 센서 어댑터 와이어의 한쪽 끝은 센서에, [그림 2-26]처럼 다른 한쪽 끝은 D2-D5 또는 A1-A3라고 표시된 포트에 끼워주면 된다.

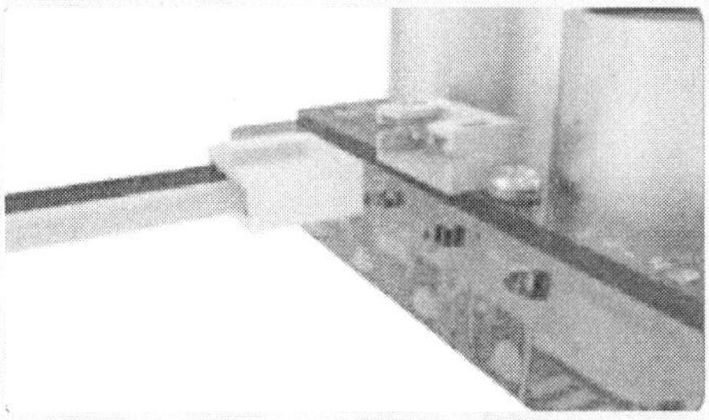

[그림 2-25] 센서 어댑터 와이어 연결

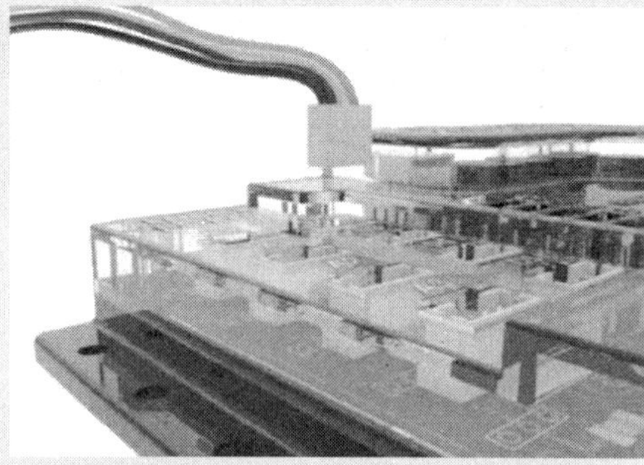

[그림 2-26] D2-D5 또는 A1-A3 포트에 연결

02 TETRIX PRIZM의 설정에서 DC 모터 연결하기를 구현한다.

PRIZM에 DC 모터를 연결하기 위해서는 [그림 2-27]처럼 파워폴 커넥터의 흰색 끝 부분은 모터에, 반대쪽 부분은 색깔에 맞춰 두 개의 모터 포트에 각각 끼워주면 된다.

빨간색은 빨간색끼리, 검은색은 검은색끼리 끼워 주어야 컨트롤러가 올바르게 동작한다.

[그림 2-27] PRIZM에 DC 모터를 연결하기 위해 파워폴 커넥터에 연결

03 TETRIX PRIZM의 설정에서 서보 모터 연결하기를 구현한다.

PRIZM에 표준 서보 모터를 연결하기 위해서는 서보 와이어의 한쪽 끝을 서보 포트 1-6에 끼워 주면 된다. PRIZM에 연속 회전 서보 모터를 연결하기 위해서는 서보 와이어의 한쪽 끝을 CR1 또는 CR2라고 표시된 서보 포트에 끼워주면 된다.

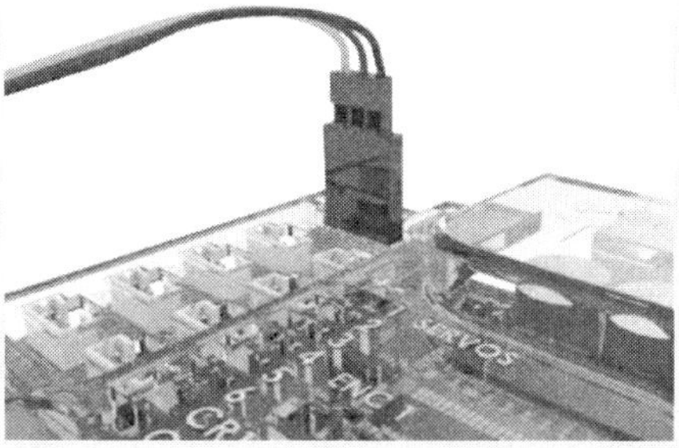

[그림 2-28] PRIZM에 표준 서보 모터를 연결

04 TETRIX PRIZM의 설정에서 업로드와 다운로드 하기를 구현한다.

PRIZM USB 포트는 PRIZM과 윈도우, 맥 또는 리눅스 시스템 사이의 통신을 위해 사용된다. 이 포트를 사용해 컴퓨터와 PRIZM 컨트롤러 간에 데이터를 업로드 하거나, 다운로드할 수 있다. PRIZM에 데이터를 업로드 하기 위해서는, 컨트롤러에서 USB라고 표시되어 있는 포트에 USB 케이블의 B 커넥터를 끼우고, 다른 A 커넥터를 컴퓨터에 끼워주면 된다.

[그림 2-29] PRIZM USB 포트의 연결

05 TETRIX PRIZM의 설정에서 전원 연결하기를 구현한다.

PRIZM 컨트롤러는 TETRIX 12V 충전식 NiMH 배터리 팩으로 전원을 공급한다.

PRIZM 컨트롤러와 함께 ON/OFF 전원 스위치 어셈블리(switch assembly)가 제공되며, 이를 사용해서 배터리 팩 커넥터를 파워 폴 배터리 연결 포트에 연결하면 된다. 자세한 내용은 3장에서 Bee-Dee Bot 조립 활동을 참고하면 된다.

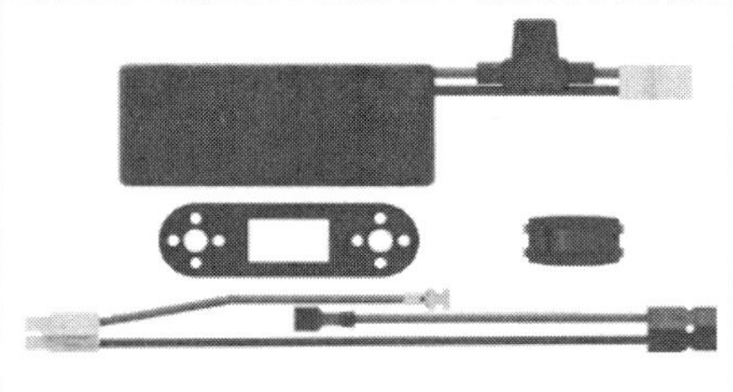

[그림 2-30] PRIZM에 전원 연결

⚠ 경고

PRIZM 컨트롤러에 타사 배터리 팩을 연결하지 마라. TETRIX 배터리 팩만이 시스템 사용을 위해서 승인 받은 팩이며, 안전 퓨즈를 포함하고 있다. 그 외의 배터리 팩을 연결해서 발생하는 피해에 대해서는 보증하지 않는다.

06 ETRIX PRIZM의 설정에서 배터리 연결하기를 구현한다.

PRIZM에 배터리를 연결하기 위해서는 배터리 커넥터를 컨트롤러 내의 배터리 포트 중 한 개에 끼워준다. 빨간색은 빨간색끼리, 검은색은 검은색끼리 연결해야 올바르게 작동한다. 배터리 팩은 상단 열의 포트 또는 하단 열의 포트 어느 쪽에 끼워도 무방하다.

[그림 2-31] PRIZM에 배터리 연결

학습활동.2 교수 · 학습 방법

교수 방법

- TETRIX PRIZM™ 로보틱스 컨트롤러 구성 및 특징에 대한 관련 용어, 구성, 방식 이해 정도를 파악한 후 수업을 진행한다.
- 교수자의 주도로 TETRIX PRIZM™ 로보틱스 컨트롤러 구성 및 특징 등의 내용을 PPT 자료로 제시한 후 설명한다.
- 가능하면 사전에 개인별 학습 자료를 준비하여 모든 학생이 참여할 수 있는 문제 해결식 수업, 협력 수업이 가능하도록 한다.
- TETRIX PRIZM™ 로보틱스 컨트롤러 구성 및 특징 전 과정을 작업의 순서에 따라 단계적으로 실습이 이루어질 수 있도록 지도한다.
- 교재를 통해 수업을 준비하는데 있어서 필요한 모든 정보나 팁, 힌트 등 도움이 될 만한 내용들을 확인할 수 있다.
- 학생들이 만들게 될 각 모델들은 수업시간에 중점적으로 다뤄질 부분과 어휘, 질문, 답을 포함하고 있으며 또한 탐구할만한 추가적인 아이디어들도 포함하고 있다.

학습 방법

- TETRIX PRIZM™ 로보틱스 컨트롤러 구성 및 특징에 대한 관련 용어를 숙지하고, TETRIX PRIZM™ 로보틱스 컨트롤러 구성 및 특징에 대해 이해한다.
- TETRIX PRIZM™ 로보틱스 컨트롤러 구성 및 특징의 각 단계별 중점 사항을 체계적으로 학습한다.
- TETRIX PRIZM™ 로보틱스 컨트롤러 구성 및 특징의 수행순서의 전 과정을 실습한다.
- TETRIX PRIZM™ 로보틱스 컨트롤러 구성 및 특징의 내용을 이해한다.
- TETRIX PRIZM™ 로보틱스 컨트롤러 구성 및 특징을 이해하고 숙달이 될 때까지 학습한다.

학습활동.2 평가 및 피드백

평가 준거

- 평가자는 피평가자가 수행 준거 및 평가 내용에 제시되어 있는 내용을 성공적으로 수행할 수 있는 지를 평가해야 한다.

학습내용	평가항목	성취수준		
		상	중	하
TETRIX PRIZM™ 로보틱스 컨트롤러 구성 및 특징	TETRIX PRIZM™ 로보틱스 컨트롤러 구성 및 특징을 이해할 수 있다.			

평가 방법

• 작업 포트폴리오

학습내용	평가항목	성취수준		
		상	중	하
TETRIX PRIZM™ 로보틱스 컨트롤러 구성 및 특징	TETRIX PRIZM™ 로보틱스 컨트롤러 구성 및 특징을 이해할 수 있다.			

• 필기시험

학습내용	평가항목	성취수준		
		상	중	하
TETRIX PRIZM™ 로보틱스 컨트롤러 구성 및 특징	TETRIX PRIZM™ 로보틱스 컨트롤러 구성 및 특징을 이해할 수 있다.			

• 체크리스트를 통한 관찰

학습내용	평가항목	성취수준		
		상	중	하
TETRIX PRIZM™ 로보틱스 컨트롤러 구성 및 특징	TETRIX PRIZM™ 로보틱스 컨트롤러 구성 및 특징을 이해할 수 있다.			

• 피드백

1. 작업 포트폴리오
   - 제출한 보고서를 평가한 후 주요 사항에 대하여 표시하여 돌려준다.
2. 필기 시험
   - 평가 결과 성적이 저조한 학생은 보고서 제출 기회를 부여한다.
3. 체크리스트를 통한 관찰
   - 실습 과정에서 평가한 후 개선해야 할 사항 등을 정리하여 돌려둔다.

참고자료

1. PITSCO, TETRIX PRIZE Coding Essentials student Guide. 2018
2. PITSCO, TETRIX PRIZE Robotics Controller Quick-Start Guide and Specficatons. 2018
3. PITSCO, TETRIX PRIZE Robotics Controller Programming Guide. 2018
4. arduino 1.8.4-windows
5. tetrix_Prizm_01-03_18
6. http://juke.tistory.com/194 [Basic]
7. https://www.rohm.co.kr/electronics-basics/motors/motor_what2
8. https://kocoafab.cc/learn/5

학습 1	캡스톤 디자인 프로그램의 개요
학습 2	TETRIX PRIZM™ 로보틱스 컨트롤러 구성 및 특징
학습 3	**PRIZM Bee-Dee Bot 조립**
학습 4	PRIZM과 아두이노 프로그래밍의 만남(1)
학습 5	PRIZM과 아두이노 프로그래밍의 만남(2)
학습 6	TETRIX PRIZM 아두이노 라이브러리 함수(1)
학습 7	TETRIX PRIZM 아두이노 라이브러리 함수(2)
학습 8	PRIZM Educator 기초 프로그래밍(1)
학습 9	PRIZM Educator 기초 프로그래밍(2)
학습 10	PRIZM Educator 기초 프로그래밍(3)
학습 11	PRIZM 응용 프로그래밍(1)
학습 12	PRIZM 응용 프로그래밍(2)

학습 목표	1. Prizm Bee-Dee Bot조립을 이해할 수 있다.

3-1 Prizm Bee-Dee Bot 조립의 개요

지금까지 기초 설정을 이해를 바탕으로, 실제 Prizm Bee-Dee 로봇의 응용을 위하여 실제 조립을 한다. 여러 가지 10개 이상의 수행활동은 로봇의 조립부터 기본적인 움직임과 조종, 그리고 센서 이용 등을 학습한다.

[그림 3-1] Bee-Dee Bot 로봇의 구성

1. 프로그래머블 로봇 부품 세트

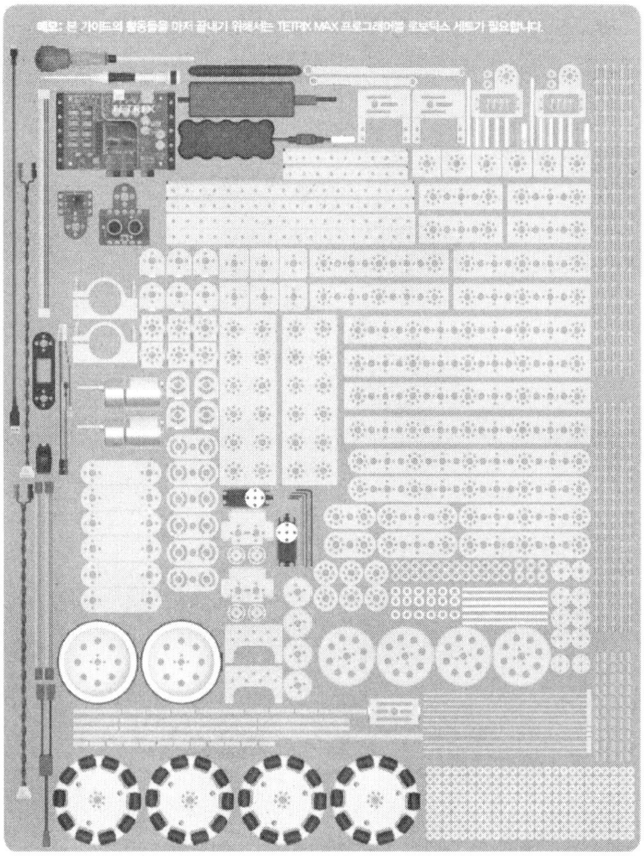

[그림 3-2] TETRIX PRIZM 셋트

2. TETRIX Prizm 하드웨어 부품 개요

다음의 로봇 부품들은 모두 TETRIX Prizm 프로그램 가능한 로봇 세트에 속하는 부품들이다.

1) 개요

TETRIX PRIZM 구조 부품들은 길이로 분류된다. 다음의 센티미터 눈금 자와 인 눈금 자를 이용해서 부품들의 길이를 확인한다.

2) ㄷ자 구조(Structural) 부품

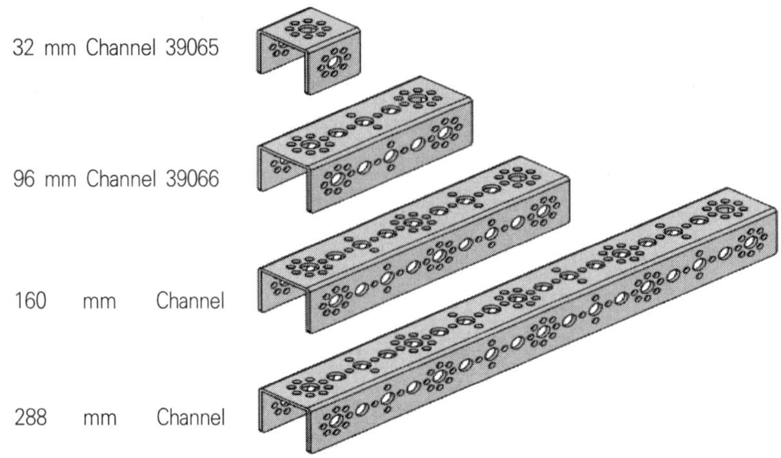

[그림 3-3] ㄷ자 구조(Structural) 부품

3) 평면 및 격자 구조(Structural) 부품

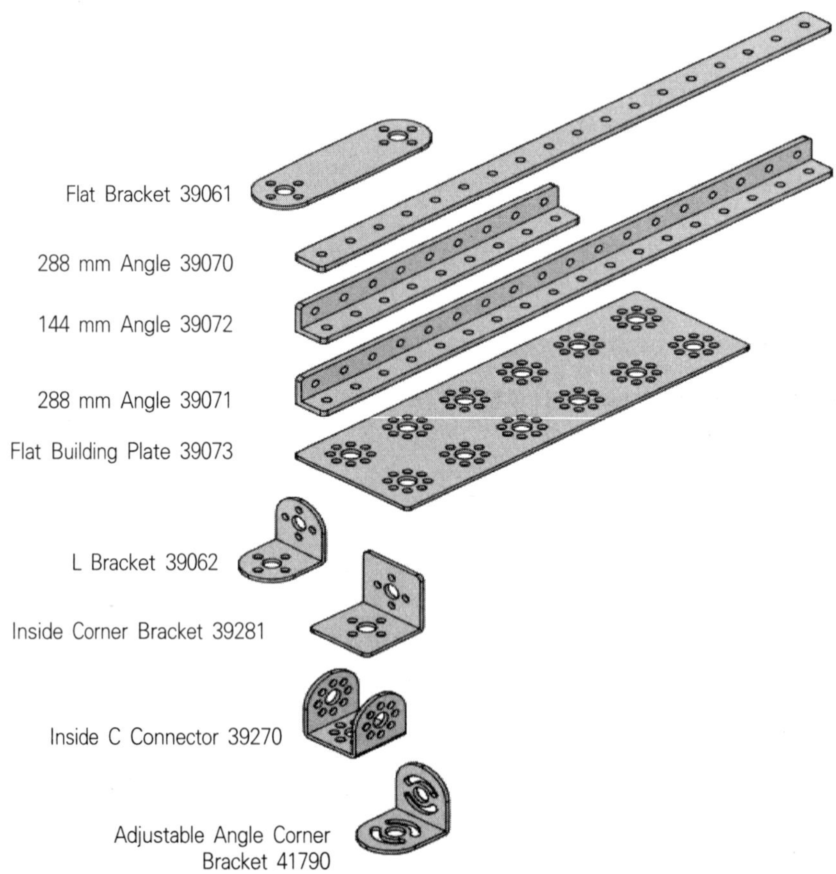

[그림 3-4] 평면 및 격자 구조(Structural) 부품

4) 평면 다공 구조(Structural) 부품

Flat 64 mm x 16 mm 39274

Flat 96 mm x 16 mm 39273

Flat 160 mm x 16 mm 39272

Flat 288 mm x 16 mm 39271

Adjustable Angle Flat Bracket 41791

Flat Round Spacer 39387

tand-Off Post 6-32 x 1" 39102

tand-Off Post 6-32 x 2" 39103

Stand-Off Post 6-32 x 32 mm 39107

Stand-Off Post 6-32 x 16 mm 41253

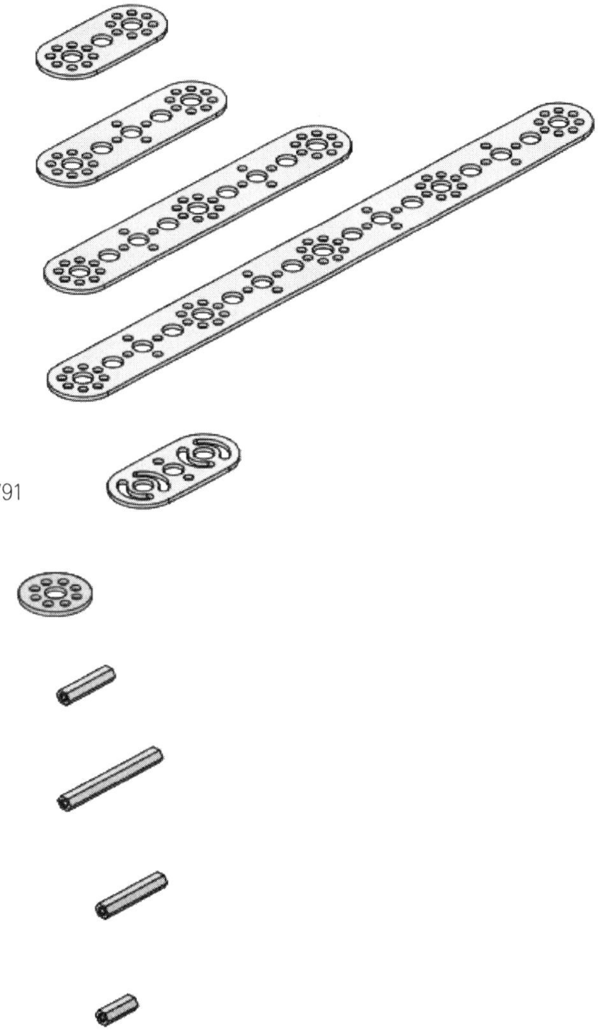

[그림 3-5] 평면 다공 구조(Structural) 부품

5) 기어 동작(Motion) 부품

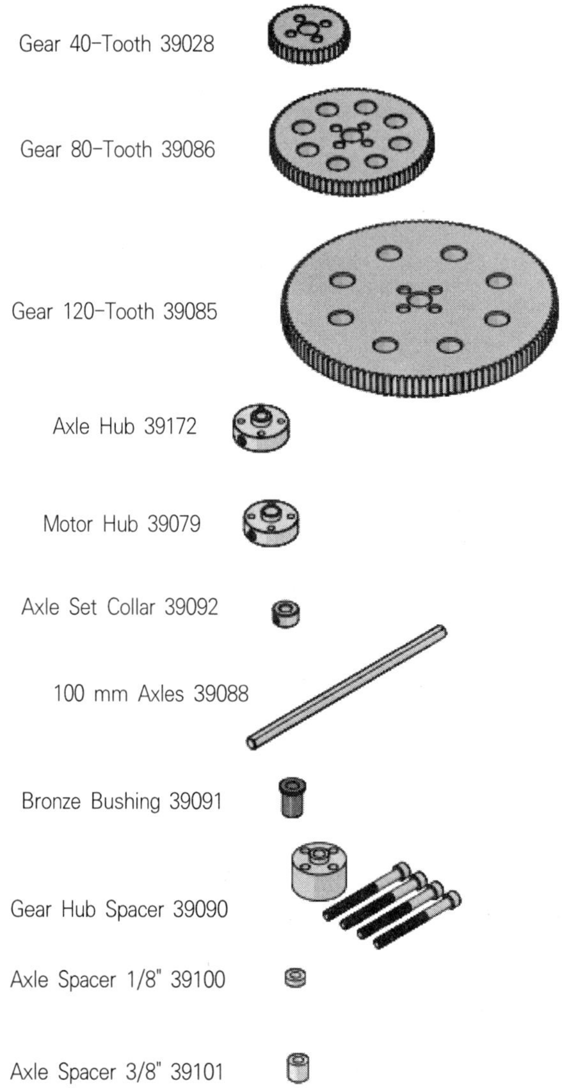

[그림 3-6] 기어 동작(Motion) 부품

6) 모터관련 동작(Motion) 부품

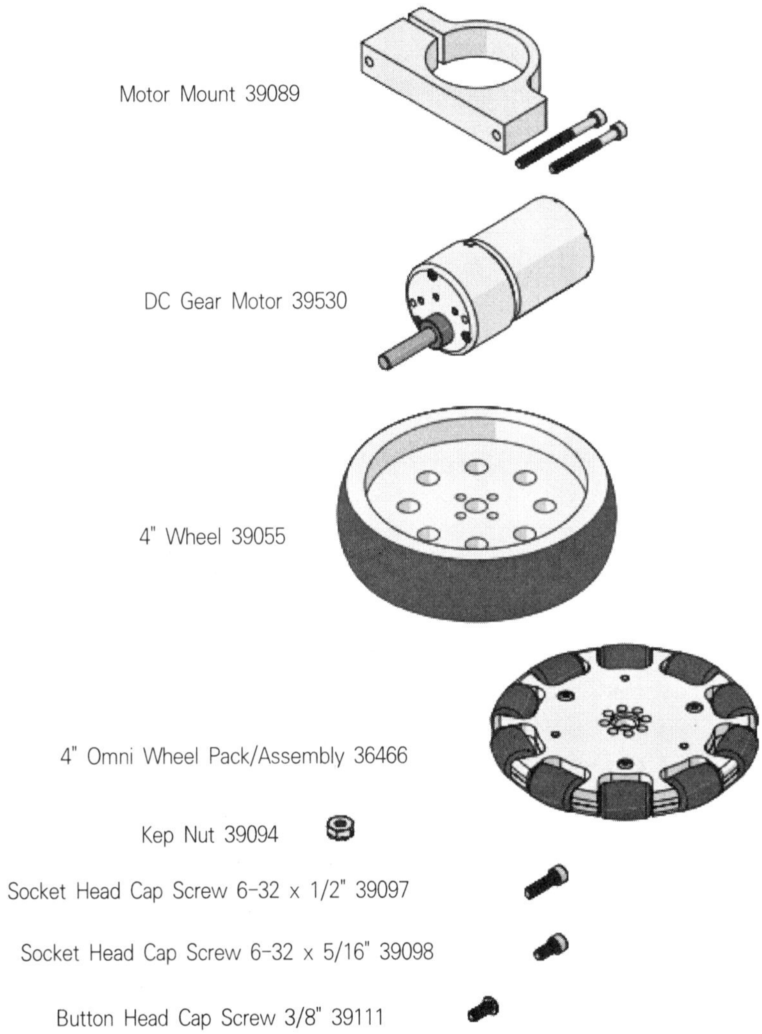

[그림 3-7] 모터관련 동작(Motion) 부품

7) 서보모터 관련 동작(Motion) 부품

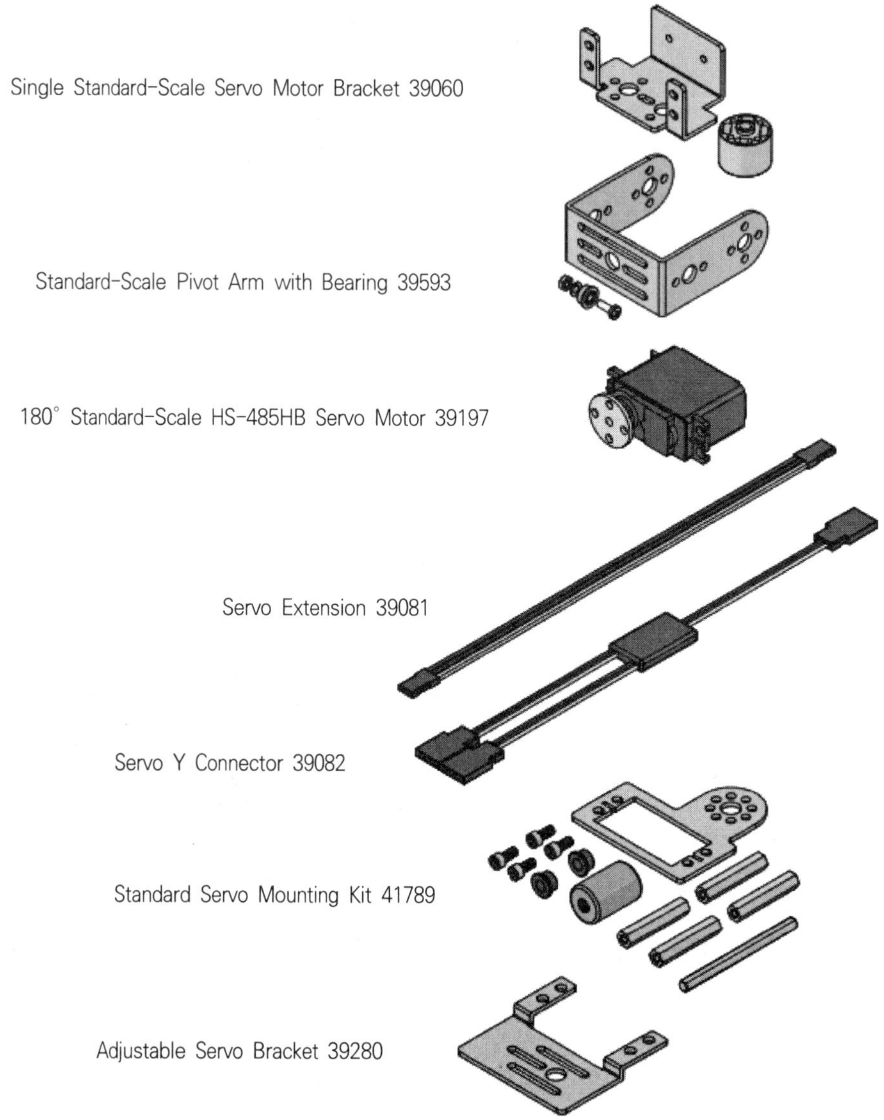

[그림 3-8] 서보 모터 관련 동작(Motion) 부품

8) 파워, 장비, 액세서리(Power, Tools, and Accessories) 부품

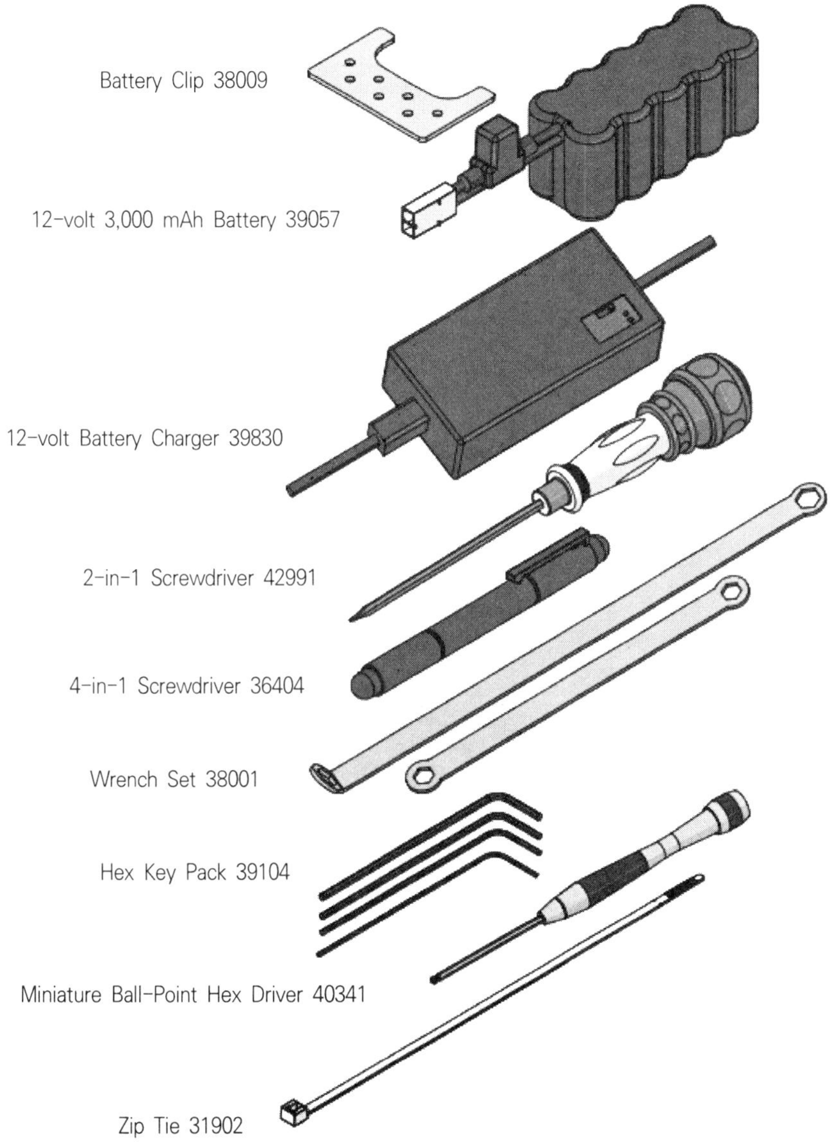

[그림 3-9] 파워, 장비, 액세서리(Power, Tools, and Accessories) 부품

9) 제어(Control) 부품

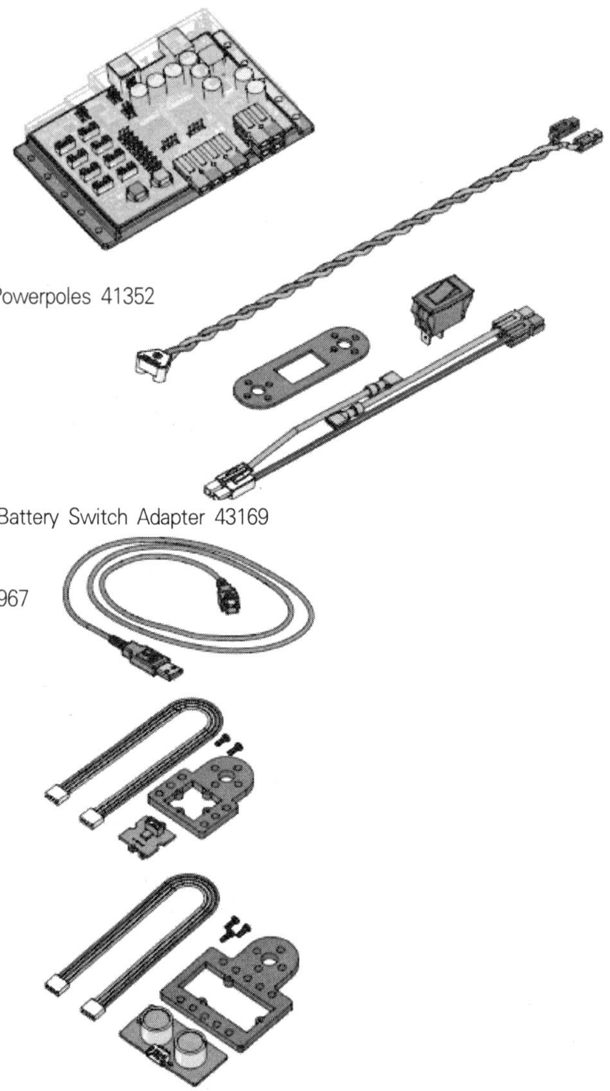

[그림 3-10] 제어(Control) 부품

3-2 PRIZM™ 컨트롤러 연결

1. TETRIX Prizm조립 시작 전 준비

부품을 조립할 때 파스너(볼트, 너트 등)를 조절하기 편한 곳에 위치시키면 조립하기 훨씬 수월하다.

일반적으로 하부구조를 만들 때는 모든 부품들이 다 들어맞는 걸 확인하기 전까지는 너트와 나사를 여유 있게 조이는 것이 좋다.

확인이 모두 끝나면 꽉 맞게 조인 후 다음 단계로 넘어간다.

1) 채널 배치하기

구조 부품들이 어떻게 합쳐지는지 사전에 잠깐만 생각해본다면 조립 과정이 훨씬 수월하고, 효율적일 것이다.

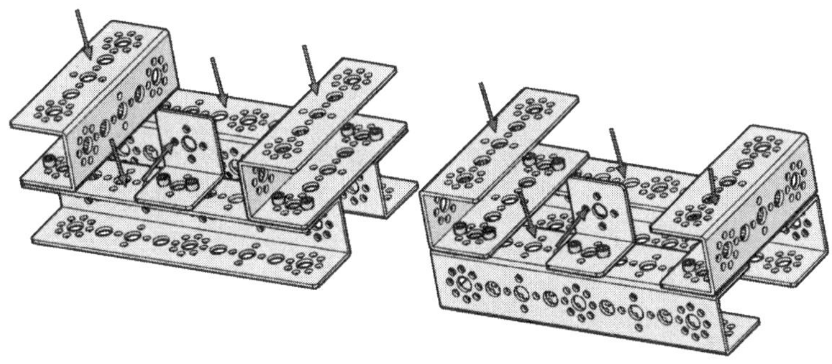

[그림 3-11] 채널 배치하기

위의 두 구조물은 모두 구조적으로 표면은 동일하지만 나사와 너트를 조이는 데는 왼쪽 구조물이 훨씬 접근성이 좋다.

쉽게 작업할 수 있는 편이 항상 선호되며 되도록이면 접근성이 낮은 구조물은 피하는 것이 좋다.

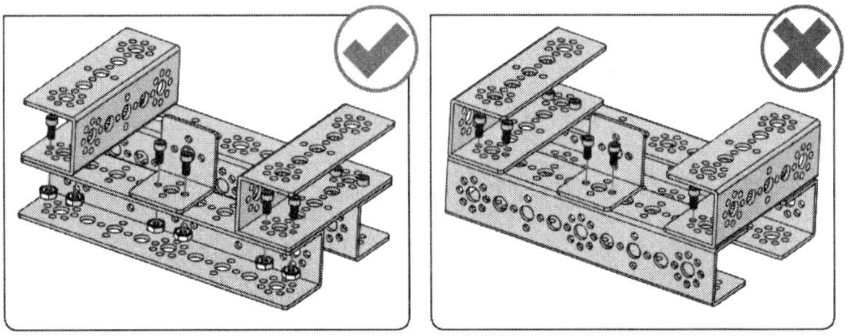

[그림 3-12] 접근성이 낮은 구조물은 피하는 것이 좋다.

2) 장비 사용하기

조립하는 과정 중 도구를 적절하게 사용하면 시간도 절약되고 수월하다.

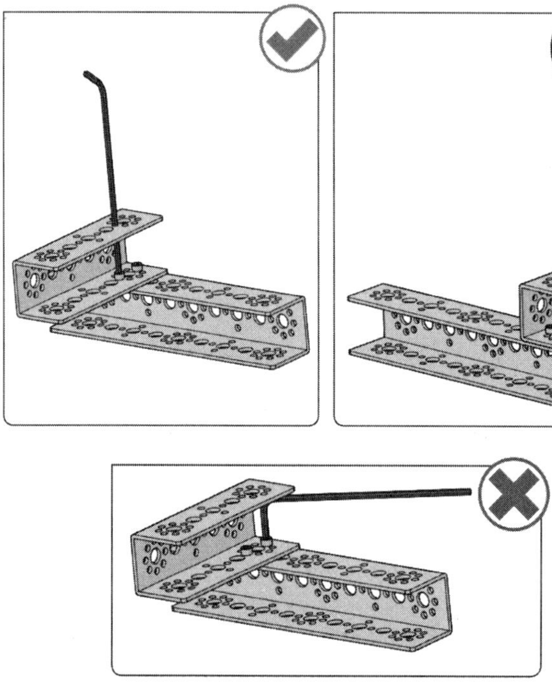

[그림 3-13] 장비 사용하기

3) 디자인된 기능 활용하기

일부 부품들은 특별한 기능을 가지도록 디자인되어 있다.
이러한 기능들을 적극 활용해서 조립품을 보다 튼튼하고, 잘 작동하도록 한다.

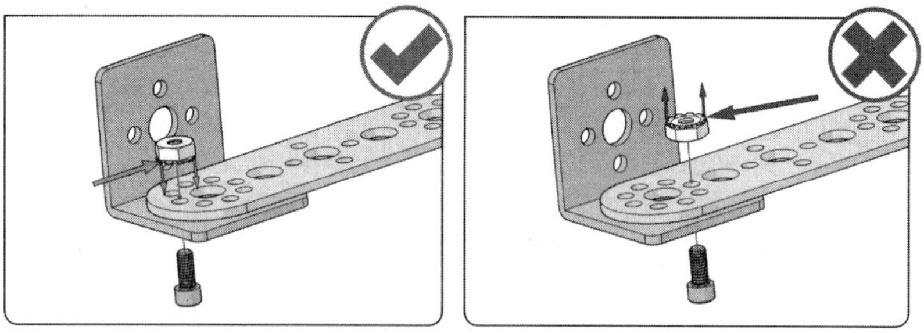

[그림 3-14] 디자인된 기능 활용하기

[그림 3-14]는 Kep 너트의 올바른 방향을 보여준다. Kep 너트는 자체 잠금 식으로 디자인되어 있는데, 그 부분은 왼쪽 그림과 같이 반드시 구조물의 평평한 면과 맞닿아야 한다. 오른쪽의 방식은 잘못된 예시이다. [그림 3-15]는 두 방식을 비교를 위해 같이 모아놓은 그림이다.

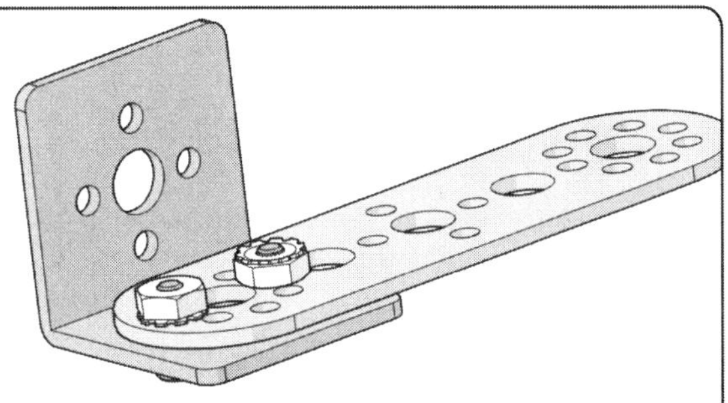

왼쪽의 Kep 너트의 방향이 올바른 것이고,
오른쪽의 너트 방향은 잘못된 겁니다.

구조물을 조립할 때는 그때그때 딱 맞는 길이의 나사를 사용하는 것이 좋습니다. 조립에 가능한 짧은 나사를 사용해서 긴 나사들은 나중에 두꺼운 구조물을 조립할 때를 위해 남겨놓는 것이 좋습니다.

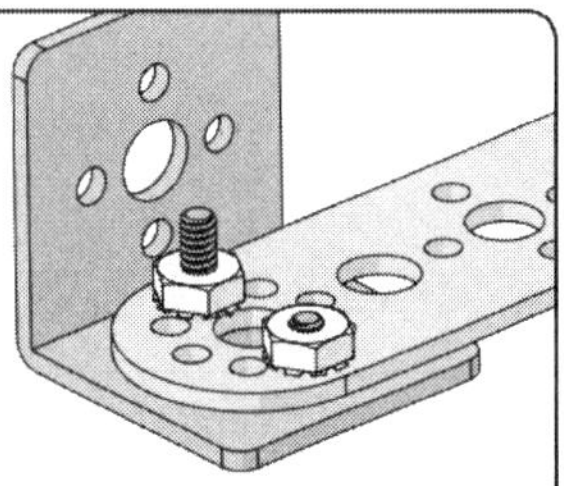

물론 위의 그림에서 두 개의 나사 모두 조립하는데 문제는 없겠지만, 오른쪽의 나사를 사용하는 편이 바람직합니다.

[그림 3-15] 두 방식을 비교를 위해 같이 모아놓은 그림

액슬(Axle) 허브와 모터 허브는 비슷하게 생겨 혼동하기 쉽다.

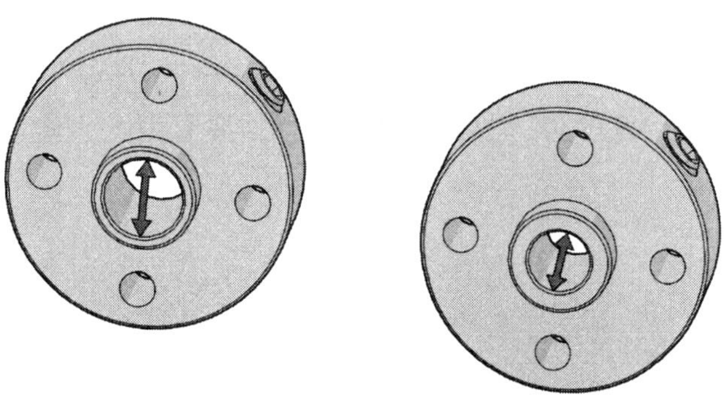

[그림 3-16] 액슬(Axle) 허브와 모터 허브의 구분

두 부품은 부품의 중앙에 뚫린 구멍의 지름으로 구분하면 된다. 액슬(Axle) 허브는 말 그대로 차축의 사이즈만큼 뚫려있고, 모터 허브는 모터 축 사이즈만큼 구멍이 뚫려 있다.

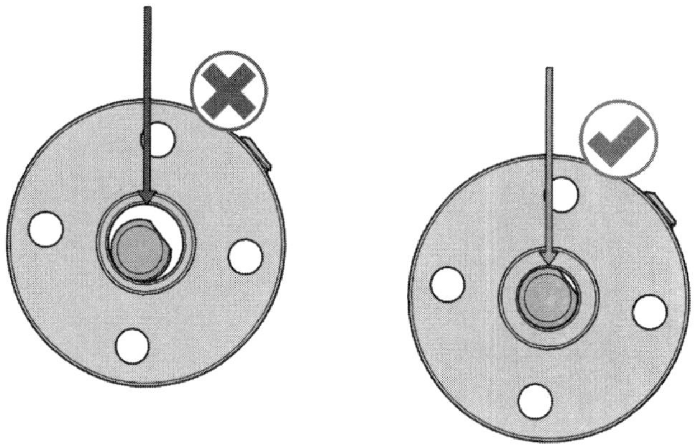

[그림 3-17] 중앙에 뚫린 구멍의 지름으로 구분

각각의 용도에 따라 딱 맞게 구멍이 뚫려있으므로, 두 부품을 바꾸어서 낄 경우 작동하지 않을 가능성이 높다. 두 부품을 사용하는 곳에 맞게 조립하길 바란다.

4) 특수 부품 조립

옴니 휠(Omni Wheel) 조립에 필요한 부품

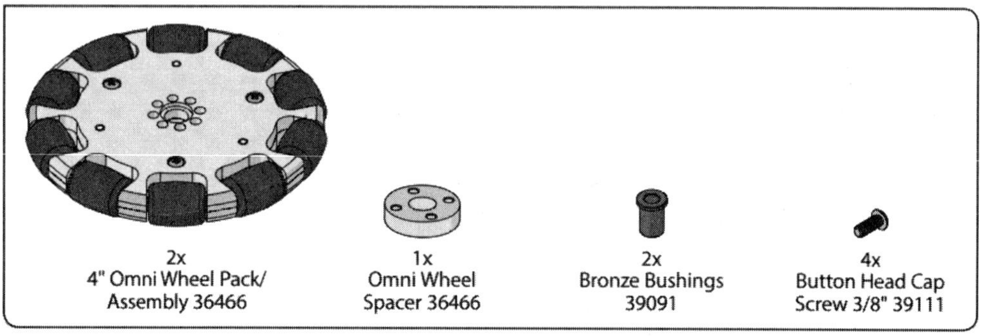

[그림 3-18] 옴니 휠(Omni Wheel) 조립에 필요한 부품

Step 1.0

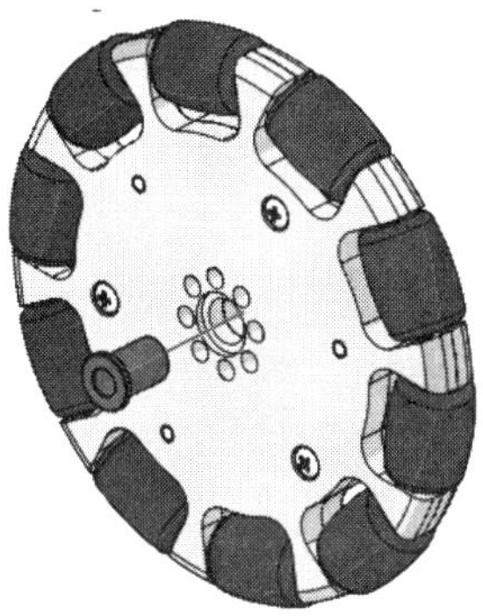

Step 1.1 (front view)	Step 1.1 (back view)
	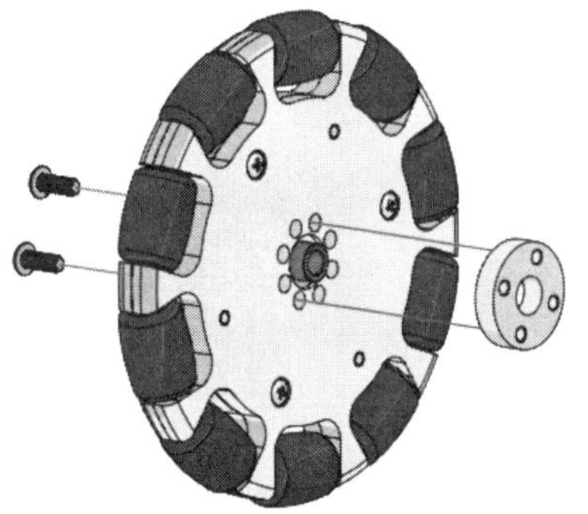

Step 1.2	Step 1.3
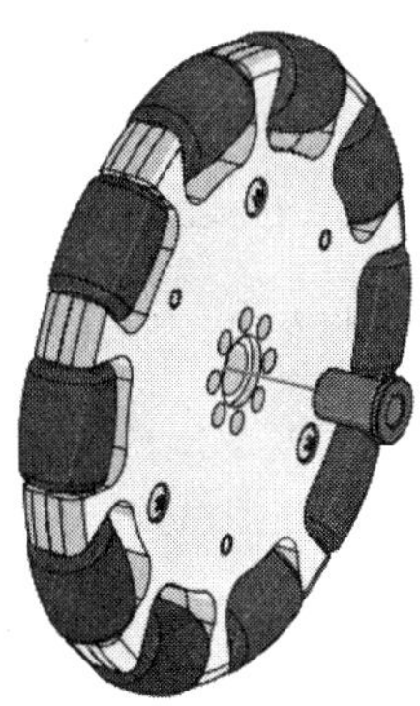	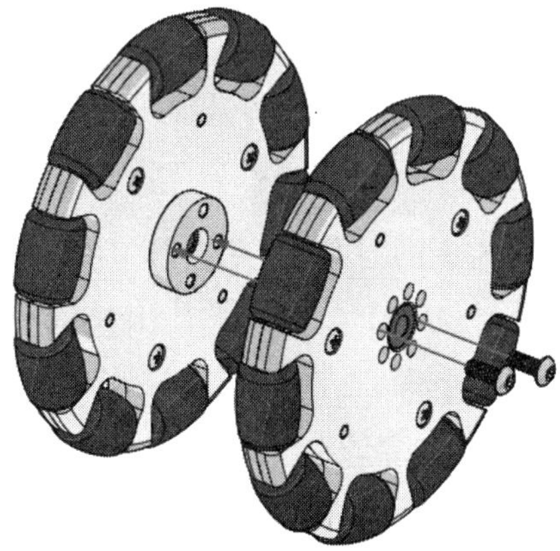

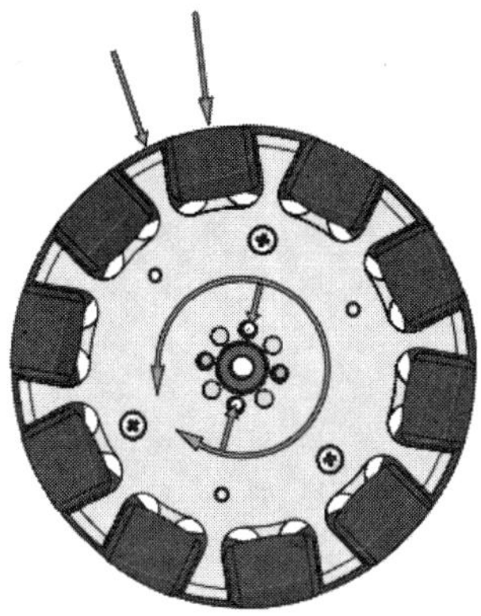

✔ **Tip**

두 휠의 롤러 사이에 적당하게 간격을 띄우려면, 1.3 단계에서 나사를 모두 푼 뒤, 그림에 나타난 방향으로 휠을 회전시킨다. 그리고 다시 나사를 조이면 된다.

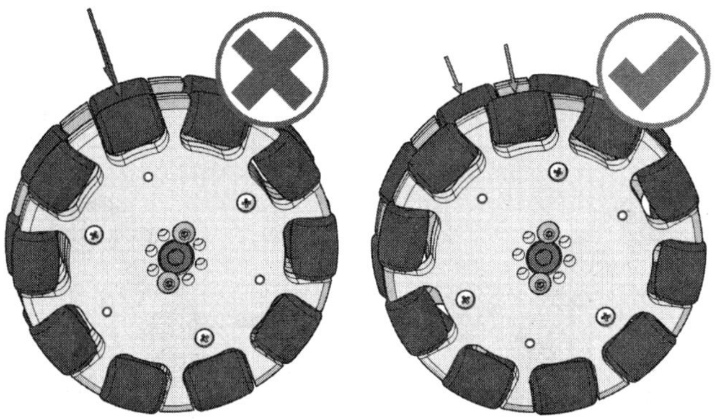

3-3 Bee-Dee Bot 조립하기

이번 수행활동을 진행하기 앞서 일단 로봇이 필요하다. 본 교재의 목적은 PRIZM과 아두이노를 이용하는 것이기 때문에 그렇게 복잡한 로봇은 필요하지 않는다. 그런 의미에서 Bee-Dee Bot을 만들어 본다. Bee-Dee Bot은 간단하고, 조립하기도 쉬우며 본 교재의 목적에 딱 필요한 것들만 갖추고 있는 로봇이다.

Bee-Dee Bot은 두 개의 12V 모터가 후륜에 달려 있는, 대표적인 차동 구동(differential-drive) 로봇이다. 앞 쪽에 달린 두 개의 옴니 휠과 더불어 방향 조종이 가능한 특성 덕분에 PRIZM과 아두이노를 이용해 프로그래밍하기 굉장히 좋은 로봇이다. 일단은 가장 기본적인 로봇 형태로 시작해, 이후 수행활동을 진행하면서 더 많은 부품을 추가한다.

이번 조립은 금속 부품 조립에 경험이 거의 없는 학생들에게 딱 적합하다.

- 예상 조립 시간 : 45~55분

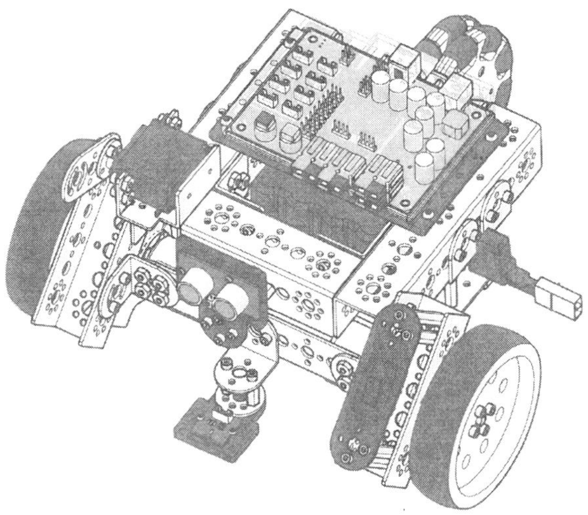

학습 3

3-4 실생활과 접목하기

기계 조립은 기능성뿐만 아니라 내구성에도 영향을 준다. 공학자들은 각각의 기계들의 사용 목적에 맞춰 기계를 디자인하게 되는데, 예를 들면 불도저는 구멍을 파거나, 빌딩 등을 밀어버리는 데 사용되기 때문에 굉장히 내구성이 좋은 재질로 만들어진다.

3-5 STEM 심화 주제

1. Science(과학)

- 구조와 기능

2. Technology(기술)

- 재질
- 파스너

3. Engineering(공학)

- 기계 디자인

4. Math(수학)

- 측정
- 계수

수행 내용

재료 · 자료

- Arduino, TETRIX의 제어 및 코딩 관련 자료

기기(장비 · 공구)

- 컴퓨터, TETRIX DC 모터, TETRIX 파워 폴 모터 케이블, PRIZM 컨트롤러, USB 케이블, TETRIX 12V충전식 NiMH 배터리 팩, PRIZM 컨트롤러 ON/OFF 배터리 스위치 어댑터 180도 표준 스케일 HS-485HB 서보 모터

안전 · 유의사항

- 컴퓨터, TETRIX의 주변기기, PRIZN 컨트롤러의 전원을 관리한다.

수행 순서

01 Bee-Dee Bot의 기본 구조의 모형을 수행한다.

Step 1 : 필요한 부품들

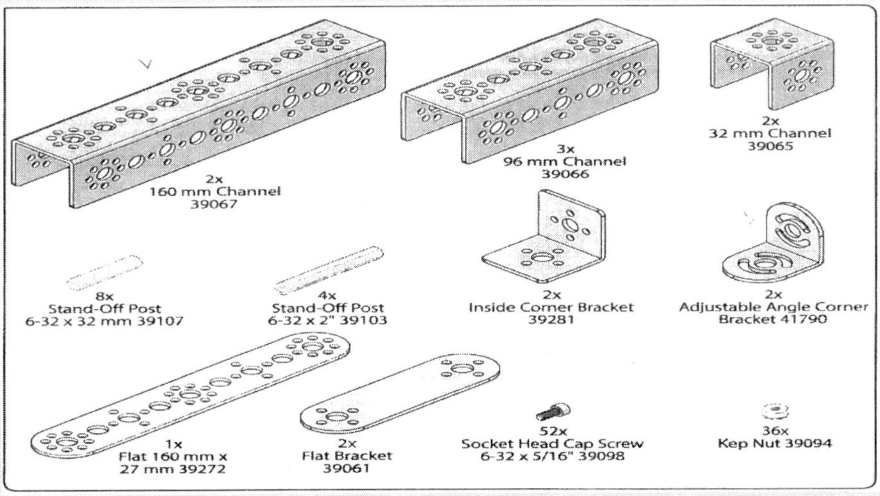

✔ **Tip**

채널 부품을 확인하는데 도움이 된다. 채널 부품은 길이로 구별한다.

부분 조립 상태는 아래와 같다.

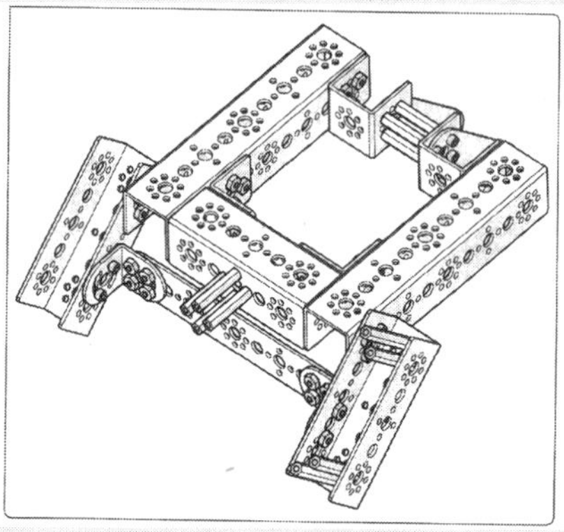

Step 1.0

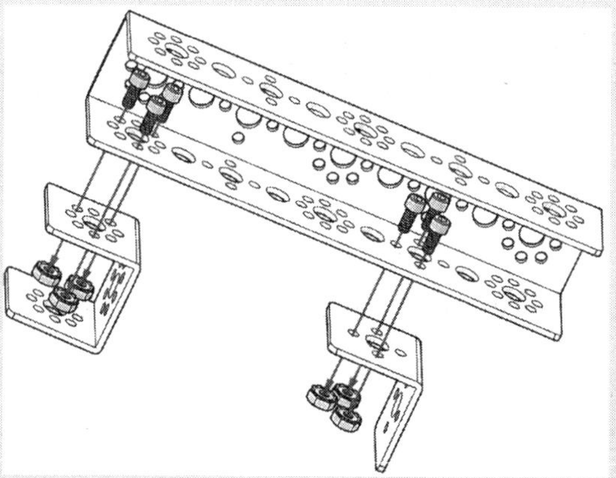

Step 1.1

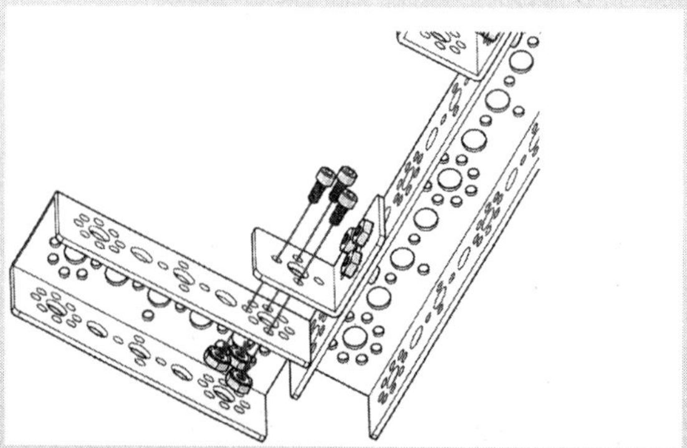

✔ **Tip**

네개의 채널을 모두 연결하기 전까지는 너트와 나사를 살짝 조여놓는 것이 좋다.

Step 1.2

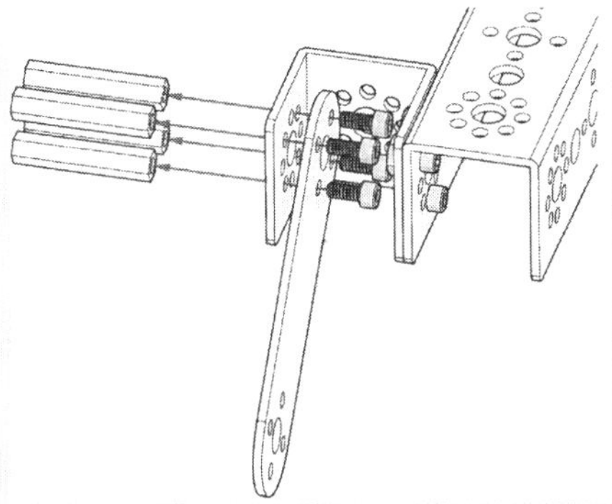

Step 1.3

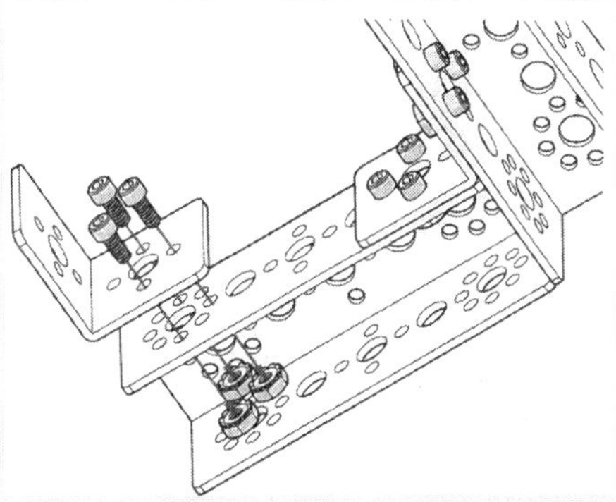

Step 1.4

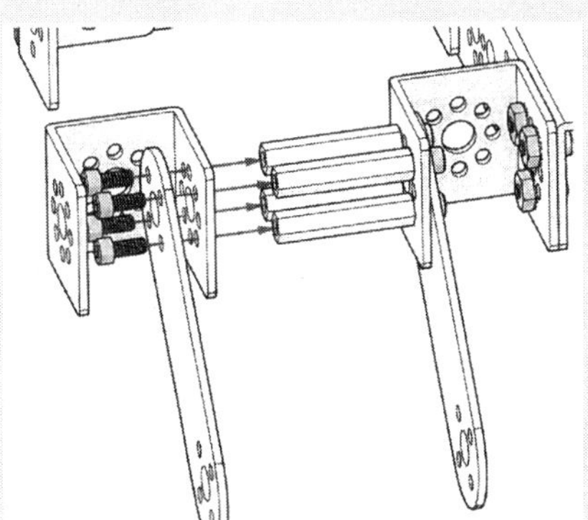

Step 1.5

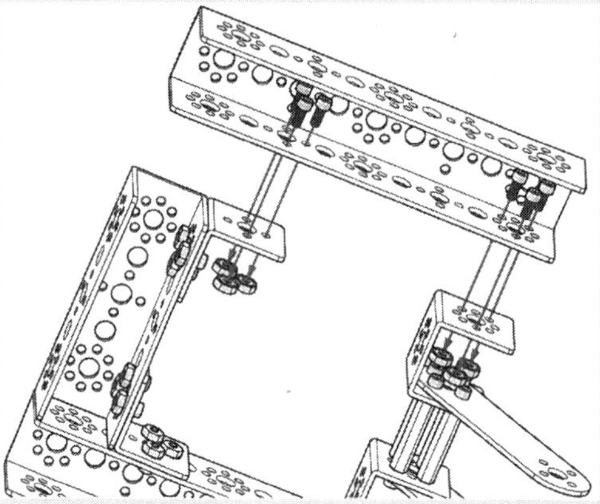

Step 1.6

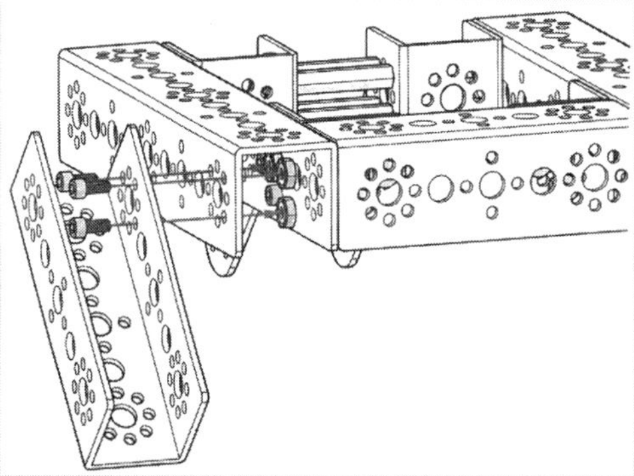

✔ **Tip**

네 개의 채널을 모두 연결한 뒤 사각형 틀모양이 완성되면 모든 나사와 너트를 조이는 것을 잊지 마라.

Step 1.7

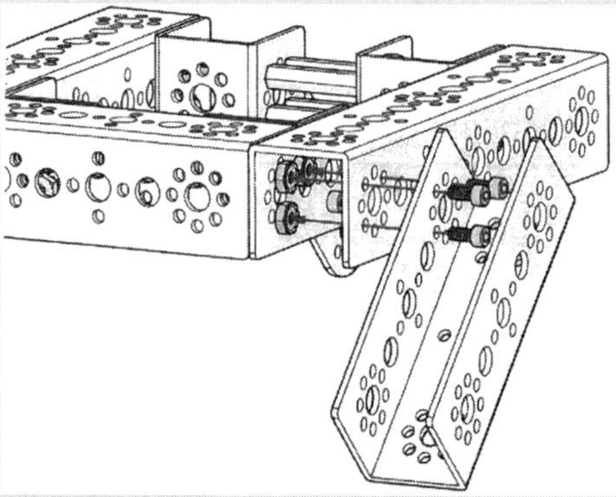

Step 1.8

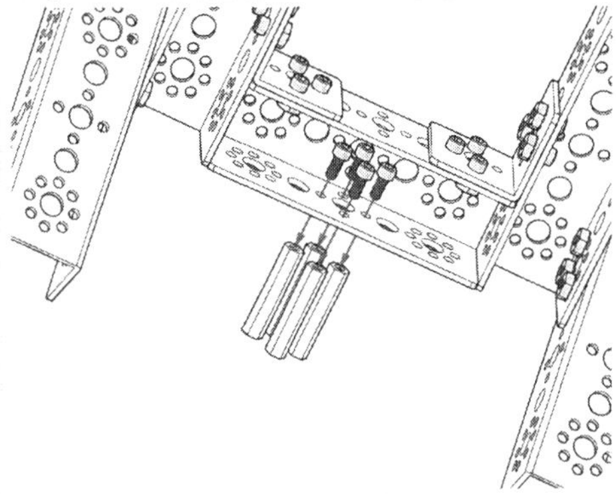

Step 1.9

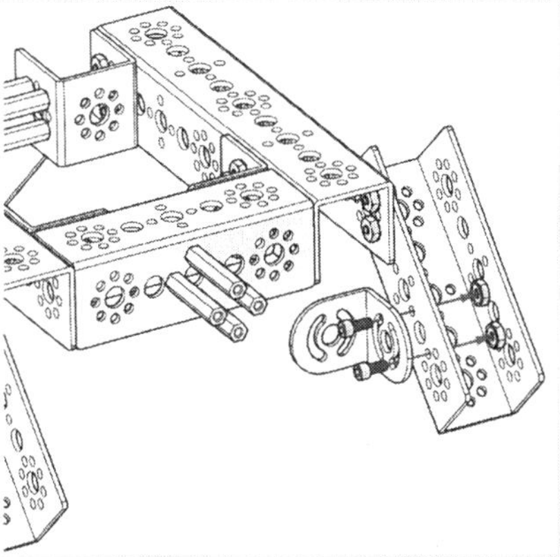

Step 1.10

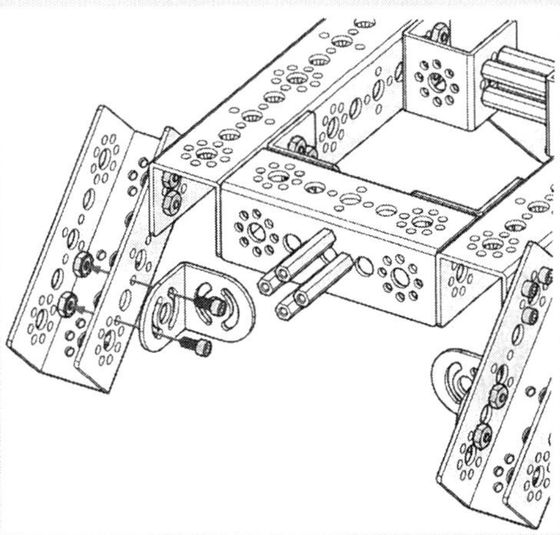

Step 1.11

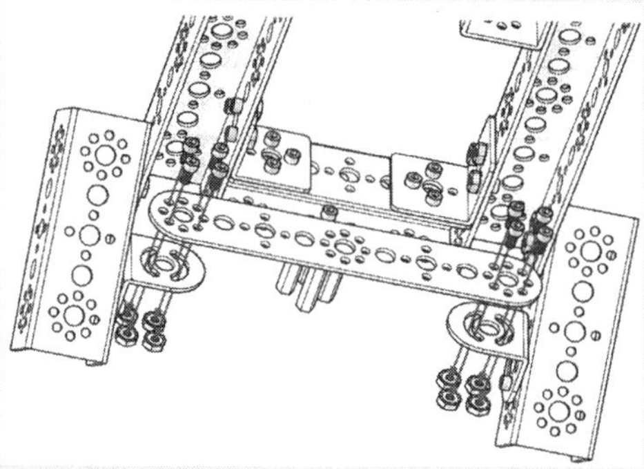

Step 1.12

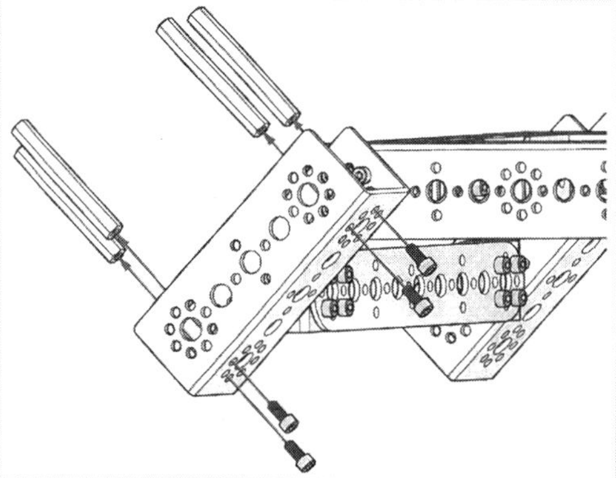

02 Bee-Dee Bot의 DC모터를 조립을 수행한다.

Step 2 필요한 부품들

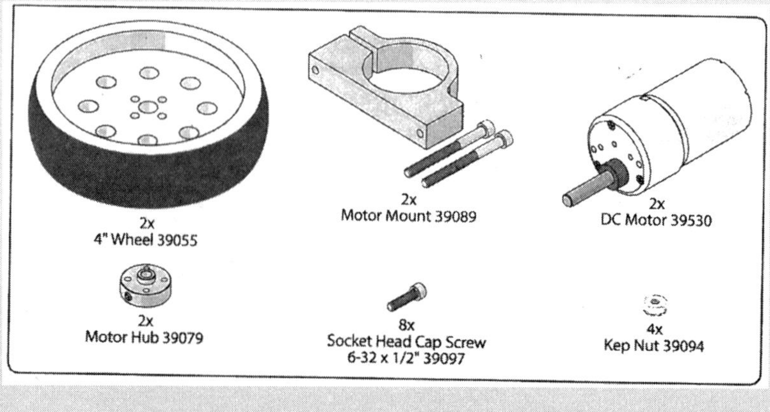

부분 조립 상태는 아래와 같다.

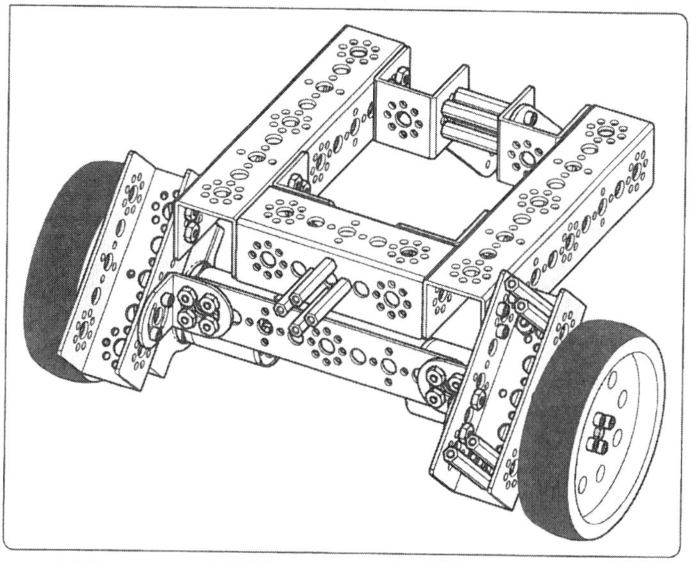

Step 2.0

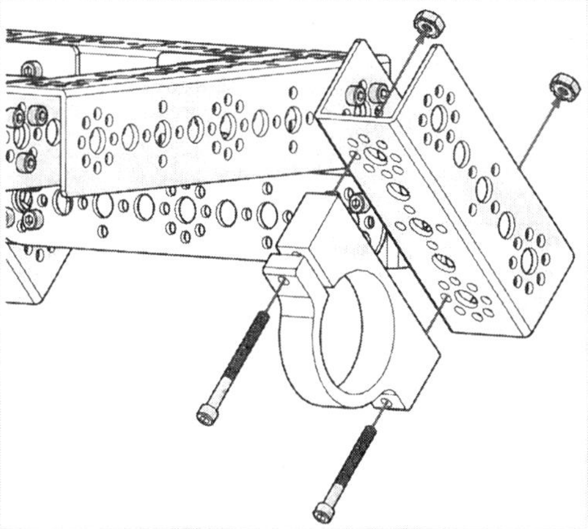

Step 2.1

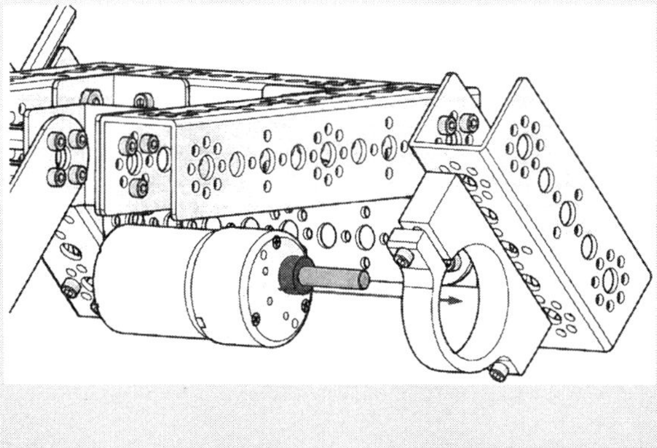

Step 2.2 ✔ **Tip** 이번 단계는 Socket Head Cap Screws(39097)을 사용한다.

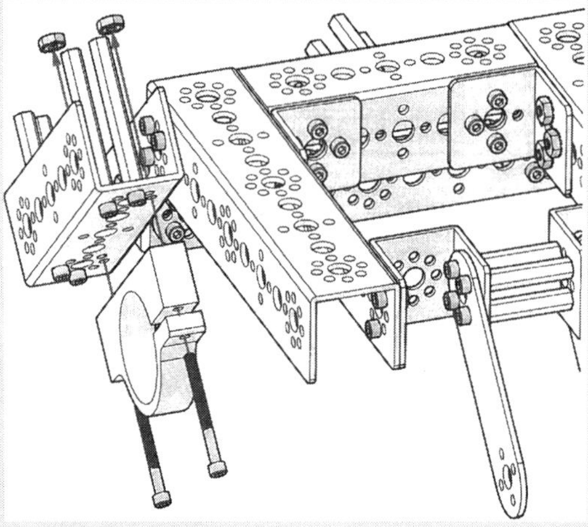

✔ **Tip**

ON/OFF 스위치가 어떤 방향을 향하는지는 제품의 성능과는 상관없다. 개인의 기호에 맞춰서 연결해준다.

Step 2.3

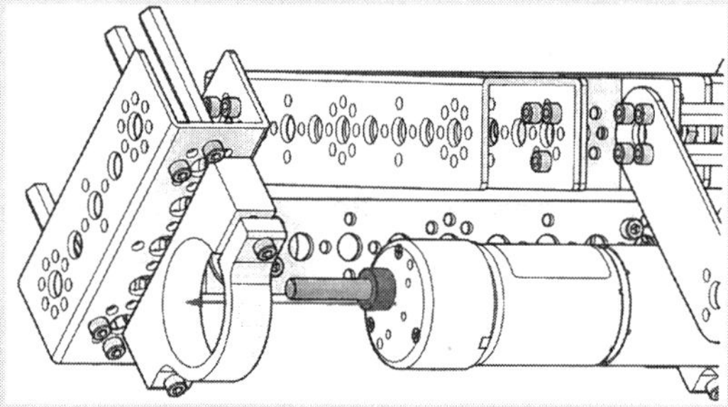

Step 2.4

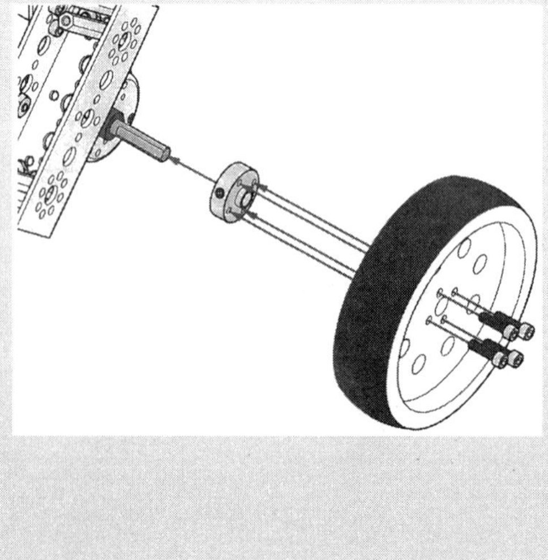

Step 2.5

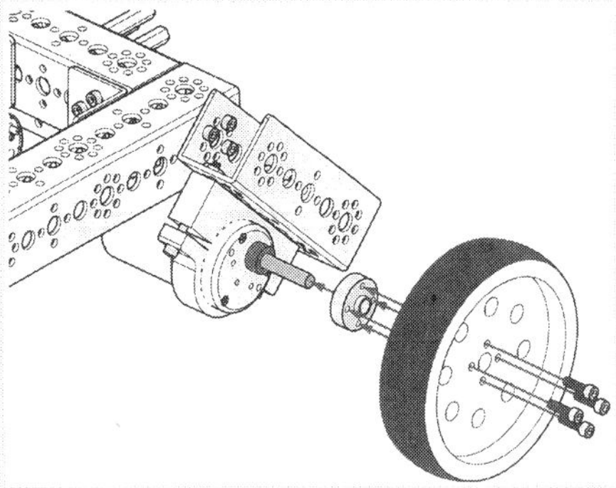

03 Bee-Dee Bot의 뒷바퀴 힐을 조립한다.

Step 3 필요한 부품들

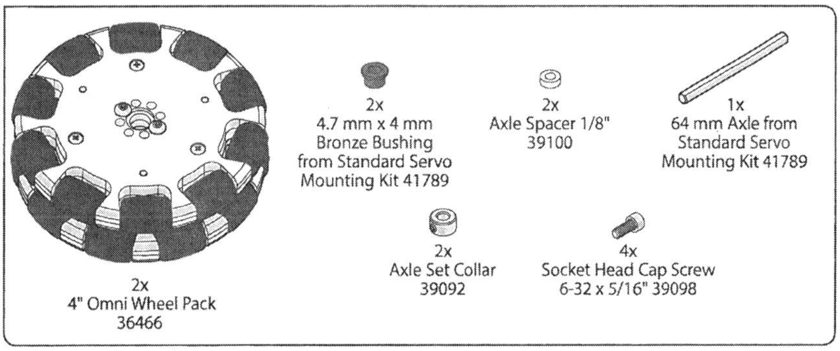

부분 조립 상태는 아래와 같다.

Step 3.0

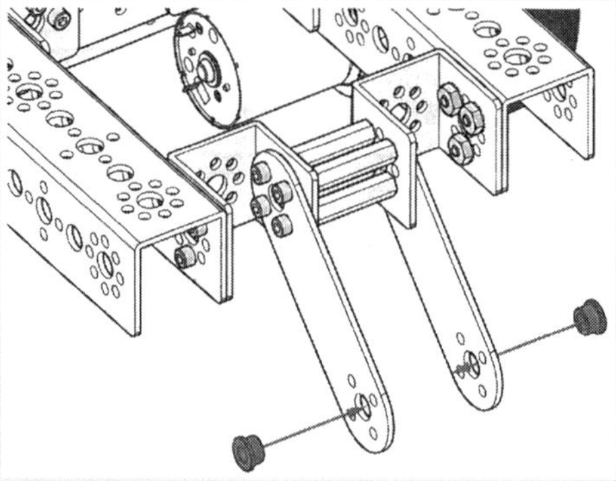

Step 3.1

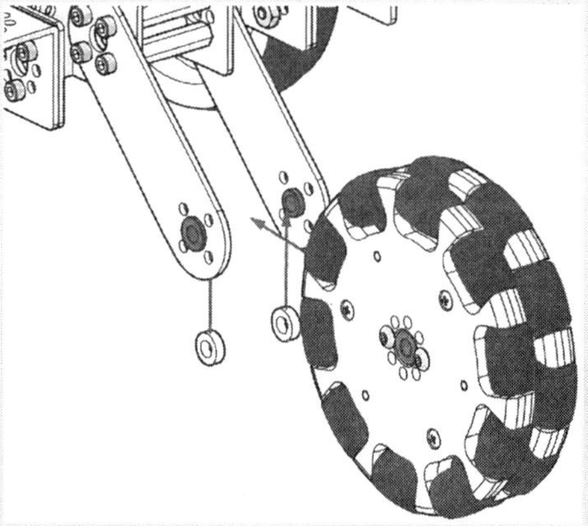

Step 3.2

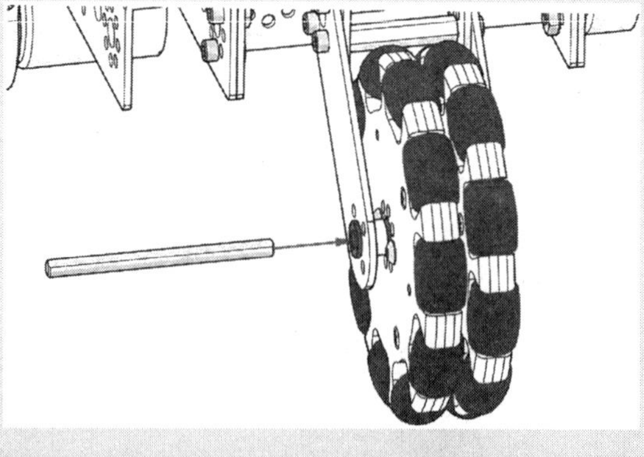

Step 3.3

04 Bee-Dee Bot의 배터리 거치대를 조립한다.

Step 4 필요한 부품들

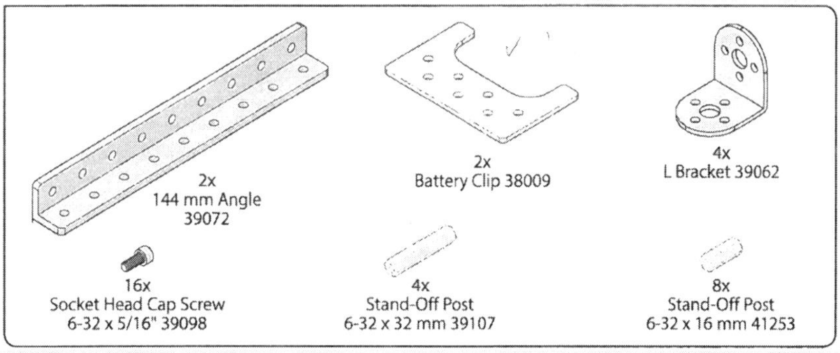

부분 조립 상태는 아래와 같다.

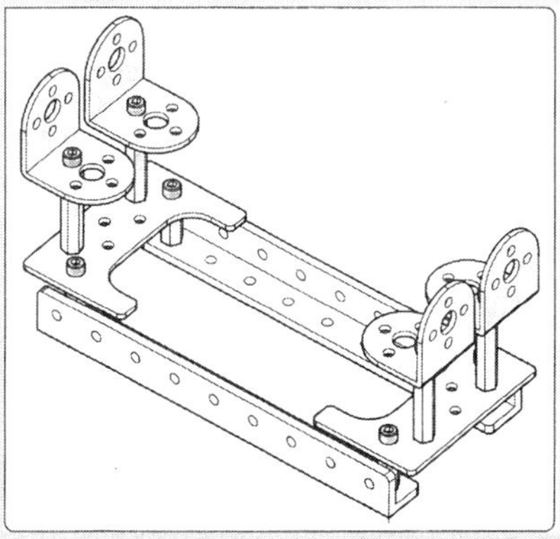

Step 4.0

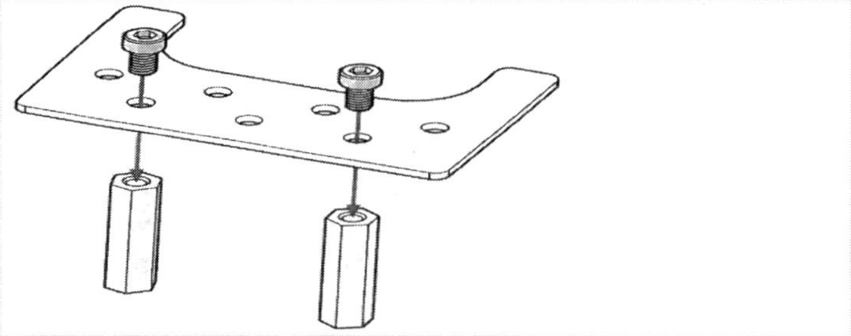

✔ **Tip**

모터 마운트에 벌어진 틈에 나사를 세게 조여 놓으면 모터를 고정시킬 수 없기 때문에 모터를 연결하기 전에는 모터 마운트의 나사를 느슨하게 조여야 한다. 모터를 올바른 위치에 넣은 뒤에는 나사를 꼭 조여 준다.

Step 4.1

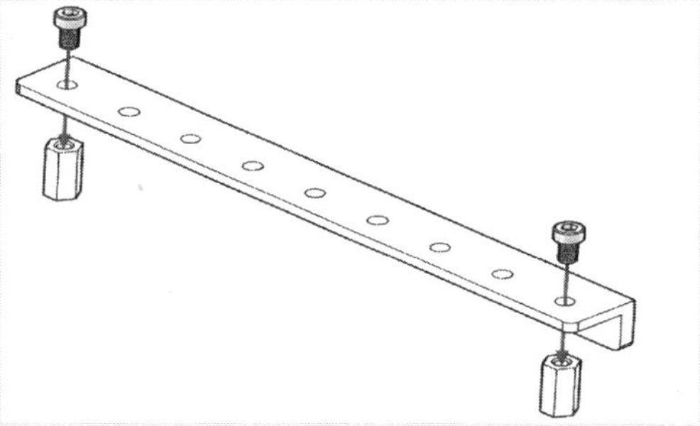

Step 4.2

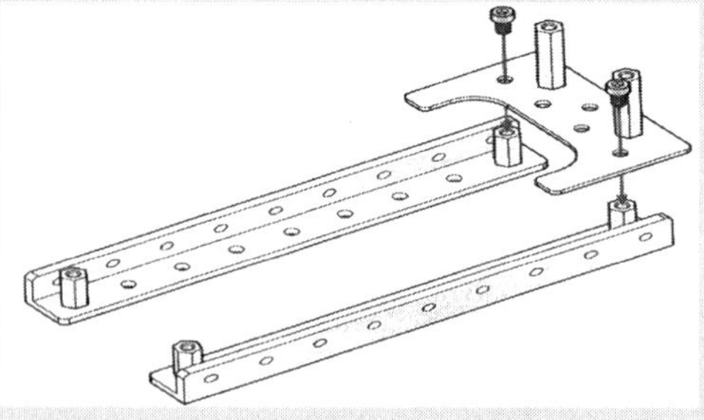

Step 4.3

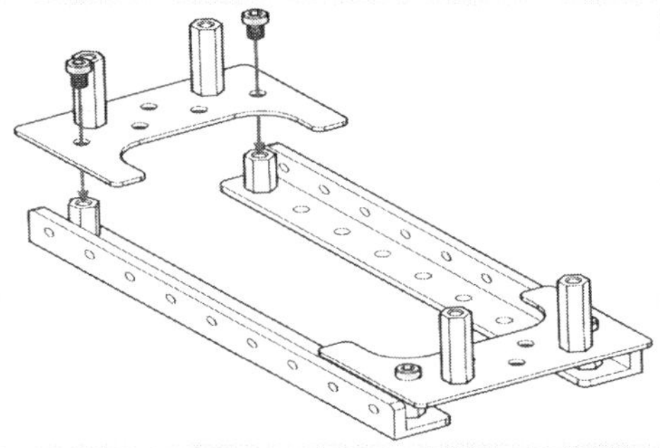

✔ **Tip** 이번 단계에서 Motor Hub(39079)를 사용한다. 나사를 꼭 조여 준다.

Step 4.4

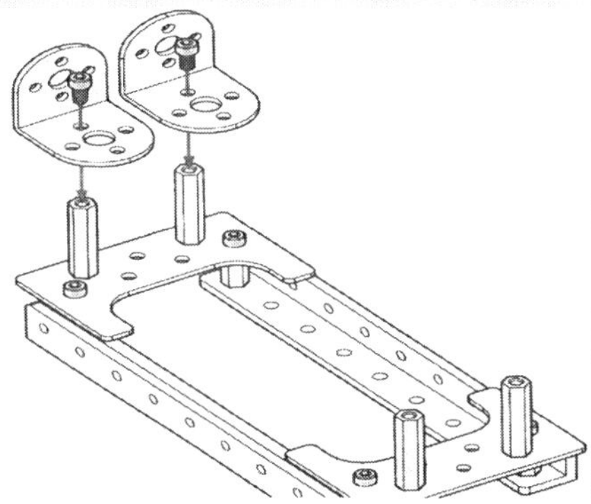

✔ **Tip**

모터 마운트에 벌어진 틈에 나사를 세게 조여 놓으면 모터를 고정시킬 수 없기 때문에 모터를 연결하기 전에는 모터 마운트의 나사를 느슨하게 조여야 한다. 모터를 올바른 위치에 넣은 뒤에는 나사를 꼭 조여 준다.

Step 4.5

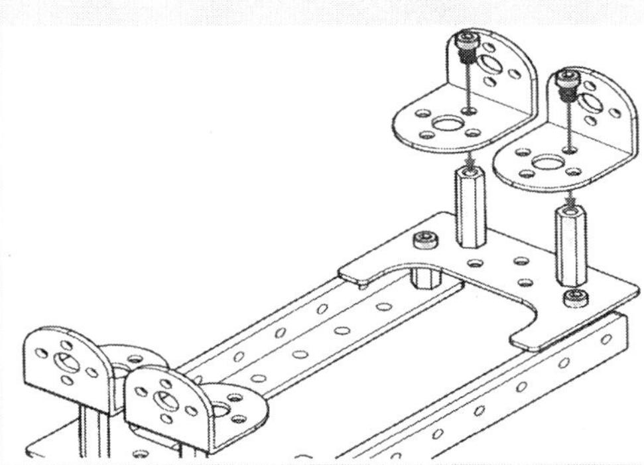

05 Bee-Dee Bot의 배터리를 장착을 조립한다.

Step 5 필요한 부품들

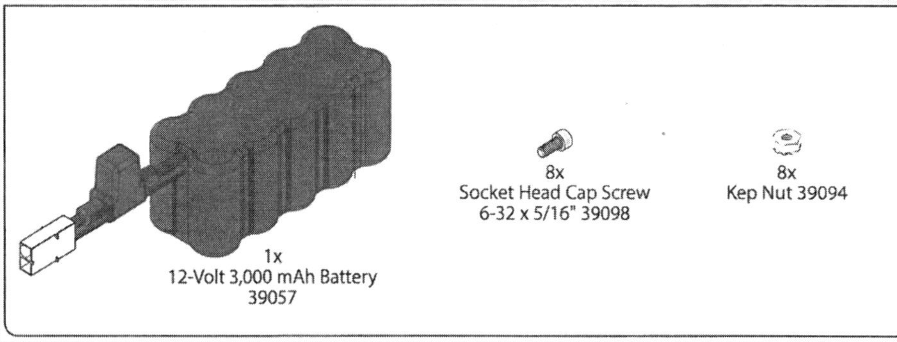

완성된 조립 상태는 아래와 같다.

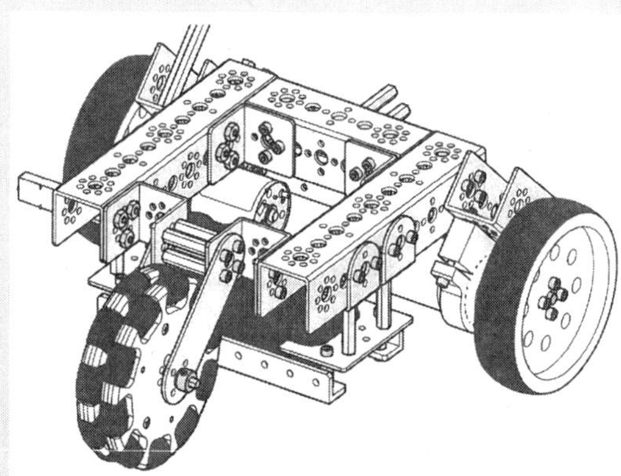

Step 5.0

✔ **Tip** 이번 단계에서 6-32 x 1" Stand-of post(39102)를 사용한다.

Step 5.1

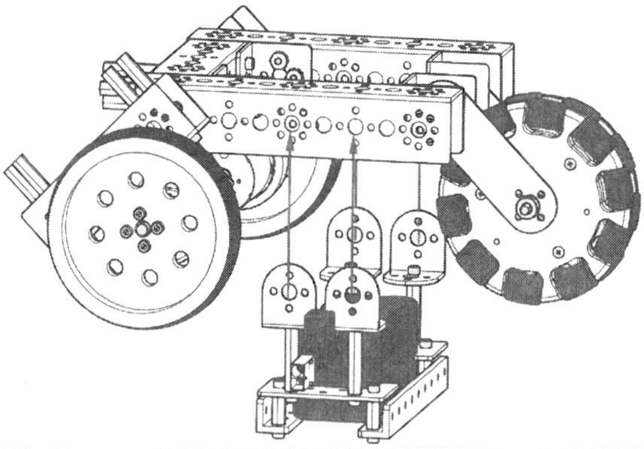

Step 5.2 ✔ **Tip** 이번 단계에서 6-32 x 1" Stand-off post(39102)를 사용한다.

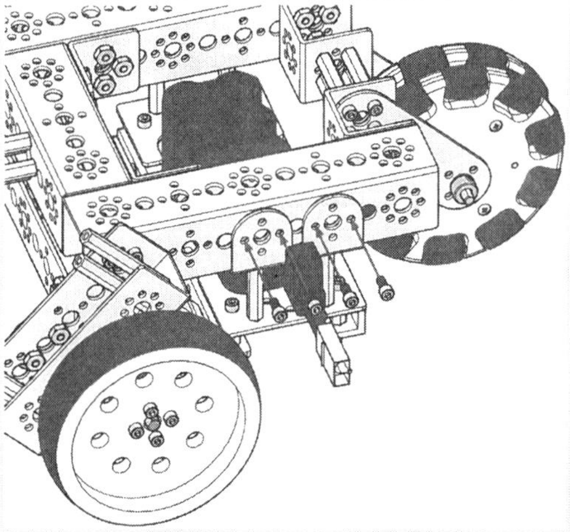

Step 5.3

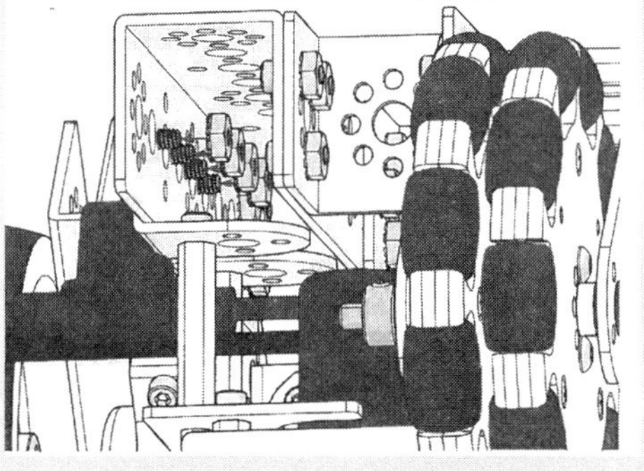

Step 5.4

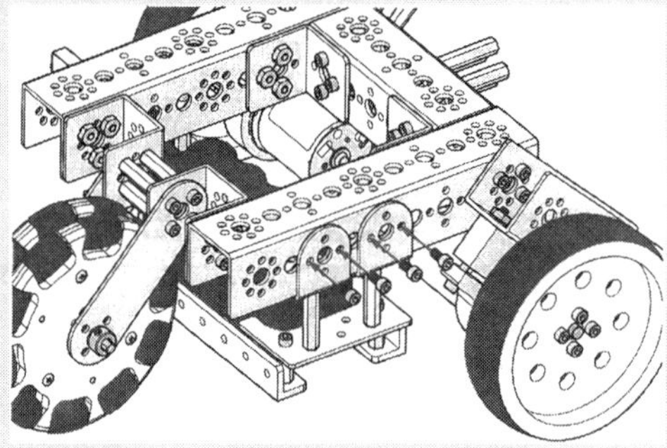

Step 5.5

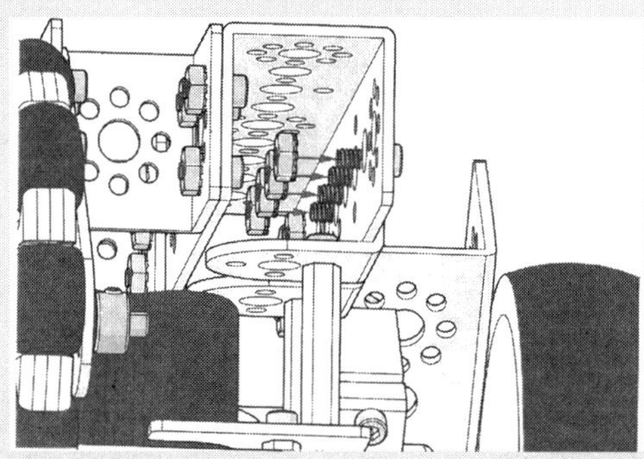

06 Bee-Dee Bot의 서브모터를 장착을 조립한다.

Step 6 필요한 부품들

완성된 조립 상태는 아래와 같다.

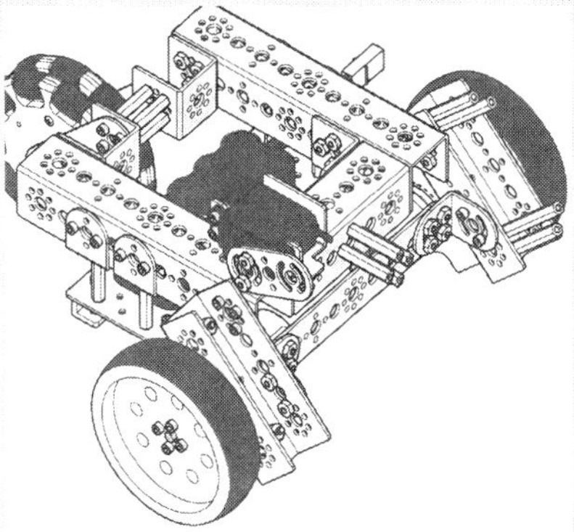

Step 6.0

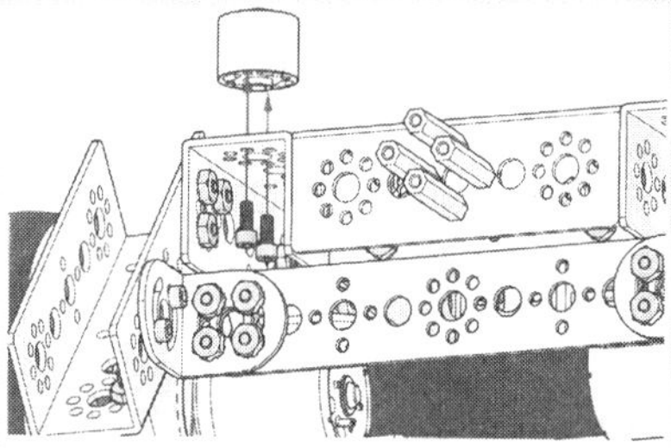

Step 6.1

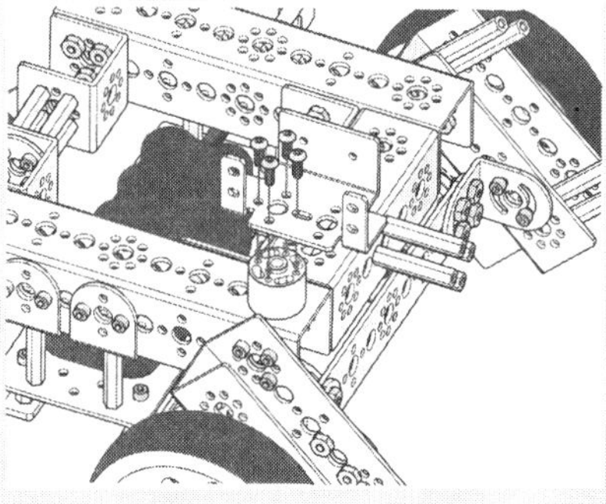

Step 6.2

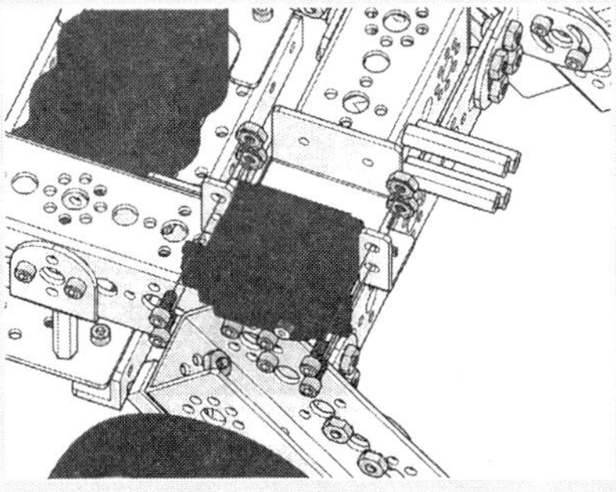

Step 6.3

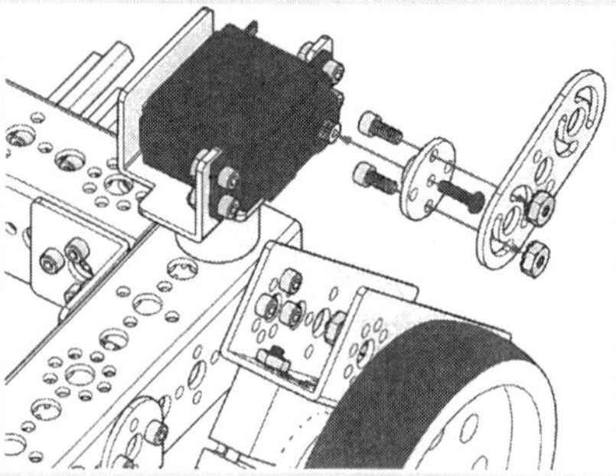

07 Bee-Dee Bot의 전원스위치를 장착을 조립한다.

Step 7 필요한 부품들

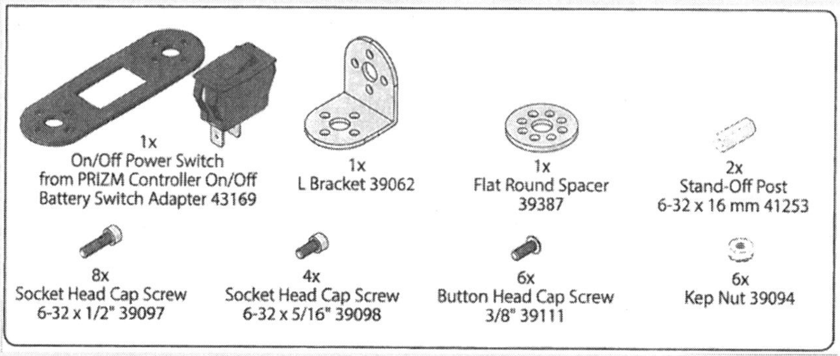

완성된 조립 상태는 아래와 같다.

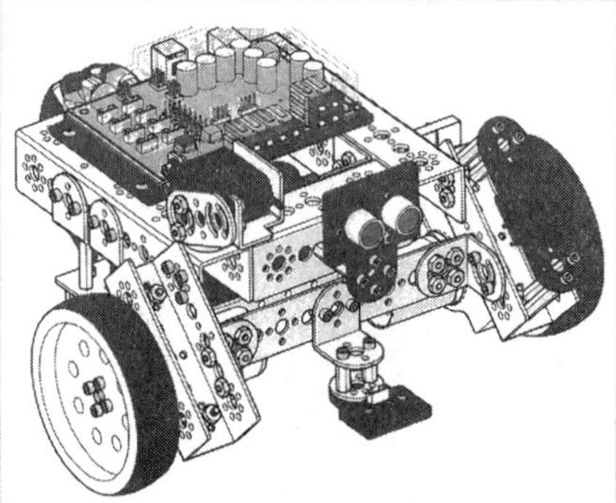

Step 7.0

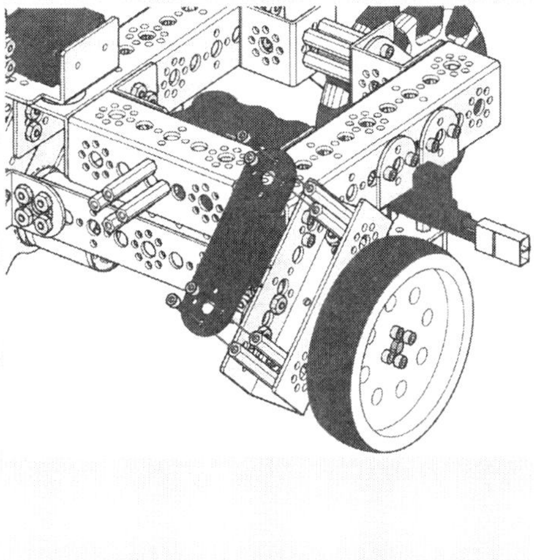

Step 7.1

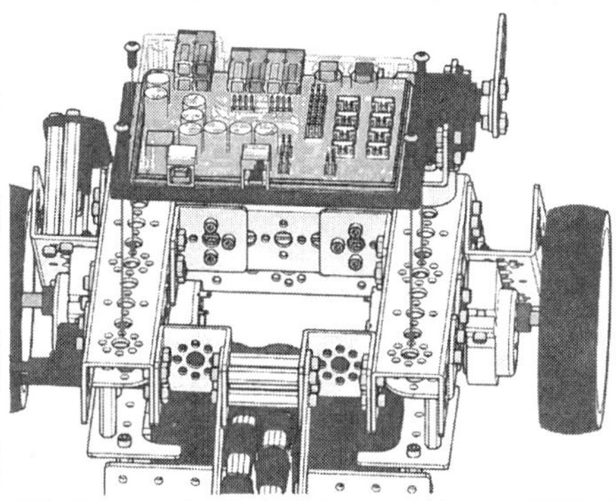

Step 7.2

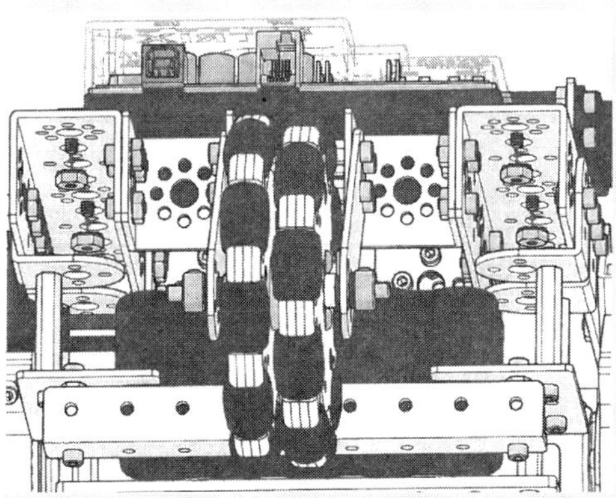

학습 3

Step 7.3

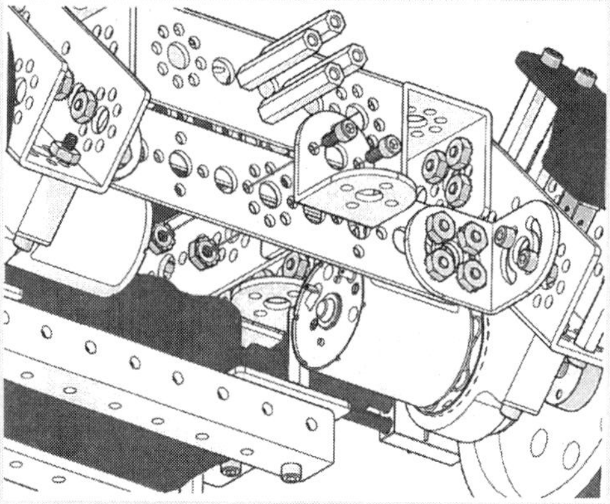

Step 7.4

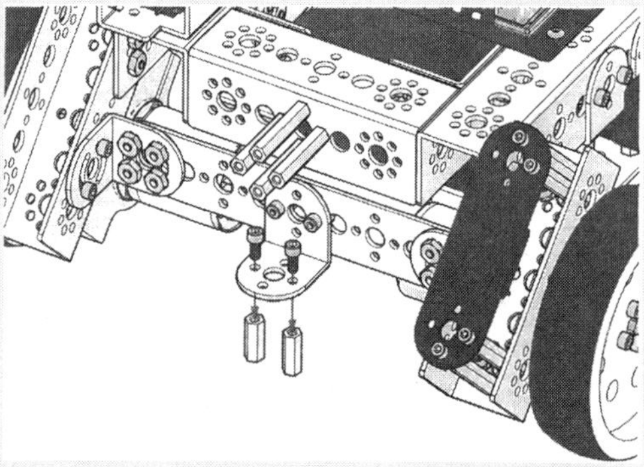

Step 7.5

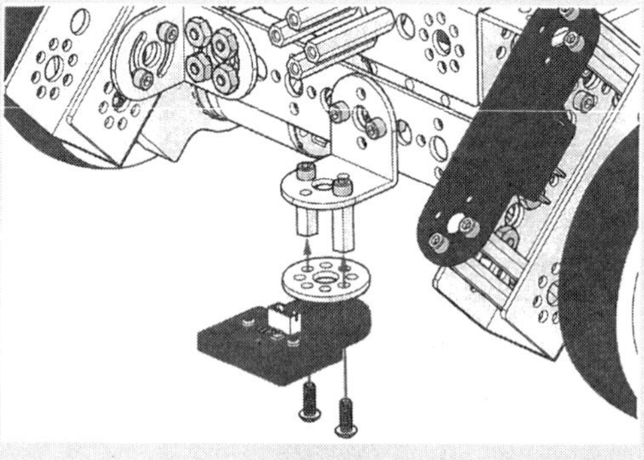

Step 7.6

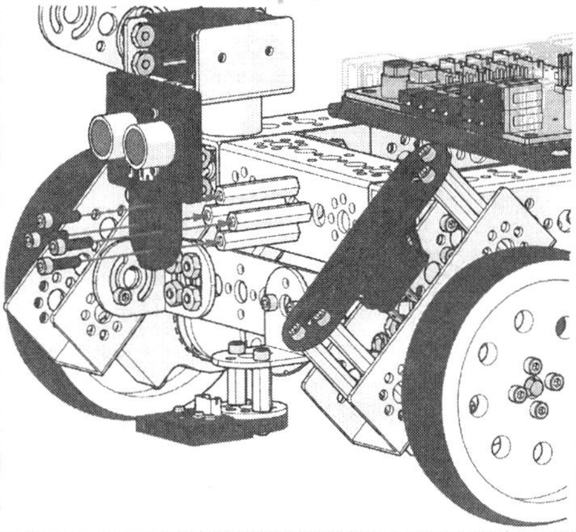

Step 7.7

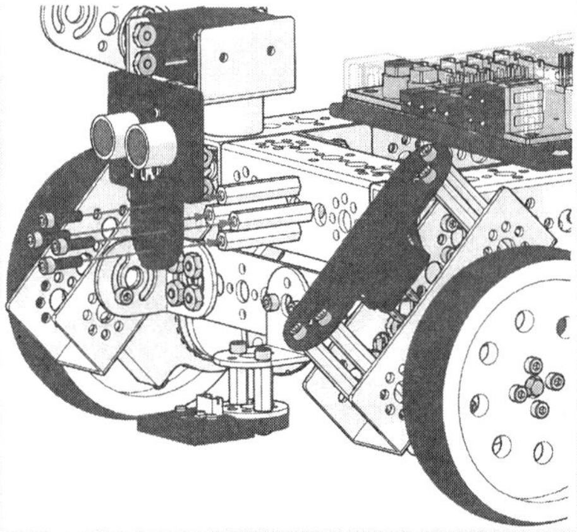

08 테스트링 플랩폼을 구현한다.

8.0 테스트링 플랫폼 필요한 부품들

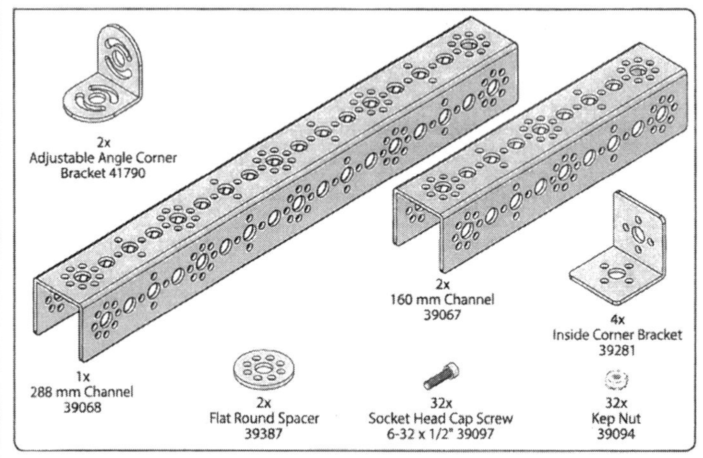

완성된 조립 상태는 아래와 같다.

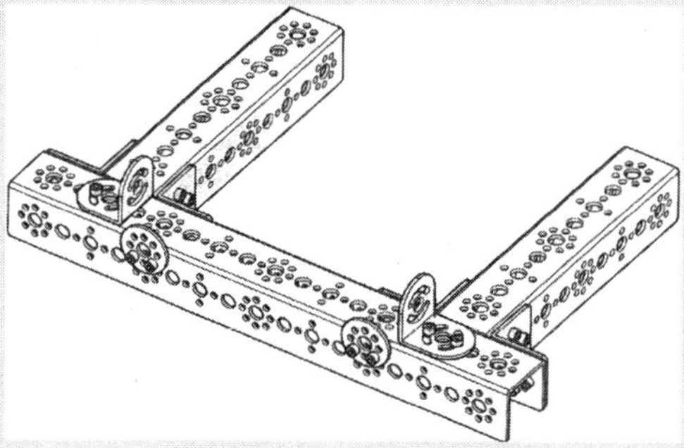

Step 8.0

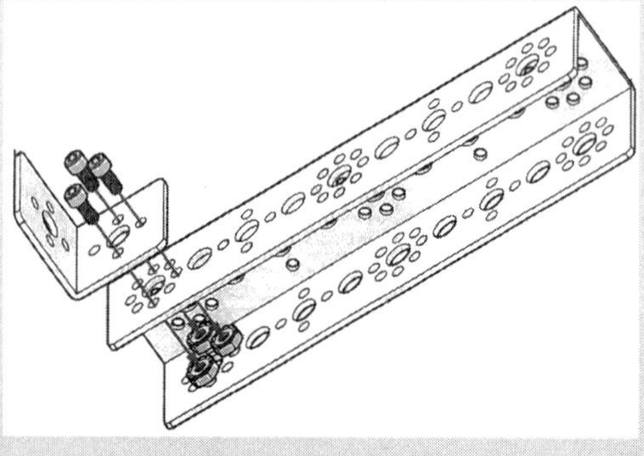

Step 8.1.

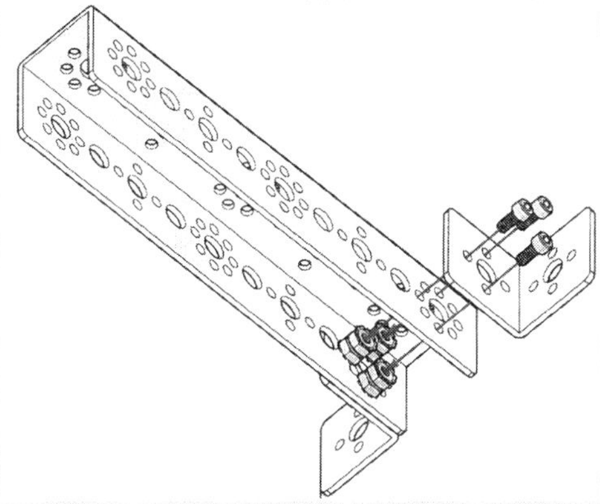

Step 8.2.

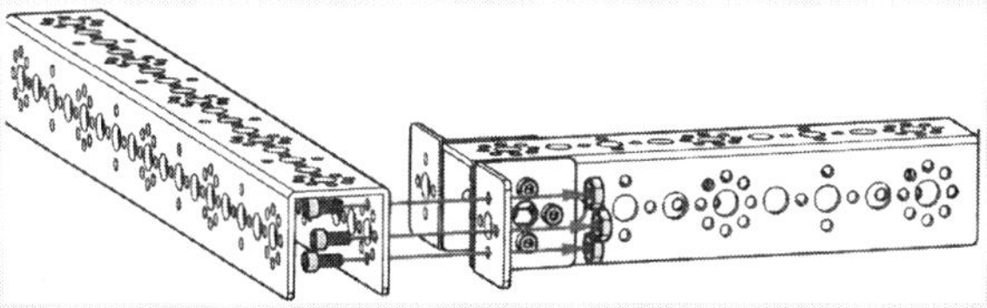

Step 8.3.

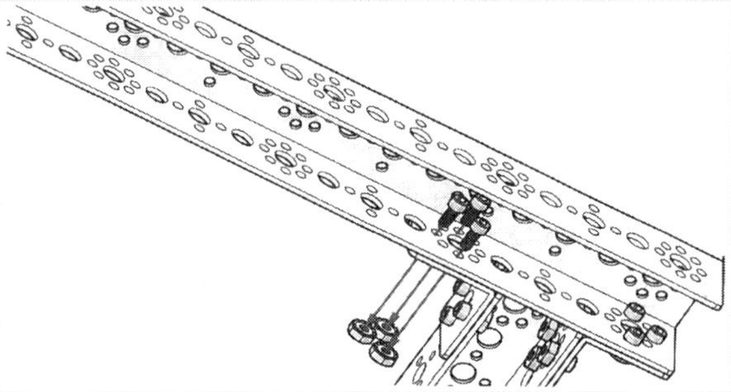

Step 8.4.

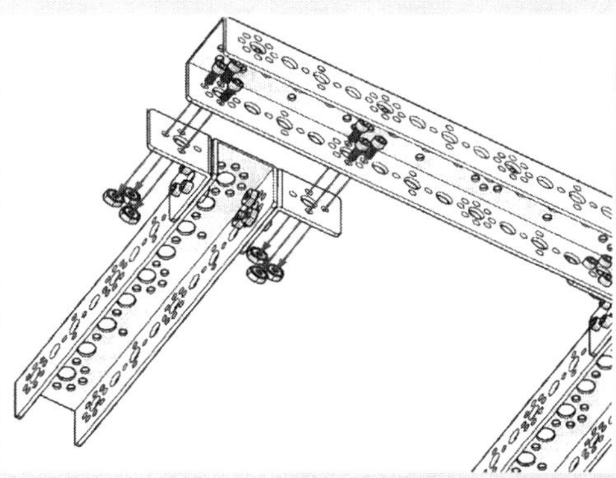

학습 3

Step 8.5.

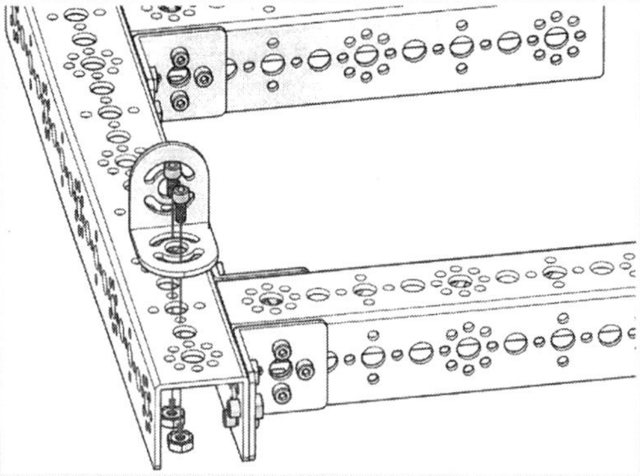

Step 8.6.

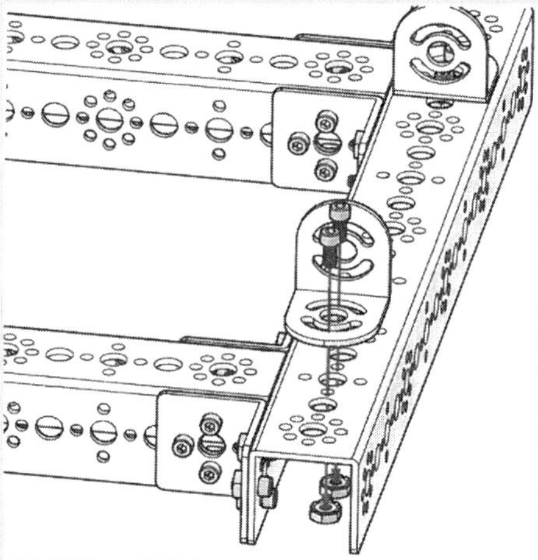

Step 8.7.

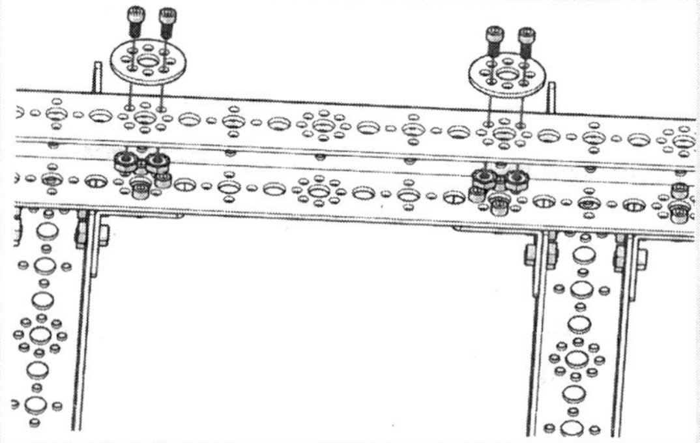

Step 8.8.

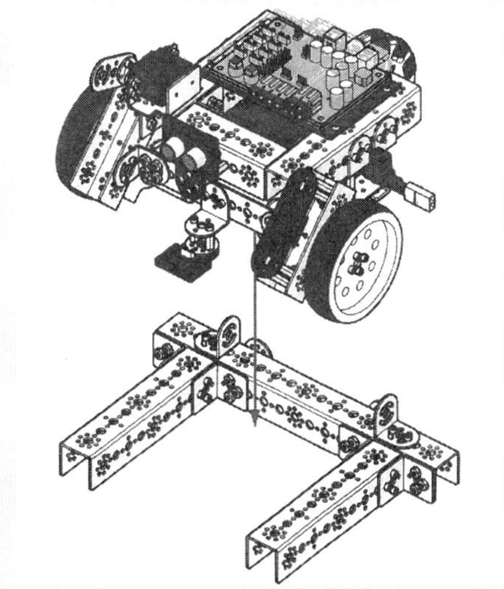

09 Bee-Dee Bot의 플립퍼를 이용하여 초음파센서를 조립한다.

Step 9 Bee-Dee with Flipper 필요한 부품들

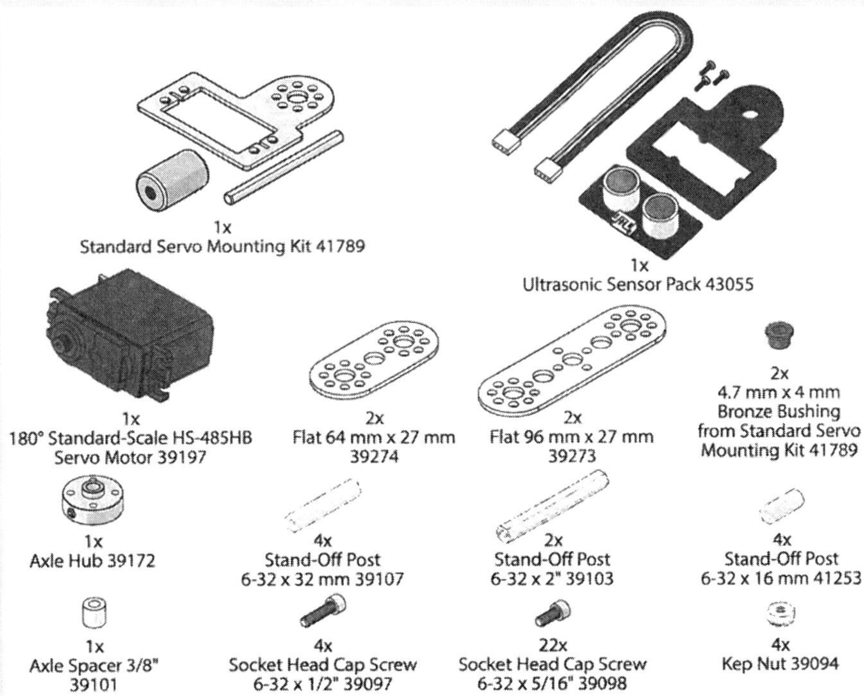

완성된 조립 상태는 아래와 같다.

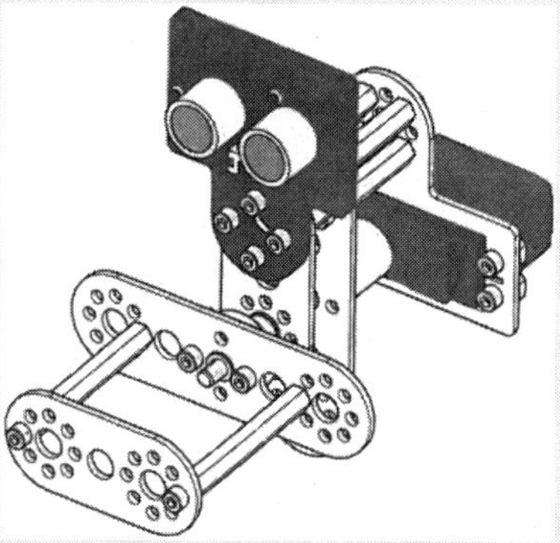

Step 9.0

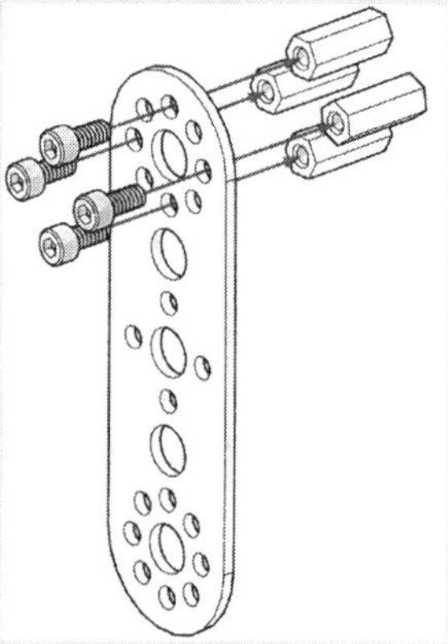

Step 9.1

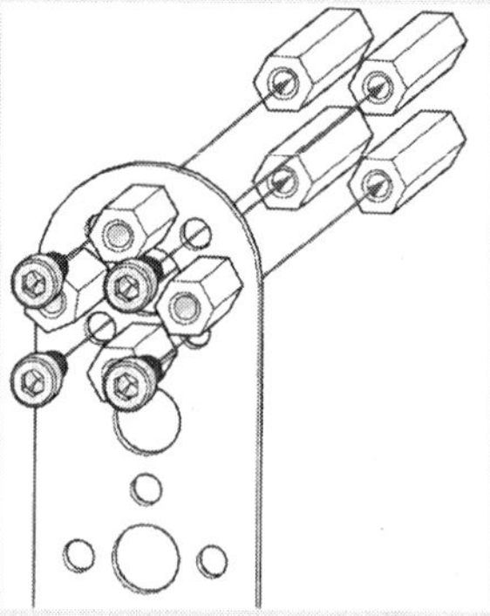

Step 9.2

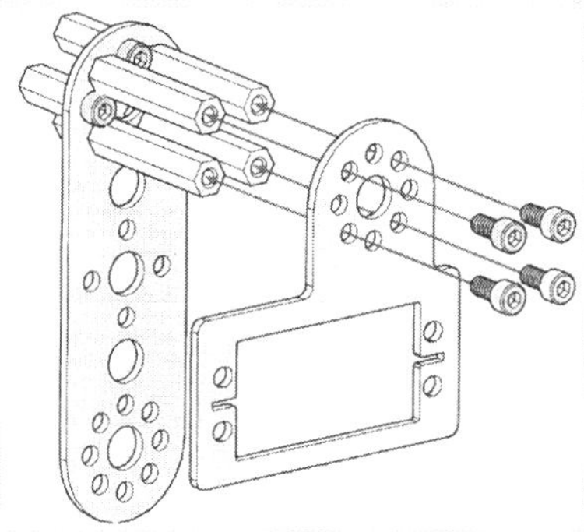

Step 9.3

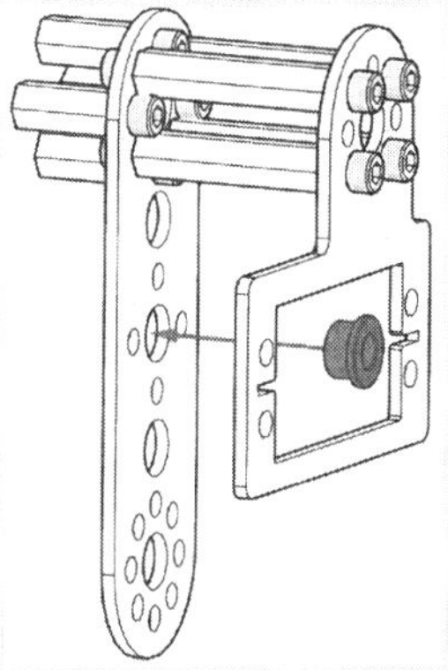

Step 9.4

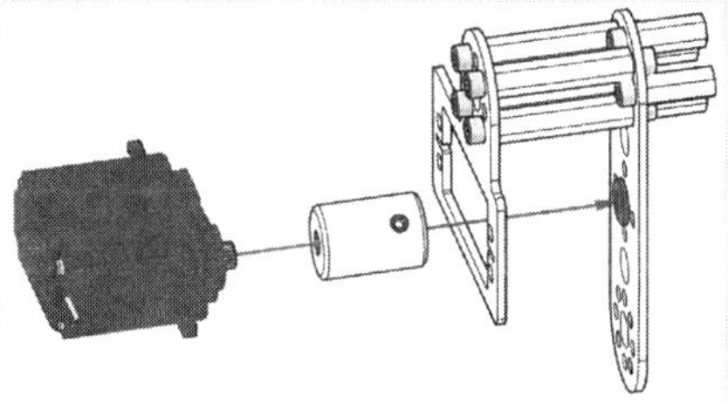

Step 9.5

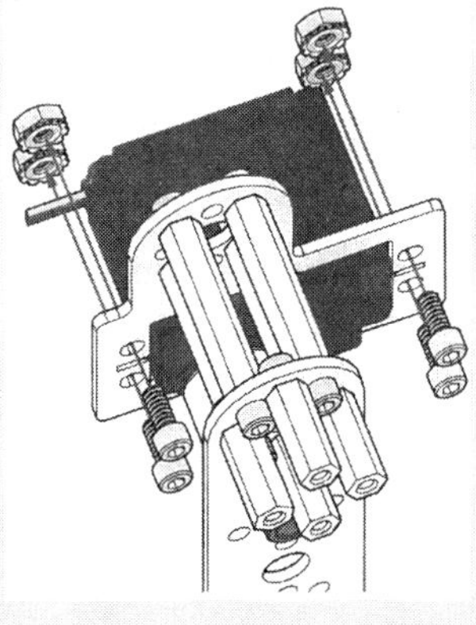

Step 9.6

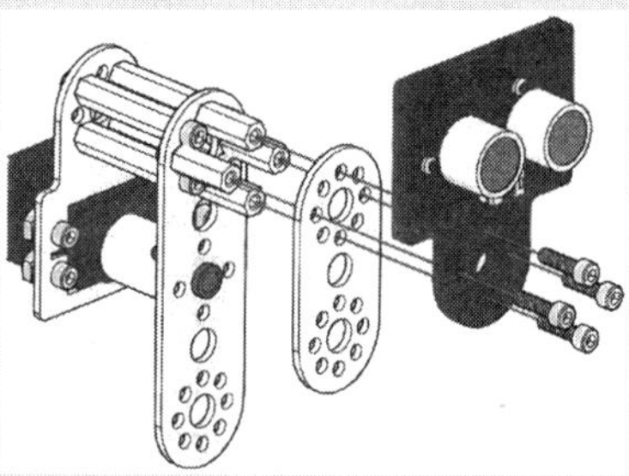

Step 9.7

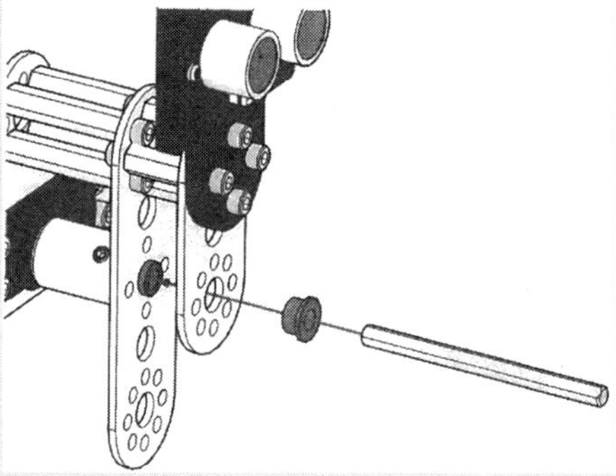

Step 9.8

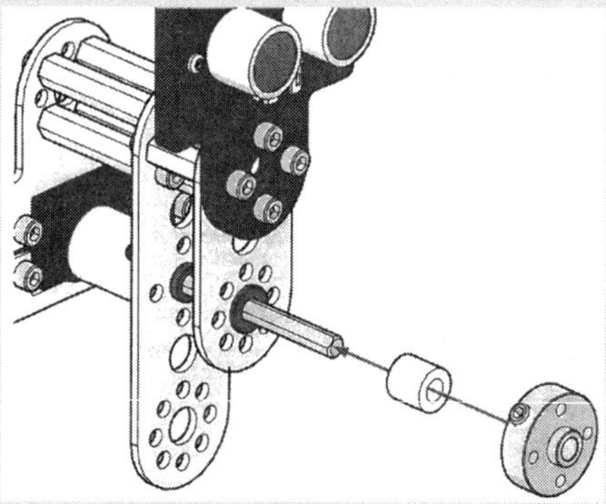

Step 9.9

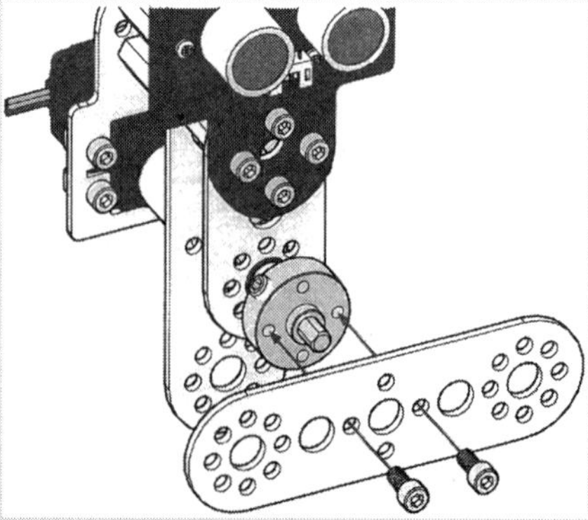

Step 9.10

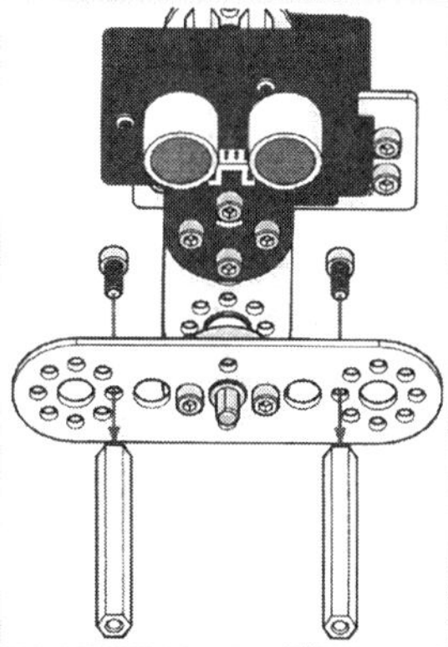

Step 9.11

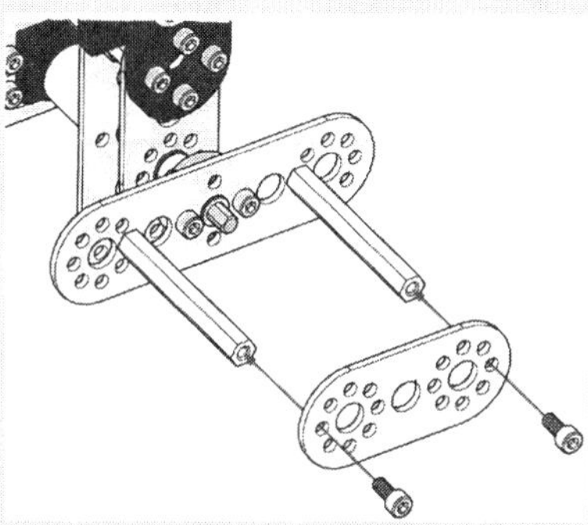

10 Bee-Dee Bot의 플립퍼(Flipper)를 구현한다.

Bee-Dee with Flipper Step10 필요한 부품들

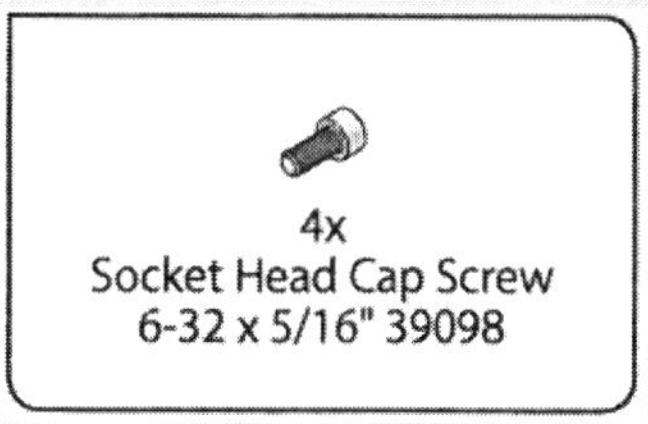

Step10.0

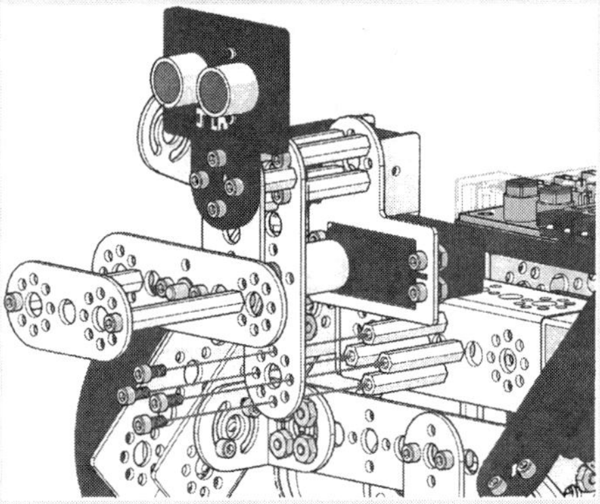

완성된 조립 상태는 아래와 같다.

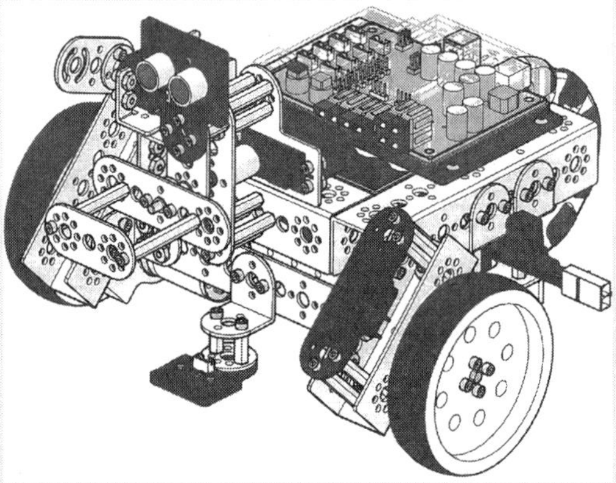

학습 3

11 그립퍼(Gripper)를 부착한 Bee-Dee Bot(1)을 구현한다.

Step11 부착한 Bee-Dee Bot(1) 필요한 부품들

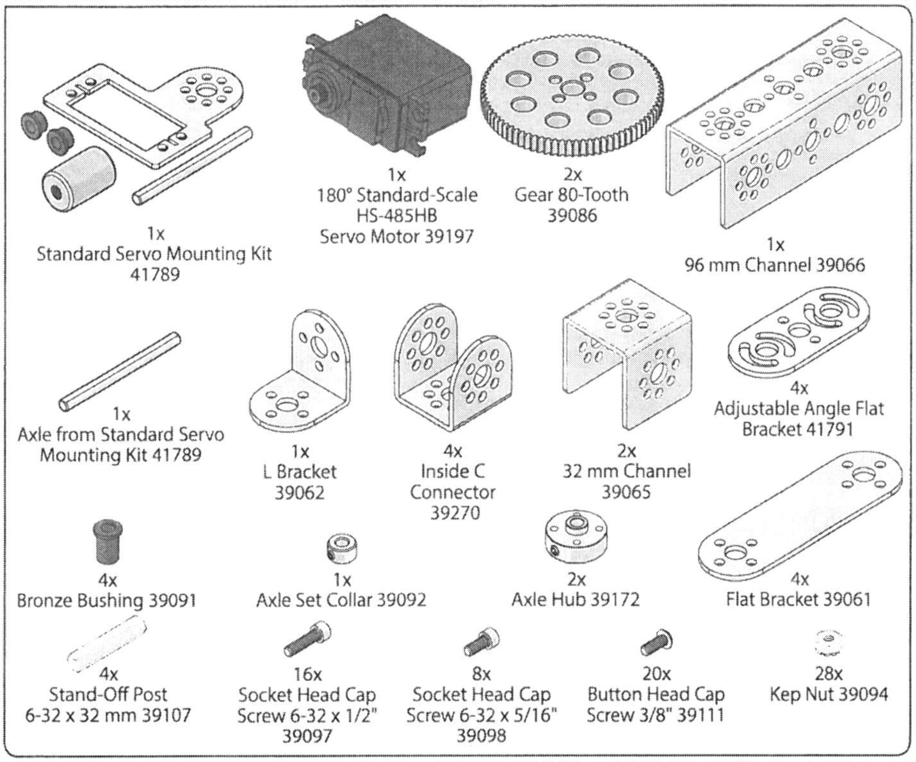

완성된 조립 상태는 아래와 같다.

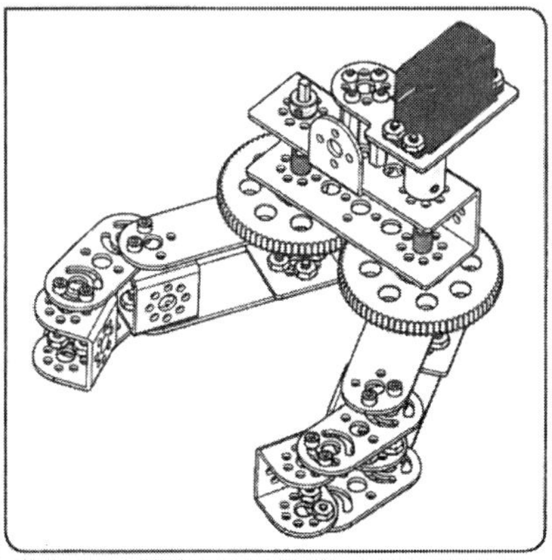

Step11.0

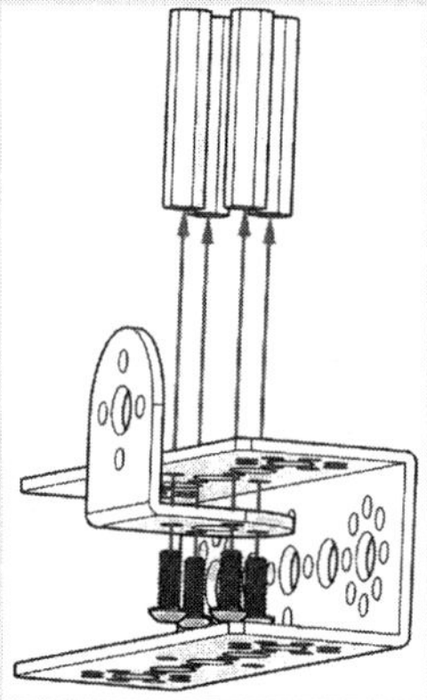

Step11.1

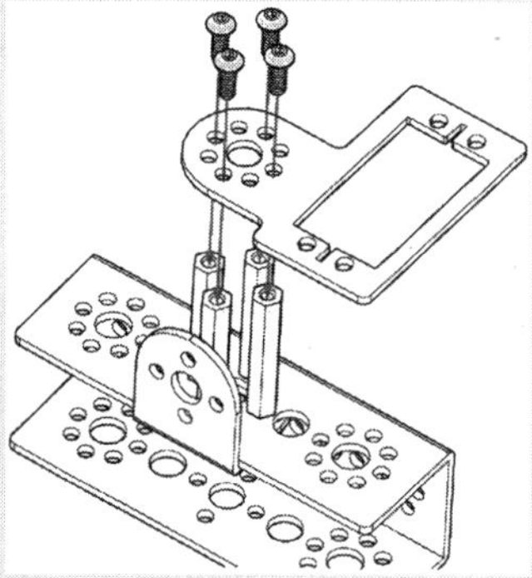

Step11.2.

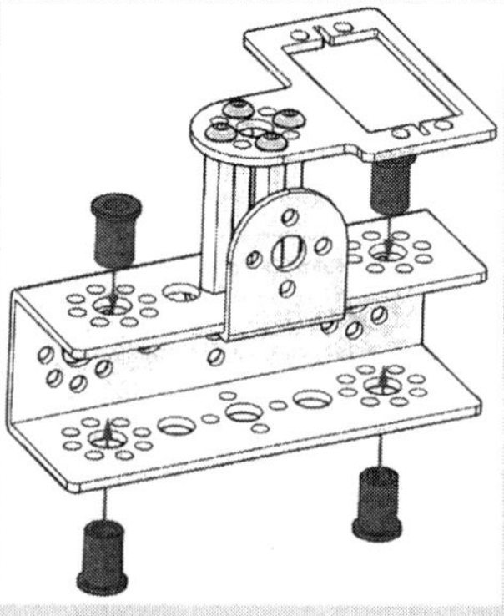

Step11.3

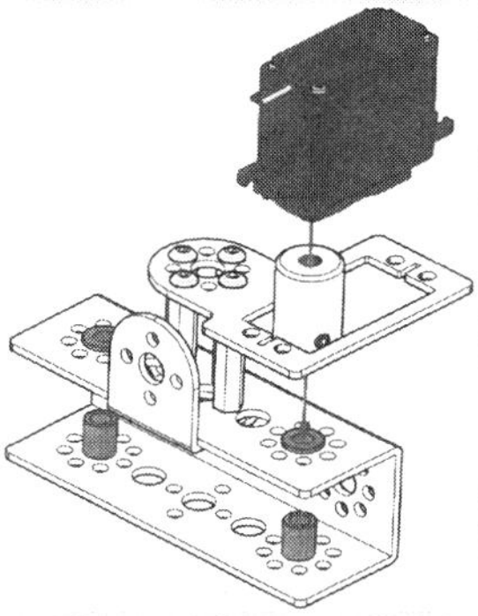

Step11.4

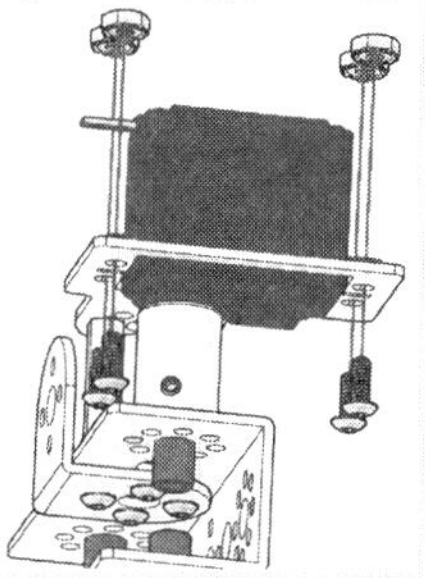

Step11.5

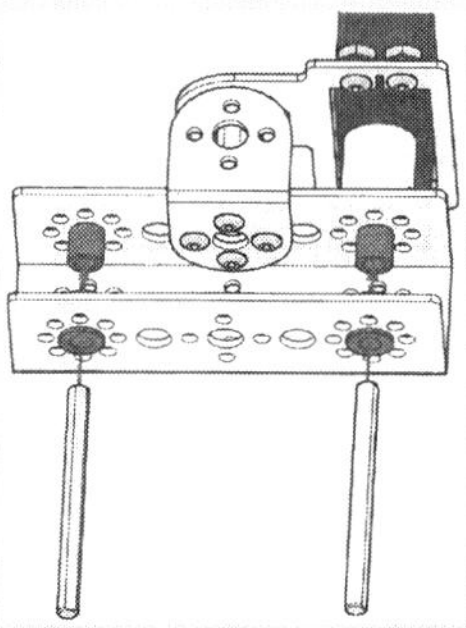

Step11.6

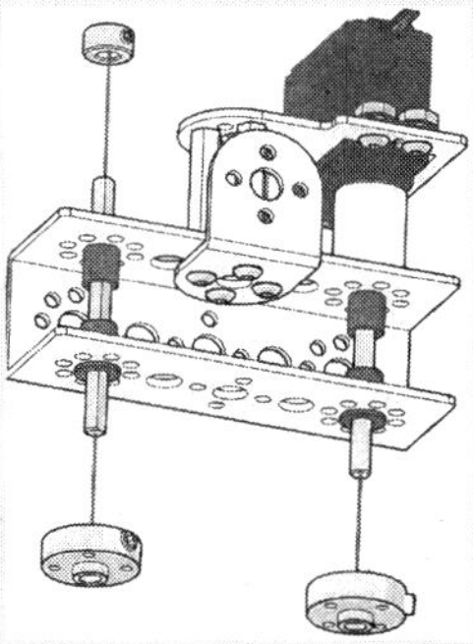

Step11.7

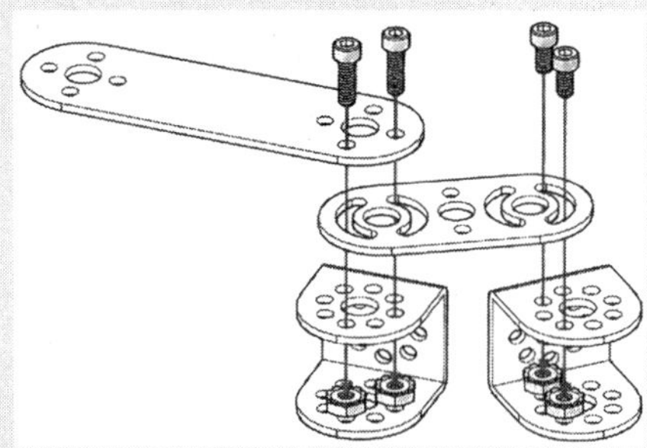

Step11.8

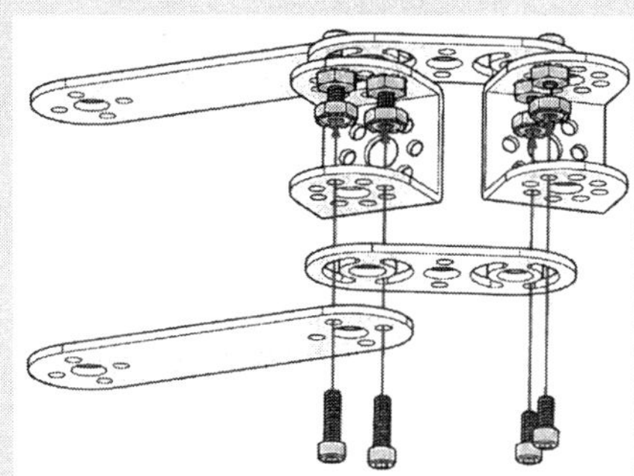

Step11.9

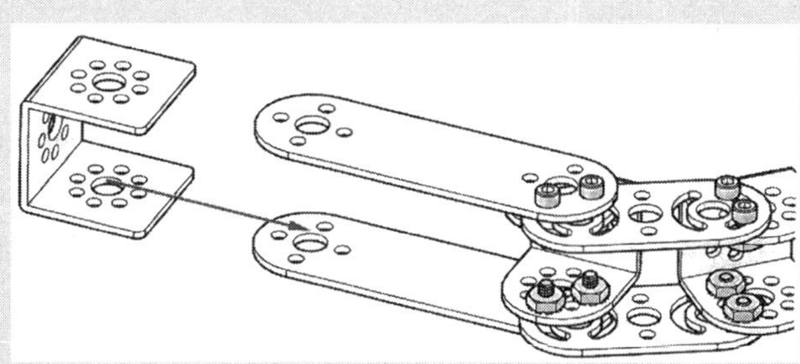

Step11.10

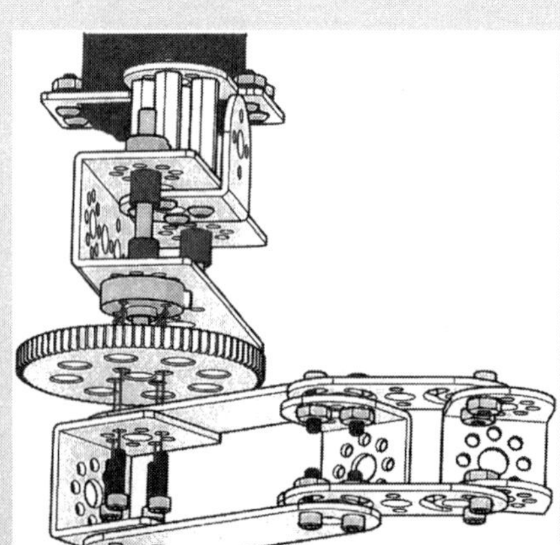

Step11.11

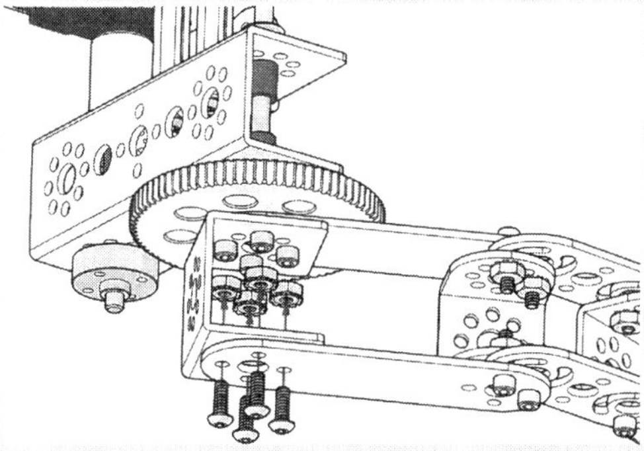

Step11.12

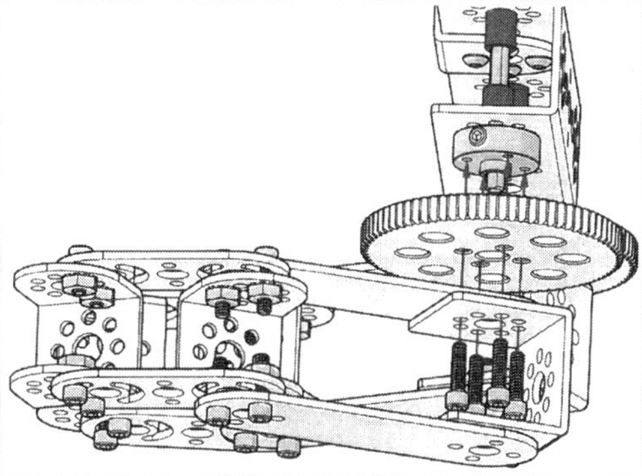

Step11.13

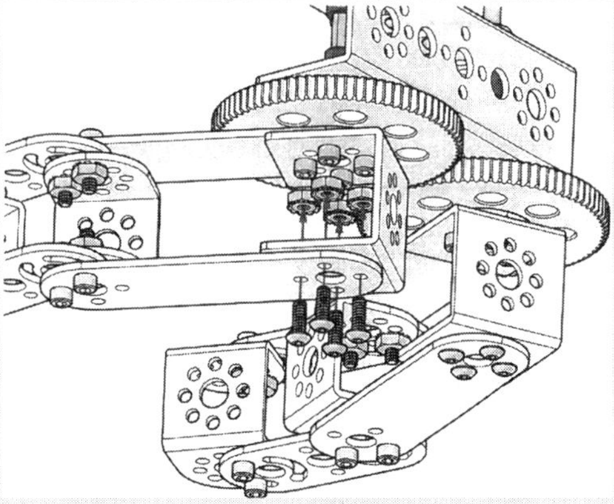

12 그립퍼를 부착한 Bee-Dee Bot의 두번째 방법을 구현한다.

Step12. 필요한 부품들

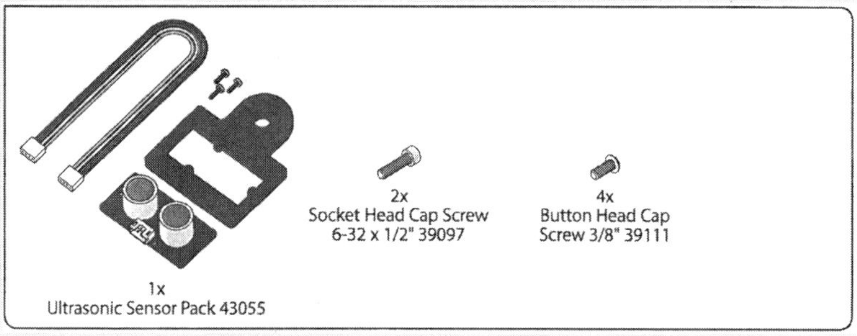

Step 12.0

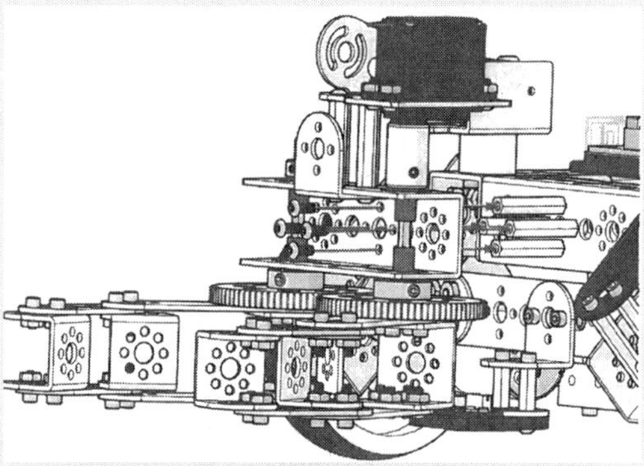

Step 12.1

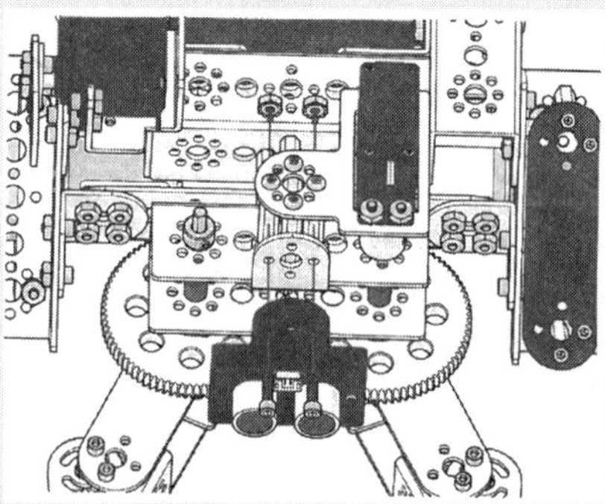

완성된 조립 상태는 아래와 같다.

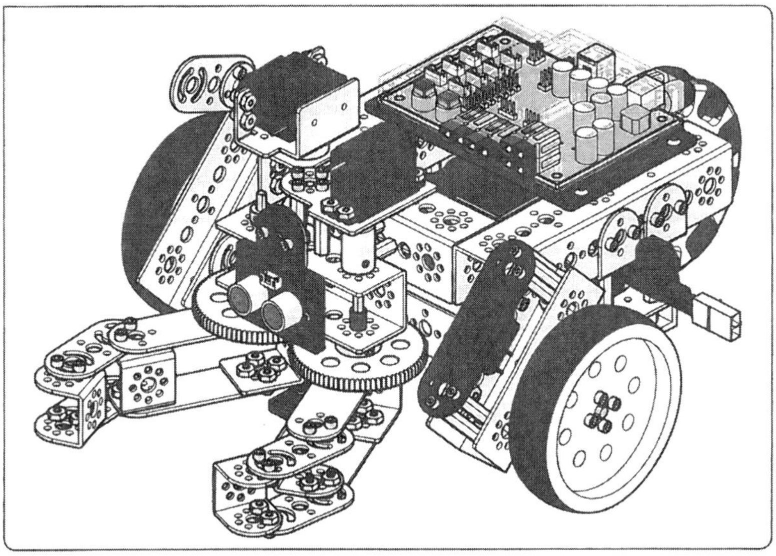

학습활동.3 교수 · 학습 방법

교수 방법

- Prizm Bee-Dee Bot조립에 대한 관련 용어, 구성, 방식 이해 정도를 파악한 후 수업을 진행한다.
- 교수자의 주도로 Prizm Bee-Dee Bot조립 등의 내용을 PPT 자료로 제시한 후 설명한다.
- 가능하면 사전에 개인별 학습 자료를 준비하여 모든 학생이 참여할 수 있는 문제 해결식 수업, 협력 수업이 가능하도록 한다.
- 전Prizm Bee-Dee Bot조립 과정을 작업의 순서에 따라 단계적으로 실습이 이루어질 수 있도록 지도한다.
- 교재를 통해 수업을 준비하는데 있어서 필요한 모든 정보나 팁, 힌트 등 도움이 될 만한 내용들을 확인할 수 있다.
- 학생들이 만들게 될 각 모델들은 수업시간에 중점적으로 다뤄질 부분과 어휘, 질문, 답을 포함하고 있으며 또한 탐구할만한 추가적인 아이디어들도 포함하고 있다.

학습 방법

- Prizm Bee-Dee Bot조립에 대한 관련 용어를 숙지하고, Prizm Bee-Dee Bot조립에 대해 이해한다.
- Prizm Bee-Dee Bot조립의 각 단계별 중점 사항을 체계적으로 학습한다.
- Prizm Bee-Dee Bot조립의 수행순서의 전 과정을 실습한다.
- Prizm Bee-Dee Bot조립의 내용을 이해한다.
- Prizm Bee-Dee Bot조립을 이해하고 숙달이 될 때까지 학습한다.

학습활동.3 평가 및 피드백

평가 준거

- 평가자는 피평가자가 수행 준거 및 평가 내용에 제시되어 있는 내용을 성공적으로 수행할 수 있는 지를 평가해야 한다.

학습내용	평가항목	성취수준		
		상	중	하
Prizm Bee-Dee Bot조립	Prizm Bee-Dee Bot조립을 이해할 수 있다.			

평가 방법

• 작업 포트폴리오

학습내용	평가항목	성취수준		
		상	중	하
Prizm Bee-Dee Bot조립	Prizm Bee-Dee Bot조립을 이해할 수 있다.			

• 필기시험

학습내용	평가항목	성취수준		
		상	중	하
Prizm Bee-Dee Bot조립	Prizm Bee-Dee Bot조립을 이해할 수 있다.			

• 체크리스트를 통한 관찰

학습내용	평가항목	성취수준		
		상	중	하
Prizm Bee-Dee Bot조립	Prizm Bee-Dee Bot조립을 이해할 수 있다.			

• 피드백

1. 작업 포트폴리오
   - 제출한 보고서를 평가한 후 주요 사항에 대하여 표시하여 돌려준다.
2. 필기 시험
   - 평가 결과 성적이 저조한 학생은 보고서 제출 기회를 부여한다.
3. 체크리스트를 통한 관찰
   - 실습 과정에서 평가한 후 개선해야 할 사항 등을 정리하여 돌려둔다.

참고자료

1. PITSCO, TETRIX PRIZE Coding Essentials student Guide. 2018
2. PITSCO, TETRIX PRIZE Robotics Controller Quick-Start Guide and Specficatons. 2018
3. PITSCO, TETRIX PRIZE Robotics Controller Programming Guide. 2018
4. arduino 1.8.4-windows
5. tetrix_Prizm_01-03_18

학습 1	캡스톤 디자인 프로그램의 개요
학습 2	TETRIX PRIZM™ 로보틱스 컨트롤러 구성 및 특징
학습 3	PRIZM Bee-Dee Bot 조립
학습 4	**PRIZM과 아두이노 프로그래밍의 만남(1)**
학습 5	PRIZM과 아두이노 프로그래밍의 만남(2)
학습 6	TETRIX PRIZM 아두이노 라이브러리 함수(1)
학습 7	TETRIX PRIZM 아두이노 라이브러리 함수(2)
학습 8	PRIZM Educator 기초 프로그래밍(1)
학습 9	PRIZM Educator 기초 프로그래밍(2)
학습 10	PRIZM Educator 기초 프로그래밍(3)
학습 11	PRIZM 응용 프로그래밍(1)
학습 12	PRIZM 응용 프로그래밍(2)

학습 목표

4. PRIZM과 아두이노 프로그래밍의 만남(1)을 이해할 수 있다.

4-1 TETRIX PRIZM과 아두이노의 만남

1. 아두이노의 이해

아두이노(이탈리아어 : Arduino 아르두이노)는 오픈 소스를 기반으로 한 단일 보드 마이크로컨트롤러로 완성된 보드(상품)와 관련 개발 도구 및 환경을 말한다. 아두이노 통합 개발 환경(IDE)을 제공하며, 소프트웨어 개발과 실행코드 업로드도 제공한다. 아두이노의 가장 큰 장점은 마이크로컨트롤러를 쉽게 동작시킬 수 있다는 것이다.

아두이노(Arduino)는 C/C++ 문법으로 기술되므로 C/C++에 대한 언어에 대한 이해가 필요하다.

- 아두이노와 각종 장치들(LED, 모터, 센서, 모듈 등등)을 연결
- 아두이노 개발환경(Integrated Development Environment, 통합개발환경)을 실행
- 아두이노에 연결된 장치들을 원하는 대로 동작하도록 스케치(Sketch, 소스코드) 작성
- 아두이노 개발환경에서 스케치 컴파일

• 아두이노 개발환경에서 컴파일된 바이너리를 아두이노 보드에 업로드
• 아두이노가 스케치대로 동작

물리적으로 아두이노와 센서, 모듈을 연결하고 → 소스코드를 작성하고 → 컴파일해서 아두이노에 업로드하는 과정이다.

그 외의 기본 정보는 레퍼런스 메뉴를 참조 바란다.

더 상세한 기초 지식을 원한다면 아두이노 공식 홈페이지(https://www.arduino.cc/)에서 다양한 프로그래밍 스킬에 관한 정보를 얻을 수 있다.

[그림 4-1] 아두이노 홈페이지

2. 아두이노의 종류와 특징

아두이노는 크게 정식 아두이노 보드와 아두이노 호환 보드로 구분할 수 있다. 정식 아두이노 보드는 공식 사이트인 arduino.cc 에 기술된 보드들 이다. 공식 홈페이지에 들어가면 각 보드들의 특징과 스펙이 자세히 소개되어 있으며, 설계도(schematic)도 구하실 수 있다. 아두이노의 개발환경(IDE, Integrated Development Environment, 통합개발환경)도 여기에 맞게 동작하도록 되어 있다. 국내외에서 아두이노 공식 보드를 판매하는 판매처를 통해 구입할 수 있다. 아두이노 보드의 설계도를 참조해서 똑같이 만든 보드 혹은 변형을 가해 특별한 기능을 추가한 보드들도 존재한다. 이런 보드들을 아두이노 호환(compatible) 보드라고 한다. 아두이노와 100% 호환이 되는 보드의 경우 아두이노 개발환경을 그대로 사용할 수 있고, 변형된 보드의 경우에는 몇 가지

우회적인 방법을 통해 사용이 가능하다. 이미 온라인에는 아두이노 보드를 이용한 예제와 소스, 라이브러리가 풍부하게 있으므로 아두이노 개발환경을 그대로 사용할 수 있다는 것은 큰 장점이다.

정식 아두이노 보드에도 여러 종류가 있다. 종류를 다 이해하실 필요는 없으며 아두이노 UNO 보드가 표준이고 이걸 사용하면 된다.

1) **아두이노** UNO **보드**

현재 아두이노의 표준 보드이다. 온라인 상에 있는 대부분의 예제와 강좌, 소스, 라이브러리가 UNO 보드에 맞춰져 있기 때문에 초보자라면 당연히 UNO 보드를 선택하면 된다. 현재 R3 버전까지 나와 있다.

학습 4

2) **아두이노** Mega(Mega2560) **보드**

아두이노 UNO 보드의 약 2배 크기에 제어할 수 있는 핀도 훨씬 많고, 더 빠르고, 저장용량도 더 많이 가진 보드이다. 아두이노 UNO 보드로 처리하기 벅찬 멀티미디어 관련 작업이나 복잡한 제어가 필요한 작업에 알맞은 보드이다. 단순히 스펙이 좋다고 Mega 보드를 선택해서는 안된다. Mega 보드는 핀 배치나 특수한 기능을 가진 핀들이 UNO 보드와는 다르게 설정되어 있다. UNO 보드에 맞춰진 예제들이 제대로 동작하지 않을 수 있으며, 이 경우 초보자는 어디가 문제인지 더 찾기 힘들어진다.

3) **아두이노** Nano

아두이노 UNO 보드의 소형화 버전이다. 아두이노 UNO 보드가 가진 대부분의 특징을 그대로 가지고 있고 호환성도 좋고 크기도 매우 작다. 다만 아두이노 UNO 보드는 각각의 핀에 Female 소켓이 달려 있어서 일반적인 케이블로 쉽게 사용이 가능한데 Nano 보드는 핀 헤더를 납땜해 줘야 하는 경우가 있다. 납땜이 이미 되어서 나오는 경우도 있다. 주로 브레드 보드(Bread board)를 함께 사용한다.

4) **아두이노** Pro/Pro mini

아두이노 보드 중 가장 작은 사이즈로 손가락 두 마디 정도에 아두이노의 기능이 탑재되어 있다. 하지만 3.3v/5v 용이 별도로 존재하기 때문에 외부 센서나 모듈의 동작전압과 맞춰야 하고 USB를 바로 꽂아 소스를 업로드 할 수가 없어서 별도의 외부 USB 모듈을 납땜해서 사용해야 하는 등의 제약이 있다. 작다고 처음부터 이 보드를 선택하면 힘들어지는 경우가 있다.

5) Lily Pad

웨어러블, 전자 바느질 등에 사용가능하도록 변형된 아두이노 보드이다. 패션 쪽에 사용될 것을 염두에 뒀는지 모양도 꽃 모양으로 이쁘게 생겼고 여러 가지 전용 악세사리 장치들도 함께 선보이고 있다. 잘 사용 안하는 보드 중 하나이다.

이 책에서 사용하는 PRIZM의 구조는 아두이노(Arduino)와 호환되며 프로그램 메모리 칩과 아두이노(Arduino) UNO 보드로써 미리 프로그래밍된 옵티부트(Optiboot) 부트로더된 ATmega328P의 프로세서가 장착되어 사용한다.

3. 아두이노의 입력과 출력

입력(Input)과 출력(Output)의 개념은 다음과 같다.

1) 입 력

① 입력은 다음과 같이 이해할 수 있다.

- Verify : 어떤 정보를 확인하는 행위
- Read : 어떤 정보를 읽는 행위
- Receive : 어떤 정보를 전달받는 행위

② 이와 같은 개념으로 아두이노에서는 다음과 같이 활용된다.

- 센서의 값을 확인하는 것
- 외부 장치의 상태를 확인하는 것
- 메모리에 저장된 데이터를 확인하는 것
- 두 장치가 통신할 때 상대 장치로부터 정보를 받는 것

2) 출 력

① 출력은 다음과 같이 이해할 수 있다.

- Action : 어떤 동작을 시키는 행위
- Write : 어떤 정보를 기술하는 행위
- Send : 어떤 정보를 전달하는 행위

② 이와 같은 개념으로 아두이노에서는 다음과 같이 활용된다.

- 디스플레이 장치 제어하는 것
- 구동 장치(모터 등) 제어하는 것

- 메모리에 데이터를 저장하는 것
- 두 장치가 통신할 때 상대 장치에게 정보를 전달하는 것

4-2 아두이노 소프트웨어의 설치

아두이노를 사용하기 위해서는 Tetrix Prizm Bee-Dee 로봇에 탑재되어 있는 아두이노 플랫폼을 위한 아두이노 개발환경(IDE)을 아두이노 개발용 PC에 구축해야 한다. 개발환경이 구축된 PC는 아두이노 보드에서 수행할 프로그램(Sketch)을 작성하여 Bee-Dee로봇에 USB케이블 등으로 연결하여 업로드하여 준다. 개발용 PC에 설치해야하는 개발환경은 아두이노 개발자 홈 페이지에서 내려 받는다. 아두이노 통합 개발환경은 AVR 설계에 필요한 코드를 컴파일하고, 하드웨어에 전송할 수 있는 오픈 소스 소프트웨어이다.

학습 4

아두이노 소프트웨어는 윈도우, 매킨토시, 그리고 리눅스 기반의 다양한 장치들을 지원하며 텍스트 기반의 사용하기 쉬운 특징 덕분에 많은 사용자들을 보유하고 있다. 진입장벽이 낮은 동시에, 활용성도 높아 초심자와 전문적인 프로그래머 모두에게 훌륭한 툴이라고 할 수 있다.

아두이노 소프트웨어는 C 기반의 프로그래밍 언어를 사용하여 PRIZM과 소통한다.

아두이노 IDE 내에서 각각의 프로그램은 스케치(sketch)라고 불리며, 이 가이드 내 활동들은 모두 로봇에게 명령을 내리는 스케치를 작성하는 것으로부터 시작한다.

✔ Tip

본 교재는 아두이노의 C 기반 프로그래밍 언어를 완전히 배우고자 한다면 추가로 적합한 교재를 참고하면 된다. 또 아두이노의 언어를 보다 심도 있게 학습을 위하여서는 더 추가 교재를 구입하여 학습이 필요하고 아래 아두이노 웹사이트를 참고해 하길 바란다.
www.ardunio.cc.

4-3 아두이노 프로그래밍의 개요

아두이노 프로그래밍을 하기 위해서는 기초적인 C/C++ 문법이 필요하다.

아두이노의 기초적인 문법사항을 이해하면 아두이노 스케치 프로그래밍을 작성하는데는 큰 어려움이 없다.

1. 아두이노 프로그램 구조

아두이노 스케치의 프로그램 구조는 3단계로 구분한다. 즉 전처리 부분, setup 함수 부문, loop함수 부분이다.

1) 전처리

컴파일하기 이전에 미리 처리되는 문장으로 선행처리기라고 한다. 전처리는 소스 프로그램을 변경하기 쉽고 컴파일을 용이하게 만들기 위해 사용한다. 즉 다른 파일의 내용을 소스파일에 삽입하가나 텍스트에서 토큰을 바꾸려고 할 때 기존 소스코드를 수정하지 않기 때문에 코드를 변경하는데 용이하게 사용한다. 대표적인 전처리문으로는 #include, #define, #error, #if 등이 있다.

2) setup()함수

데이터를 초기화(설정)하는 부문이다. setup()함수 안에 명령문은 처음 시작할 때 한번만 실행하므로 보통 아두이노 하드웨어 설정, 스케치 변수 초기화, 변수선언 등을 명령어로 작성한다.

3) loop() 함수

전원이 들어오는 동안 무한반목하며 명령문을 실행하는 함수이다. loop()함수 안에 명령문은 코드가 멈추거나 전원을 OFF하지 않는 경우를 제외하고 처음부터 끝까지 실행되는 함수이므로 아두이노 프로그램 상에서 실질적인 동작을 제어하는 코드이므로 loop()함수 안에서 작성하게 된다.

2. 아두이노 프로그램 기본 문법

1) 주 석

주석(Comment)안에 있는 문장은 컴파일시에 컴퓨터가 무시하는 문장이다. 프로그래머만 읽을 수 있고 프로그램 코드의 설명을 달아 코드이해를 위하여 사용한다. 코드가 길고 복잡해지면 차후에 코드의 수정 및 내용을 모르는 경우가 발생할 때 유용한 팁이다. 주석을 달아 놓으면 시간이 지나도 설명이 달려 있어서 코드를 이해하기 쉬워진다. 주석이 달려 있는 프로그램은 다른 사람들이 이해하기 좋고 주석은 프로그램의 생명이라고 할 수 있다.


```
/*    */ : 범위를 지정하여 주석처리를 할 수 있다.
// ; 한 줄만 주석처리를 할 수 있다.
```

2) 세미콜론(;)

문장의 끝을 알리는 문자이다. 문자의 끝은 항상 ;(세미콜론)으로 마무리 한다.

3) pinMode(핀, 입력 혹은 출력)

핀 모드는 입출력 핀(0~13번)의 핀 하나하나를 입력 혹은 출력으로 사용할 것인지를 컴파일러에게 열려주는 함수이다.

```
pinMode(11, OUTPUT);
// 해석_11번 핀을 출력으로 사용한다.
```

4) digitalWrite(핀, 상태값);

입출력 핀(0 ~13)이 출력으로 정의 되었을 때, 설정한 핀에 상태값을 출력하는 함수이다.

```
digitalWrite(11, HIGH);
// 해석_11번 핀을 HIGH상태로 만들어라.
```

〈표 4-1〉 Active HIGH 일 때

디지털	2진수	출력전압
HIGH	1	5V
LOW	0	0V

5) delay(시간);

일정 시간만큼 시간을 지연시키는 함수이다.

시간에 들어갈 값은 ms단위이므로 1/1000초이다. 그러므로 1초를 표현할 때는 delay(1000)으로 표시하고 0.5초를 표현할 때는 delay(500)으로 표시한다.

```
digitalWrite(9, High);
delay(20000);
// 해석_ 9번 핀을 High상태로 만들고 20초간 대기한다.
```

수행 내용

재료 · 자료

• Arduino, TETRIX의 제어 및 코딩 관련 자료

기기(장비 · 공구)

• 컴퓨터, TETRIX DC 모터, TETRIX 파워 폴 모터 케이블, PRIZM 컨트롤러, USB 케이블, TETRIX 12V충전식 NiMH 배터리 팩, PRIZM 컨트롤러 ON/OFF 배터리 스위치 어댑터 180도 표준 스케일 HS-485HB 서보 모터

안전 · 유의사항

• 컴퓨터, TETRIX의 주변기기, PRIZN 컨트롤러의 전원을 관리한다.

학습 4

수행 순서

01 TETRIX PRIZM의 Bee-Dee Bot를 구동하기 위하여 아두이노 동작과정을 구현할 수 있다.

아두이노를 사용하여 원하는 결과를 동작시키기 위하여 과정이다.

1) 아두이노와 각종 장치들(LED, 모터, 센서, 모듈 등등)을 연결한다.
2) 아두이노 개발환경(Integrated Development Environment, 통합개발환경)을 실행한다. 실행을 위하여 가장 먼저 해야 할 일은 아두이노 소프트웨어(IDE)를 설치하는 일이다. 아두이노는 아두이노 공식 웹사이트(www.arduino.cc)에서 윈도우, 매킨토시, 그리고 리눅스 OS 버전으로 제공된다. 아두이노 홈페이지에서 다운로드 탭을 클릭하고, 다운로드 페이지에서 각자 OS에 맞춰 다운로드 하면 된다.
3) 아두이노에 연결된 장치들을 원하는 대로 동작하도록 스케치(Sketch, 소스코드) 작성한다.
4) 아두이노 개발환경에서 스케치 컴파일 한다.

5) 아두이노 개발환경에서 컴파일된 바이너리를 아두이노 보드에 업로드 아두이노가 스케치대로 동작한다.

물리적으로 아두이노와 센서, 모듈을 연결하고 → 소스코드를 작성하고 → 컴파일해서 아두이노에 업로드 하는 과정을 진행한다.

02 TETRIX PRIZM의 Bee-Dee Bot를 구동하기 위하여 아두이노 소프트웨어(IDE)를 설치를 위하여 구현할 수 있다.

1. 아두이노 개발환경 설치

이제 본격적으로 아두이노 개발환경(IDE, Integrated Development Environment, 통합개발환경)을 설치해 보겠다. 아두이노 개발환경은 아두이노 소스 개발, 컴파일, 업로드, 디버깅을 위한 툴들을 제공하는 어플리케이션이다.

먼저 아두이노 공식 홈페이지에서 압축 파일을 받는다.

http://arduino.cc/en/Main/Software

현재 최신버전은 1.8.7 Beta이고, 안정화 버전은 1.0.5 입니다. 1.8.7 버전은 아두이노의 최신 고성능 보드인 Yun, Due를 지원한다. 우리가 처음 쓰기에는 별 차이가 없으므로 일단 아무거나 받으면 된다. 1.0 아래 버전은 1.0 이상의 버전과 소스 호환성에 문제가 있으므로 인터넷 상에서 받을 때 주의하실 필요가 있다.

✔ **Tip**

본 교재의 모든 안내 사항들과 스크린 샷은 아두이노 소프트웨어(IDE) 1.6.11 버전을 기초로 하였고 개개인의 컴퓨터 환경과 아두이노의 버전에 따라 살짝 달라질 수 있다.

Window 용 설치파일은 2가지 버전이 있다. 자동 설치(installer) 버전과 무설치 버전. 어느 것을 사용하셔도 상관 없으나 설치된 경로는 반드시 알고 있어야 한다. 자동설치 버전은 기본 경로가 [C:₩Program Files₩Arduino] 로 될 것이고, 무설치 버전은 압축을 푼 폴더가 설치 경로가 된다. 이게 중요한 이유는 라이브러리를 설치하고 수정할 경우 설치경로 안에 있는 [libraries] 폴더를 사용하기 때문이다.

2. 아두이노 개발환경 기본기능

이제 설치가 완료되었으면 아두이노 아이콘 혹은 arduino.exe 를 실행한다. 다음은 실행화면이다.

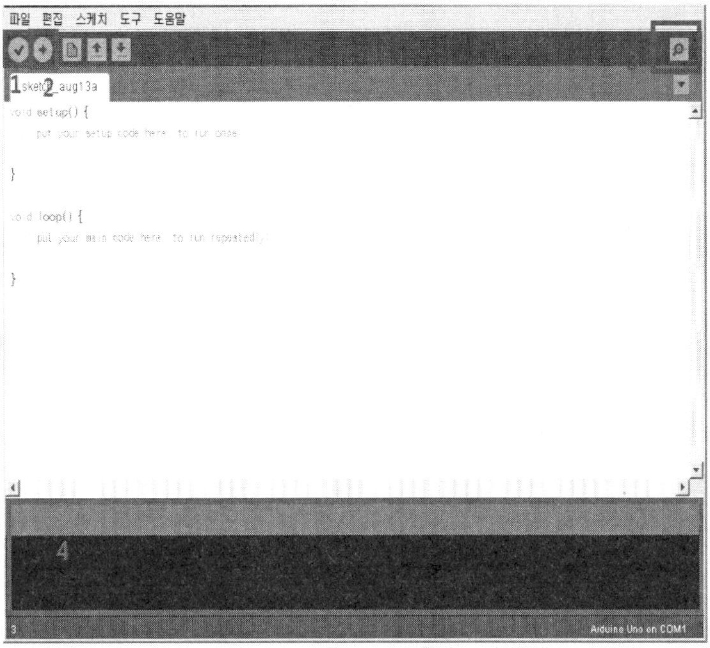

[그림 4-2] 아두이노 실행화면

처음 실행하면 아두이노 소스 기본 구조가 입력된 상태로 sketch_xxx 프로젝트 생성되어 있다. 이제 아두이노 개발환경에서 자주 쓰이는 기능이다.

1) 컴파일 버튼

1번 버튼을 누르면 작성된 소스코드를 컴파일 한다. 소스코드에 문법적인, 구조적인 에러가 없는지 확인할 수 있다. 컴파일 결과는 4번 영역(메시지 영역)에 표시된다.

2) 업로드 버튼

2번 버튼을 누르면 컴파일 + 업로드 과정을 순서대로 실행해준다. 소스를 컴파일해서 아두이노에 올려주는 과정까지 이 버튼 하나로 해결된다. 소스코드에 문제가 있거나 아두이노와의 USB 연결에 문제가 있는 경우, 업로드 과정에 문제가 있는 경우 4번 영역에 에러가 표시된다. 업로드가 성공적으로 끝나면 4번 영역에 '업로드 완료' 메시지가 표시된다.

3) 시리얼 모니터 버튼

3번 버튼을 누르면 USB로 아두이노와 연결된 상태로 아두이노가 동작하면 아두이노에서 PC로 메시지를 보낼 수 있다. Serial.write(), Serial.println() 등의 함수를 사용해서 serial 출력을 하도록 소스코드가 작성된 경우 Serial Monitor 를 통해 그 메시지를 확인할 수 있다. 보통 디버깅 용도로 사용한다.

4) 메시지 영역

4번 영역은 아두이노 개발환경을 사용하면서 발생하는 알림 메시지나 컴파일, 업로드 결과 등등 메시지가 표시되는 영역이다

3. 아두이노 예제 실행

아두이노 개발환경은 아두이노 초보자에게 도움이 될 만한 예제들을 가지고 있다. 이 예제를 실행해 보면 기본 사용방법을 쉽게 학습할 수 있다.

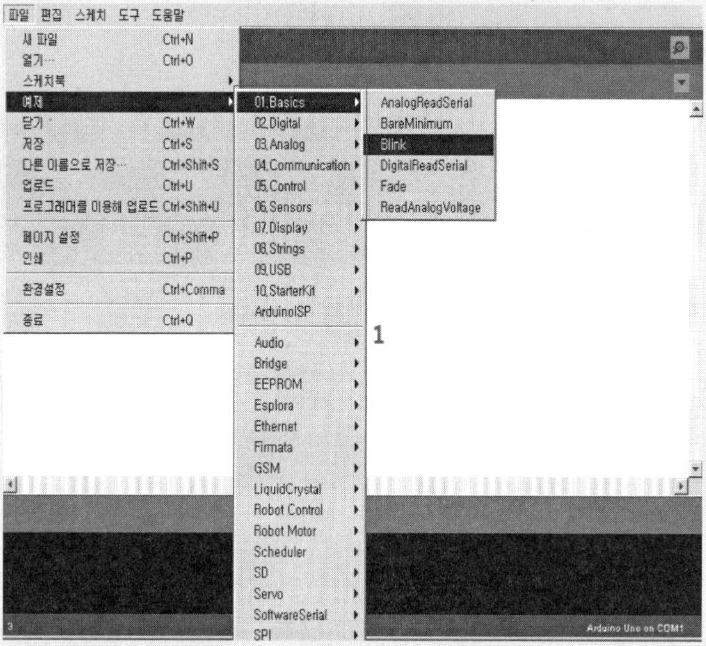

[그림 4-3] 아두이노 예제 실행화면

[그림 4-3]처럼 [파일 - 예제 - 01.Basics - Blink] 를 선택한다. 그럼 아두이노 개발환경이 하나 더 실행되면서 Blink 예제가 나타난다. [파일 - 예제] 메뉴를 통해 다양한 예제를 테스트 해 볼 수 있다. [그림 4-3]에서 1번 영역이 2개로 나누어져 있다. 위쪽은 아두이노 개발환경이 기본으로 제공하는 예제들이 있고 아래는 아두이노에 설치된 라이브러리들이 제공하는 예제가 있다.

Blink 예제를 불러왔으면 이제 컴파일을 해보자. 컴파일 버튼을 누른다.

그럼 [그림 4-4]처럼 메시지 영역에 컴파일 결과가 표시된다. '컴파일 완료' 메시지가 보이면 소스코드에 문제가 없다는 것이다. 이것을 아두이노 보드에 올려서 확인해 본다. 아두이노 UNO 보드를 준비하고 USB로 연결한다. 그리고 업로드하기 전에 설정해야 한다.

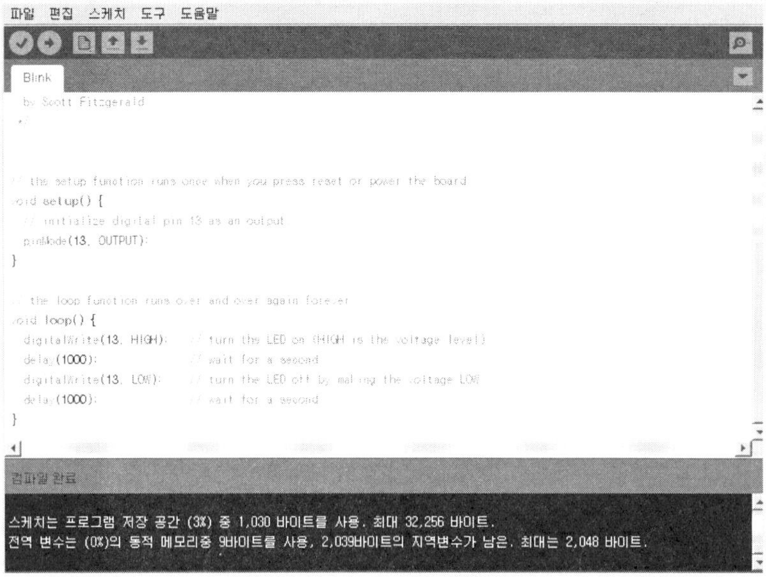

[그림 4-4] Blink 예제 실행화면

[그림 4-5]와 같이 [도구 - 보드 - Arduino UNO]를 선택한다. 아두이노의 종류가 다양하기 때문에 현재 연결된 아두이노 보드의 종류를 미리 알려줘야 업로드 할 때 문제가 발생하지 않는다. 업로드 중 발생하는 문제의 다수가 이것을 설정하지 않아서 발생한다.

그리고 한 가지 더 설정해야 한다. PC에 연결된 다양한 USB 장치 중 어떤 것이 아두이노인지 설정해야 한다.

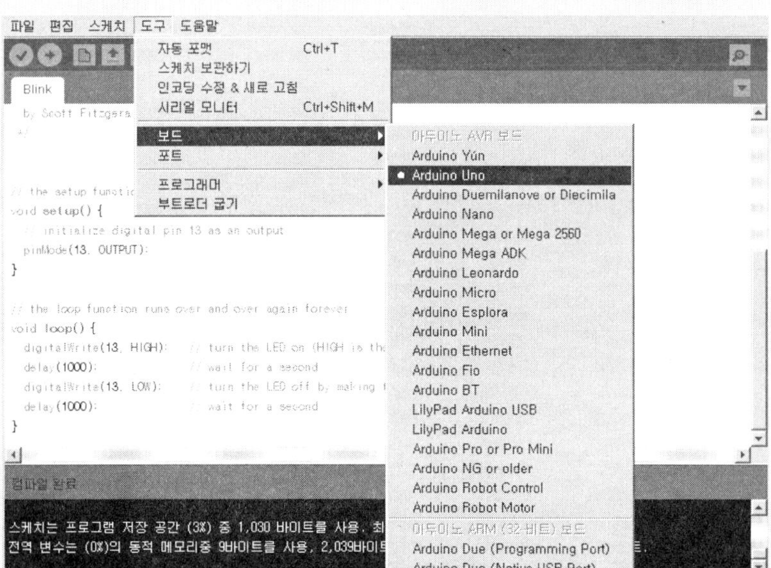

[그림 4-5] 아두이노 보드의 종류 설정

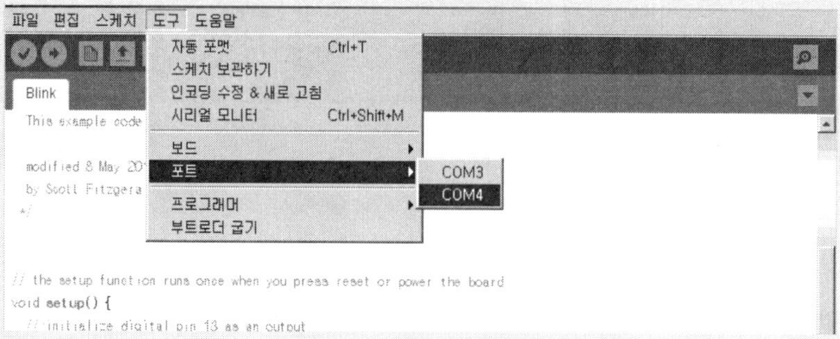

[그림 4-6] COM 포트 설정

[그림 4-6]처럼 [도구 - 포트 - COMxx]를 선택한다. 아두이노에 해당하는 COM 포트를 선택한다. 포트 항목을 설정 번호를 확인을 못했으면 바꿔가면서 실험해보자. 그래도 안되면 아두이노 보드가 PC에서 인식하지 못한 것이다. 이 경우는 USB 드라이버에 문제이므로 디바이스 드라이버를 확인해야 한다(이 부분은 다음에 다루겠다).

이제 업로드 버튼을 누른다. 메시지 영역에 '업로드 완료' 메시지가 나타나고 아두이노 UNO 보드에 있는 LED가 1초 간격으로 깜빡이는 Blink 프로그램이 정상적으로 업로드 되서 아두이노 예제의 Blink 소스 프로그램 코드대로 실행한다.

4. 시리얼 모니터 사용하여 디버깅 방법

이제 동작 중 발생하는 문제점을 찾기 위해 사용되는 Serial Monitor를 이용한 디버깅 방법을 테스트 해보자. [그림 4-7] Blink 예제에서 소스코드를 다음과 같이 수정한다. (전체를 복사해서 붙여넣기 한다.)

수정 부분은 2줄이다.

- setup() 함수 안에서 Serial.begin(9600); 추가
- loop() 안에서 Serial.println("LED on, off"); 추가

아두이노는 USB로 PC와 물리적 연결이 되어 있는 상태이고 Serial 통신 방법을 이용해서 통신할 수 있다. Serial 통신은 2개의 핀(TX, RX)을 통해 양쪽이 통신하는 방법이다. PC와의 통신뿐 아니라 블루투스 모듈, WiFi 모듈과의 통신에도 사용한다. 아두이노 UNO는 내부에는 USB 연결을 통해 Serial 통신을 할 수 있게 해주는 변환 칩을 가지고 있다. 아두이노 UNO의 0번 핀과 1번 핀이 이 용도로 사용되도록 지정된 핀이다. 따라서 특별한 경우가 아니면 0번 핀, 1번 핀은 사용하지 않는 것이 좋다. 디버깅 메시지를 PC로 보내기 위해서 Serial 통신을 해야 한다. 아두이노에서는 0번, 1번 핀을 이용한 Serial 통신을 Hardware Serial 이라고 한다. 즉, PC와는 Serial 통신을 한다는 의미이다.

Serial 통신을 사용하는 Serial.begin(9600)은 아두이노 보드의 기본 Serial 연결을 사용하겠다고 아두이노에게 알려주는 역할을 한다. 이때 반드시 통신 속도를 지정해야 한다. Baudrate라고 부르는데 보통 9600이 기본 값으로 쓴다. 이 값은 Serial 통신을 통해 연결되는 쪽에서도 같은 값을 사용해야 한다.

Serial.println("xxx"); 함수는 따옴표 안의 내용을 상대편으로 전송하는 역할을 한다. 한 라인의 문자열을 보낼 때 사용한다. 위 예제에서는 LED를 on/off 할 때마다 한 번씩 문자열을 보내도록 한다. loop 한번 실행할 때마다 1초 delay를 2번 사용했으니 약 2초마다 한 번씩 메시지를 PC로 보낸다. PC에서 이 메시지가 정확히 출력되는지 확인하는 것이다.

소스 수정이 끝났으면 아두이노 개발환경에서 업로드 버튼을 누른다. 그리고 업로드가 정상적으로 완료되면 Serial Monitor를 실행한다.

Serial Monitor에 LED on, off 메시지가 2초에 한 번씩 보이면 프로그램이 수정된 것이다.


```
/*
  Blink
  Turns on an LED on for one second, then off for one second, repeatedly.

  Most Arduinos have an on-board LED you can control. On the Uno and
  Leonardo, it is attached to digital pin 13. If you're unsure what
  pin the on-board LED is connected to on your Arduino model, check
  the documentation at http://arduino.cc

  This example code is in the public domain.

  modified 8 May 2014
  by Scott Fitzgerald
 */

// the setup function runs once when you press reset or power the board
void setup() {
  // initialize digital pin 13 as an output.
  pinMode(13, OUTPUT);
  // initialize serial communication at 9600 bits per second:
  Serial.begin(9600);
}

// the loop function runs over and over again forever
void loop() {
  digitalWrite(13, HIGH);       // turn the LED on (HIGH is the voltage level)
```

```
  delay(1000);                 // wait for a second
  digitalWrite(13, LOW);       // turn the LED off by making the voltage LOW
  delay(1000);                 // wait for a second
  Serial.println("LED on, off");
}
```

[그림 4-7] Blink 예제에서 소스코드를 2줄 수정

✔ **Tip**

아두이노 개발환경에서 [파일 - 환경설정]으로 들어가면 몇 가지 설정이 가능하다. 이 중에서 "줄 번호 표시" 항목은 on 시켜두면 좀 더 편하다. 아두이노 개발환경이 제공하는 Text editor가 좀 미약해서 이 부문을 설정하고 쓰는 것이 편리하다.

03 PRIZM 컨트롤러에 아두이노 라이브러리를 설치한다.

1. PRIZM 컨트롤러 아두이노 라이브러리 설치의 2가지 방법

맞춤 라이브러리를 추가하면, 아두이노 소프트웨어(IDE)이 더 유용해진다. 라이브러리는 일종의 코드 모음으로, 보다 쉽게 프로그램을 만들 수 있게 해준다. 아두이노 소프트웨어(IDE)를 성공적으로 설치하였다면, PRIZM 컨트롤러 아두이노 라이브러리를 추가해야 한다. 이 라이브러리는 TETRIX PRIZM 컨트롤러 조작을 위한 특별한 함수들을 포함하고 있다. 모든 함수는 아니겠지만, 이 중에 많은 함수들이 본 교재의 수행활동에서 사용될 예정이다.

PRIZM 라이브러리에서 제공되는 기능들의 자세한 내용은 본 교재의 TETRIX PRIZM 아두이노 라이브러리 함수 항목을 참고하라.

PRIZM 라이브러리는 zip 파일(TETRIX_PRIZM.zip)로 배포되고 있다.

먼저 아래의 TETRIX 웹사이트에 접속해 PRIZM 라이브러리를 다운로드 받는다(www.TETRIX robotics.com/PRIZMdownloads).

라이브러리를 다운로드 하면, 아두이노 소프트웨어(IDE)에 이 라이브러리를 설치하는 방법은 크게 두 가지가 있다.

【 유의 사항 】

학생들을 두 명 또는 네 명의 팀으로 나눠서 수업을 진행하는 것을 추천한다. 또한 학생들이 하기 전에 각각의 과정을 직접 보여주는 것을 추천한다.

- 방법1. 아두이노 .ZIP 라이브러리 가져오기

첫 번째 방법은 아두이노 소프트웨어 내 Add .ZIP Library 메뉴 옵션을 이용해서 가져오는 방법이다.

[그림 4-8]처럼 아두이노 소프트웨어(IDE) 내에서 Sketch 〉 Include Library 탭을 누르시면 보이는 Add .ZIP Library을 선택한다.

✔ Tip

본 섹션의 그림들은 윈도우 내에서 설치를 바탕으로 한다.
다른 OS를 이용하다면 프로그램의 모양이나 파일 위치 등은 약간 달라질 수 있다.

[경고]

하나의 PRIZM 컨트롤러에 두 개의 배터리 팩을 연결하지 마라. 제품의 손상 또는 고장이 발생할 수 있다. 하나의 PRIZM 시스템에는 하나의 배터리 팩만을 사용하라.

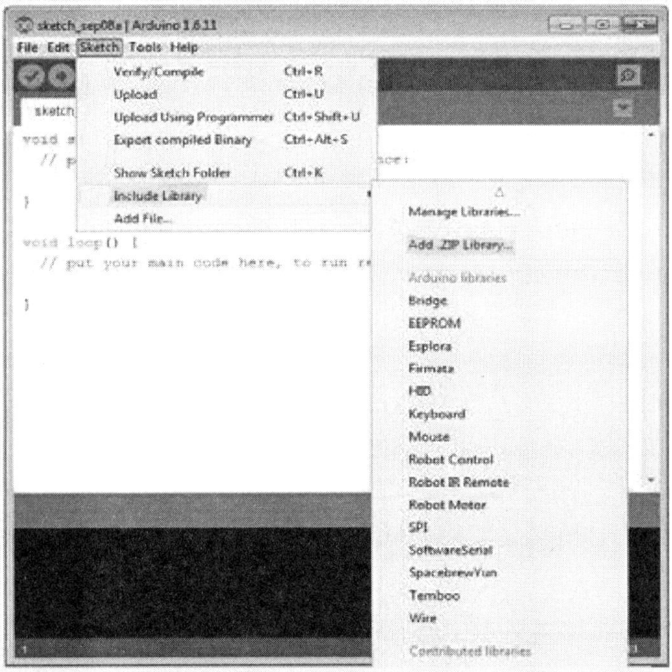

[그림 4-8] Add .ZIP Library을 선택

이어서 [그림 4-9]처럼 탐색 창 내에서 TETRIX_PRIZM.zip 라이브러리 파일을 저장한 위치로 들어간 뒤, 그 파일을 클릭하여 열면 된다.

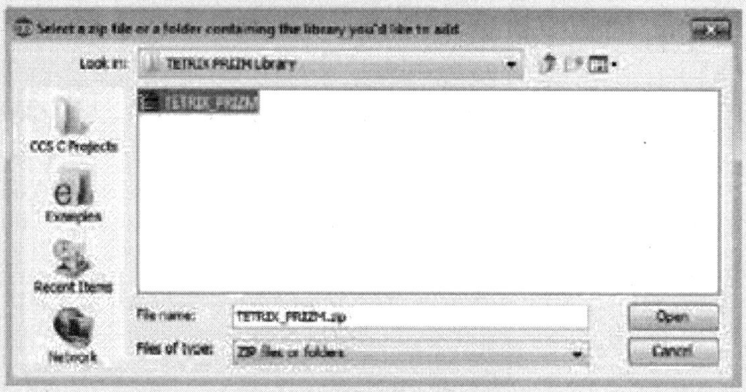

[그림 4-9] TETRIX_PRIZM.zip 라이브러리 파일 클릭

다시 Sketch 〉 Include Library 탭으로 돌아가면, 드롭 다운 메뉴의 맨 아래에 라이브러리가 추가된 것을 볼 수 있다. 하지만 라이브러리에서 제공되는 예시 스케치들은 File 〉 Examples 메뉴 안에 아직 표시되지 않으며, 아두이노 소프트웨어를 다시 시작하고 난 뒤에 표시된다.

방법2. 수동으로 설치하기

PRIZM 라이브러리를 수동으로 설치하기 위해서는, 먼저 아두이노 소프트웨어를 모두 닫아야 한다. 그리고 라이브러리를 포함하고 있는 TETRIX_PRIZM.zip 파일의 압축을 푸시면 나오는 폴더를 아두이노 라이브러리 폴더 안에 복사해서 넣으면 된다.

① 윈도우 사용

윈도우를 사용하는 경우에는 라이브러리 위치를 따로 지정하지 않았다면 Documents₩Arduino₩libraries 안에 넣으면 된다.

② 맥(MAC) 사용

맥을 사용하는 경우에는 Documents/Arduino/libraries 폴더 안에 넣으면 된다.

③ 리눅스 사용

리눅스를 사용하는 경우에는 Arduino Sketchbook 내에 libraries 폴더 안에 넣으면 된다.

아두이노 소프트웨어를 재시작 한 뒤, Sketch 〉 Include Library 탭 내에 TETRIX_PRIZM 라이브러리가 나타나는지 확인한다.

추가로, PRIZM 스케치 예시들은 File 〉 Examples 〉 TETRIX_PRIZM 탭에 드롭다운 식으로 나타난다.

축하한다! 성공적으로 PRIZM 아두이노 라이브러리를 모두 설치했다.

03 PRIZM과 컴퓨터 USB 포트 연결 구성하기를 구현한다.

PRIZM과 아두이노 소프트웨어는 컴퓨터의 USB 포트를 통해서 통신한다.

따라서, 프로그래밍을 시작하기 전에 먼저 PRIZM 컨트롤러와 아두이노 소프트웨어가 잘 설치되어 USB 포트를 통해서 통신할 수 있는지 확인한다.

가장 쉬운 방법은 [그림 4-10]처럼 먼저 아두이노 소프트웨어를 시작해서 Tools 〉 Board 탭을 클릭해 Arduino/Genuino Uno을 선택한다.

PRIZM 컨트롤러는 Arduino UNO와 동일한 프로세서 칩을 사용하기에, 그 항목을 선택하면 된다.

학습 4

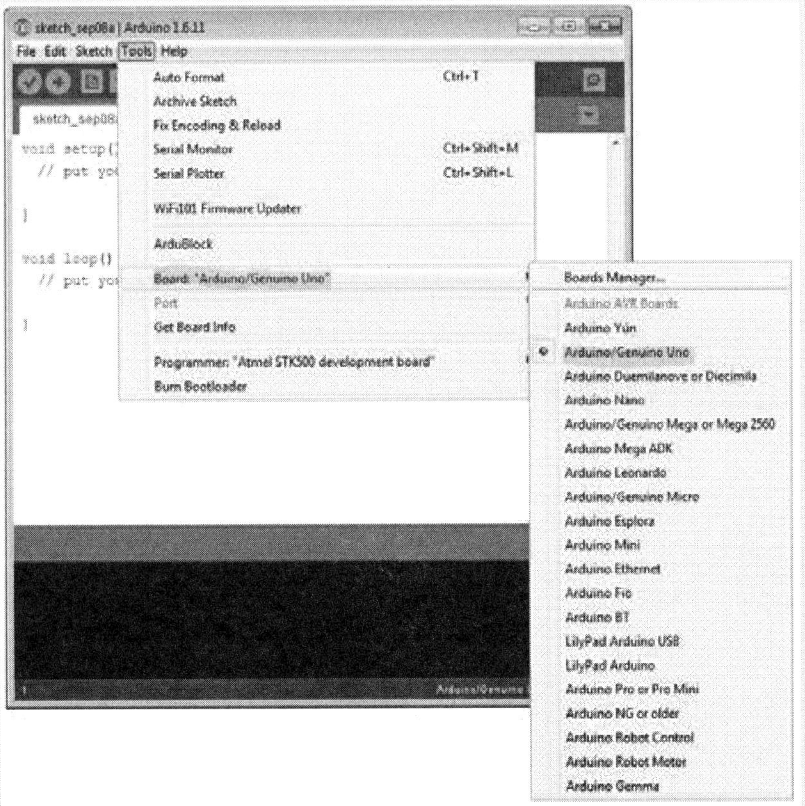

[그림 4-10] Tools 〉 Board 탭을 클릭해 Arduino/Genuino Uno을 선택

이어서, [그림 4-11]처럼 PRIZM이 연결되지 않은 상태에서 Tools 〉 Port 탭을 클릭해 현재 연결 상태를 확인한다.

만약 현재 연결된 것이 없다면, Port 글자가 회색으로 처리되어 있다. 만약 연결된 것이 있다면, COM 포트를 확인한다.

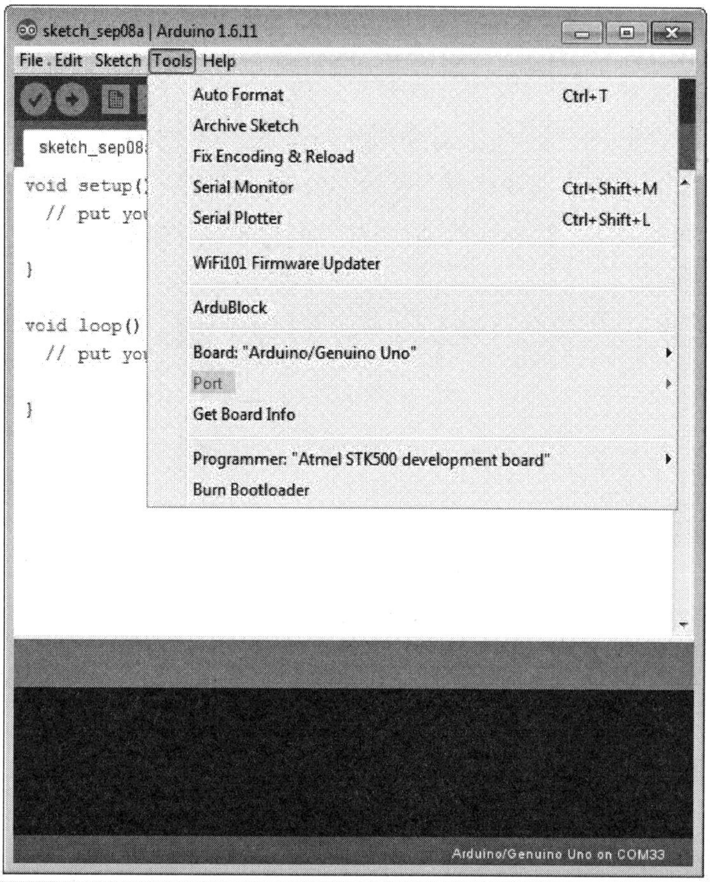

[그림 4-11] PRIZM이 연결되지 않은 상태에서 Tools 〉 Port 탭을 클릭해 현재 연결 상태를 확인

현재 아무것도 연결되어 있지 않은 상태(보여지는 리스트는 사용자의 환경에 따라 달라질 수 있다)

이제, PRIZM 컨트롤러를 USB 포트에 연결하고, TETRIX 배터리 팩과 전원 스위치를 이용해서 전원을 켠다.

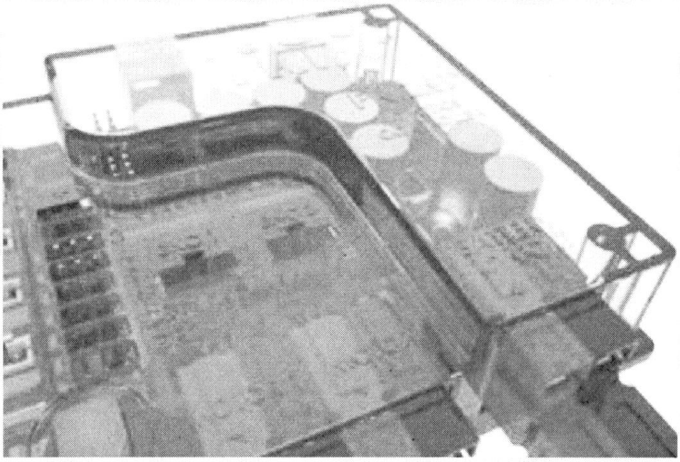

[그림 4-12]배터리 팩과 전원 스위치를 이용 전원 ON

전원을 킨 상태라면, 컨트롤러 내에 파란색 LED의 전원 표시기가 켜진다. 처음 USB 포트로 연결하는 거라면, PRIZM 컨트롤러가 설치를 완료하기 위해 5-10초 정도 시간이 걸리므로 기다린다. PRIZM이 연결되어 설치를 완료하면 컴퓨터에서 COM 포트로 지정한다.

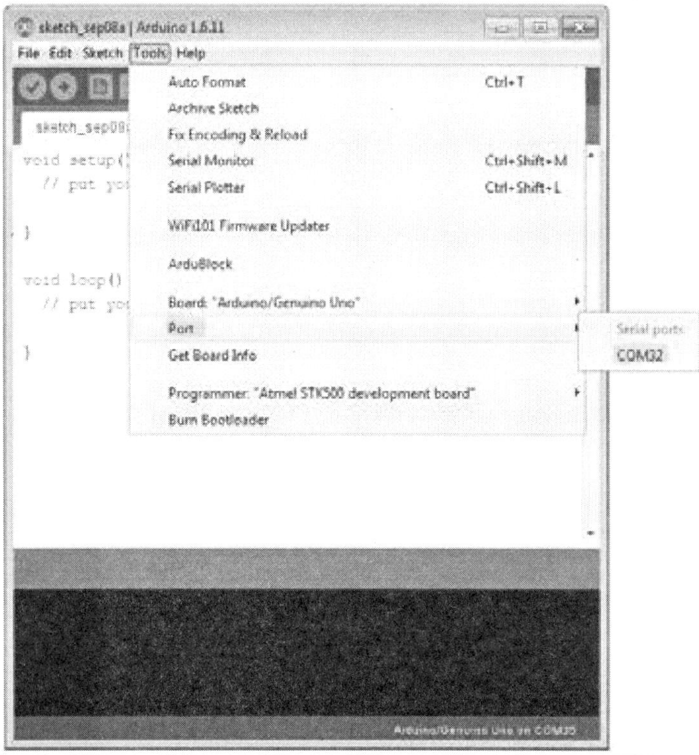

[그림 4-13] PRIZM이 USB 포트로 연결 및 설치 완료된 상태

아두이노 소프트웨어로 돌아와, Tools 〉 Part 탭에 새롭게 설치된 COM 포트를 선택한다.

이 COM 포트는 새롭게 설치된 PRIZM을 가리키며, 이 포트를 선택한다는 건 아두이노 소프트웨어를 이 포트와 통신시킨다.

[그림 4-13]처럼 COM 포트 번호는 개개인의 환경에 따라 달라질 수 있다.

✔ **Tip**

각각의 PRIZM 세트는 같은 컴퓨터를 사용하더라도, 다른 COM 포트를 사용한다.
새로운 PRIZM 세트를 연결할 때 마다, 위의 과정을 통해서 PRIZM과 COM 포트를 짝지어줘야 한다.

이 예시에 나타난 새로운 포트는 COM32이다.

이제까지의 과정이 완료되면, 이제 PRIZM 컨트롤러와 아두이노 소프트웨어(IDE) 간의 통신이 가능해져 본격적으로 프로그래밍을 할 수 있다.

이 과정이 한 번 진행되면, 앞으로 PRIZM 컨트롤러를 USB 포트를 이용해 연결할 때마다 아두이노 소프트웨어(IDE) 내에서 자동으로 COM 포트를 지정해준다.

학습활동.4 교수 · 학습 방법

교수 방법

- PRIZM과 아두이노 프로그래밍의 만남(1)에 대한 관련 용어, 구성, 방식 이해 정도를 파악한 후 수업을 진행한다.
- 교수자의 주도로 PRIZM과 아두이노 프로그래밍의 만남(1) 등의 내용을 PPT 자료로 제시한 후 설명한다.
- 가능하면 사전에 개인별 학습 자료를 준비하여 모든 학생이 참여할 수 있는 문제 해결식 수업, 협력 수업이 가능하도록 한다.
- PRIZM과 아두이노 프로그래밍의 만남(1) 전 과정을 작업의 순서에 따라 단계적으로 실습이 이루어질 수 있도록 지도한다.
- 교재를 통해 수업을 준비하는데 있어서 필요한 모든 정보나 팁, 힌트 등 도움이 될 만한 내용들을 확인할 수 있다.
- 학생들이 만들게 될 각 모델들은 수업시간에 중점적으로 다뤄질 부분과 어휘, 질문, 답을 포함하고 있으며 또한 탐구할만한 추가적인 아이디어들도 포함하고 있다.

학습 방법

- PRIZM과 아두이노 프로그래밍의 만남(1)에 대한 관련 용어를 숙지하고, PRIZM과 아두이노 프로그래밍의 만남(1)에 대해 이해한다.
- PRIZM과 아두이노 프로그래밍의 만남(1)의 각 단계별 중점 사항을 체계적으로 학습한다.
- PRIZM과 아두이노 프로그래밍의 만남(1)의 수행순서의 전 과정을 실습한다.
- PRIZM과 아두이노 프로그래밍의 만남(1)의 내용을 이해한다.
- PRIZM과 아두이노 프로그래밍의 만남(1)을 이해하고 숙달이 될 때까지 학습한다.

학습활동.4 평가 및 피드백

평가 준거

- 평가자는 피평가자가 수행 준거 및 평가 내용에 제시되어 있는 내용을 성공적으로 수행할 수 있는 지를 평가해야 한다.

학습내용	평가항목	성취수준		
		상	중	하
PRIZM과 아두이노 프로그래밍의 만남(1)	PRIZM과 아두이노 프로그래밍의 만남(1)을 이해할 수 있다.			

평가 방법

• 작업 포트폴리오

학습내용	평가항목	성취수준		
		상	중	하
PRIZM과 아두이노 프로그래밍의 만남(1)	PRIZM과 아두이노 프로그래밍의 만남(1)을 이해할 수 있다.			

• 필기시험

학습내용	평가항목	성취수준		
		상	중	하
PRIZM과 아두이노 프로그래밍의 만남(1)	PRIZM과 아두이노 프로그래밍의 만남(1)을 이해할 수 있다.			

• 체크리스트를 통한 관찰

학습내용	평가항목	성취수준		
		상	중	하
PRIZM과 아두이노 프로그래밍의 만남(1)	PRIZM과 아두이노 프로그래밍의 만남(1)을 이해할 수 있다.			

• 피드백

1. 작업 포트폴리오
   - 제출한 보고서를 평가한 후 주요 사항에 대하여 표시하여 돌려준다.
2. 필기 시험
   - 평가 결과 성적이 저조한 학생은 보고서 제출 기회를 부여한다.
3. 체크리스트를 통한 관찰
   - 실습 과정에서 평가한 후 개선해야 할 사항 등을 정리하여 돌려둔다.

참고자료

1. PITSCO, TETRIX PRIZE Coding Essentials student Guide. 2018
2. PITSCO, TETRIX PRIZE Robotics Controller Quick-Start Guide and Specficatons. 2018
3. PITSCO, TETRIX PRIZE Robotics Controller Programming Guide. 2018
4. arduino 1.8.4-windows
5. tetrix_Prizm_01-03_18
6. http://www.hardcopyworld.com/ngine/aduino/index.php/archives/932
7. http://codingrun.com/63
8. 아두이노 남상엽 외 4인, 북두,2016.

학습 목표

5. PRIZM과 아두이노 프로그래밍의 만남(2)을 이해할 수 있다.

아두이노 프로그래밍 언어는 3개 주요 부분으로 나눌 수 있다 즉 구조, 자료형 값(변수와 상수), 그리고 함수이다.

5-1 아두이노 시리얼 통신의 프로그래밍

1. 시리얼 모니터

시리얼 모니터(Serial Monitor)는 Tetrix Prizm Bee_Dee 로봇의 아두이노 보드와 컴퓨터간에 메시지를 시리얼 케이블(USB)통하여 상호 통신하는 장치이다. 즉 아두이노와 컴퓨터가 어떠한 값을 주고받는지 확인하는 간단한 방법이다. [그림 5-1]처럼 시리얼 모니터 화면을 볼 수 있다. 내가 아두이노에게 보내는 데이터를 입력하는 부분과 아두이노가 나에게 보낸 데이터를 출력하는 부분으로 표시되고 전송옵션부분은 필요에 따라 변경이 가능하고 통신속도는 serial.begin(통신속도)를 통하여 begin 함수에서 설정한 통신속도와 똑같이 설정해야 한다.

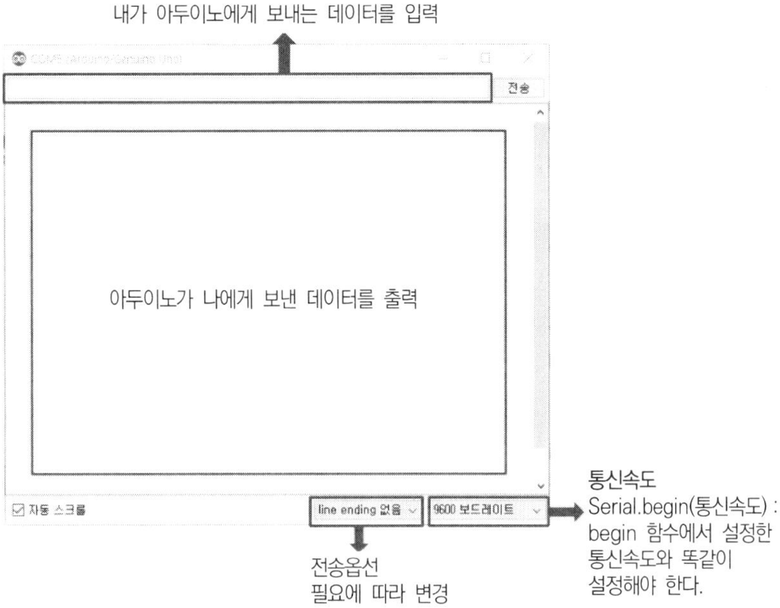

[그림 5-1] 시리얼 모니터 화면

2. 시리얼 통신

시리얼 통신(Serial Communication)은 직렬통신으로 연속적으로 통신채널과 컴퓨터의 버스를 통하여 한 번에 하나의 비트 단위로 데이터를 전송한다.

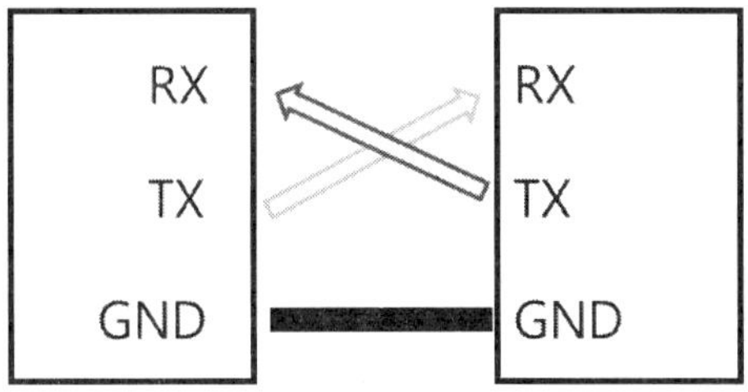

[그림 5-2] 시리얼통신 연결구조

Tetrix Prizm Bee_Dee 로봇의 아두이노 우노 보드의 경우에는 0번 핀(RX)과 1번 핀(TX)를 통하여 또는 USB연결을 통하여 시리얼 통신을 한다. **따라서 시리얼 통신을 사용하는 경우에는 0번과 1번 핀을 디지털 출력으로 사용할 수 없다.** 소스 코드를 컴파일하고 USB를 통하여 Tetrix Prizm Bee_Dee 로봇의 아두이노 보드로 업로드하는 과정을 시리얼통신을 통하여 이루어지고 컴퓨터의 가상 시리얼 포트와 아두이노의 시리얼을 통해 통신을 한다.

3. Baud Rate(통신 속도)

보드 레이트(Baud Rate)는 직렬 전송의 변조속도를 1초 동안 전송되는 신호의 수를 나타낸다. 단위는 bps(bit per second)이다. 보드 레이트값은 여러 가지의 값으로 설정할 수 있지만 통신속도에 크게 영향을 받지 않는 경우에는 일반적으로 9600bps를 사용한다. 보드레이트 값이 높을수록 송수신 속도가 빠르지만 값이 너무 높거나 양쪽의 설정값이 다른 경우 데이터 수신에 문제가 발생한다. 아두이노에서는 300~250000bps까지 지원하지만 시리얼 라이브러리에서는 115200bps까지 지원하므로 115200bps를 초과해서는 안 된다.

4. 시리얼 통신의 프로그램

1) Serial.begin(통신 속도)

시리얼 통신의 시작을 알린다. 매개변수는 시리얼 통신을 위한 전송 속도를 몇 bps로 할 것인지 설정한다. 보통은 9600을 사용한다.

```
Serial.begin(9600);
//해석_9600bps의 속도로 시리얼 통신을 시작한다.
```

2) Serial.print(출력 값);

시리얼 통신의 데이터를 출력한다. 출력값은 시리얼 모니터로 확인이 가능하다.

```
Serial.print("hello");
Serial.print("world!!");
// 출력결과_hello world!!
```

3) Serial.println(출력 값);

시리얼 통신의 데이터를 출력한다. print함수와 동일하며 출력이후 개방 문자(₩n)를 출력한다.

```
serial.println("hello");
serial.println("world!!");
/*출력결과 한줄에 하나씩 출력_hello
                              world!! */
```

4) Serial.available();

시리얼 포트에 수신되어 저장되어 있는 데이터의 바이트 수를 변환한다. 시리얼 포트로 수신된 데이터는 64비트까지 버퍼에 저장한다. 시리얼통신으로 데이터를 받았는지 확인할 때 많이 쓰이며 **데이터를 받았으면 데이터 개수를 반환, 받지 않았다면 0을 반환해준다.**

5) Serial.read();

시리얼 통신 수신 버퍼에서 첫 번째 문자를 읽어 변환한다. 수신 버퍼가 비어있으면 -1을 변환한다.

6) Serial.end():

시리얼 통신을 종료할 때 사용한다.

학습 5

5-2 아두이노 자료형 변수와 상수의 프로그래밍

1. 자료형

자료형(Data Type)은 컴퓨터 메모리에 데이터를 저장할 때 유효한 데이터의 크기와 여러 종류의 데이터(정수, 실수, 문자 등등)를 식별이 가능하도록 구분해 놓는 것이다. 다양한 변수나 함수의 형식을 선언하는데 주로 사용한다.

1) 자료형의 종류

아두이노는 C/C++언어에서 사용한 자료형과 동일한 자료형을 사용한다. 단 8비트 기반의 마이크로컨트롤러와 32비트 기반의 마이크로 컨트롤러는 메모리가 서로 다른 자료형이 존재한다. Tetrix Prizm Bee_Dee 로봇의 아두이노 우노 보드는 AVR atmega328마이크로컨트롤러를 사용하기 때문에 8비트 기반의 마이크로 컨트롤러이다.

(1) 논리형 데이터 타입

자료형	크기(byte)		비 고	값의 범위	
	8bit 보드	32bit 보드		8bit 보드	32bit 보드
boolean			논리형	true of false	

(2) 정수형 데이터 타입

자료형	크기(byte)		비 고	값의 범위	
	8bit 보드	32bit 보드		8bit 보드	32bit 보드
char	1		문자형	-128~127	
byte	1		부호 없음	0~255	
Int	2	4		-32,768~32,767	(-2^31)~(2^31-1)
word	2	4	부호 없음		
Short	2			-32,768~32,767	
long	4			-2,147,483,648~2,147,486,647	
unsigned char	1		부호 없음	0~255	
unsigned int	2	4		0~65,535	0~(2^32-1)
unsigned short	2			0~65,535	
unsigned long	4			0~4,294,967,295	

※ 부호없음; + 나 - 라는 부호를 구분하지 않는 시스템을 말한다.
정수 자료형 앞에만 unsigned를 붙일 수 있다.

(3) 실수형 데이터 타입

자료형	크기(Byte)		비고	값의 범위
	8bit 보드	32bit 보드		
float	4		소수점 이하 6자리	약 (1.2×10^-38)~(3.4×10^38)
double	4	8	소수점 이하 15자리	약 (2.3×10^-308)~(1.7×10^308)

2. 변수

변수는 프로그램에서 임의의 데이터 값들을 일시적으로 저장하는 공간이다.

1) 변수의 선언

변수를 만드는 것을 변수의 선이라 하고 변수를 선언하면 메인 메모리에 공간이 만들어지고 변수의 이름을 통해 데이터값의 저장 및 변경이 가능하며 데이커 값을 참조할 수 있다.

2) 변수의 초기화

변수를 초기화 하는 이유는 초기화 하지 않을 경우에 메모리에 쓰레기 값(이상한 값)이 저장되어 있는 경우를 때문이다.

3) 변수 선언시 주의사항

① 변수를 사용하기 위해서는 반드시 선언을 해야 한다.
② 데이터의 종류에 따라 변수의 자료형이 정의되어야한다.
③ 변수의 이름은 영문자, 밑줄(_), 숫자로 구성되어야 한다.
④ 변수의 이름의 첫문자는 영문자 또는 밑줄(_)만 가능하다.
⑤ 예약어를 변수의 이름으로 사용할 수 없다(예약어는 이미 특정한 용도가 정해져 있는 이름으로 if, for, int, double 등이다).
⑥ 변수 이름 사이에는 공백을 넣을 수 없다.
⑦ 변수 이름에서 대문자와 소문자는 각각 다른 문자로 취급한다. 단지 언어 따라 따르다.

학습 5

3. 상수

상수는 데이터 값이 변하지 않는 고정된 값을 말한다. 따라서 프로그램이 실행되는 동안에는 데이터 값을 변경할 수 없다. 그러므로 프로그램 내에서 변경할 필요없이 사용된 값(PI=3.141592 등등)을 사용할 때 상수를 사용한다.

상수의 선언 방법은 변수의 선업 방법과 동일하나 앞에 const를 붙여준다.

5-3 아두이노 연산자의 프로그래밍

1. 연산자

연산지는 수학적 연산에 사용되는 기호이다. Tetrix Prizm Bee_Dee 로봇의 아두이노에서 사용되는 모든 연산자를 사용할 수 있다.

1) 대입 연산자와 산술 연산자

연산자	의미	설명	사용 예	결과 및 해석	비고
=	대입	연산자 오른쪽의 값을 왼쪽 변수에 대입한다.	ex1) led=10%, ex2) a=10; led=x	ex1) 변수 led에 10을 대입한다. ex2) 변수 a에 10을 매입하고, 변수 a를 변수 led에 대입한다. 따라서 led 값은 모두 10이 된다.	주의: 같다(equal)는 ==을 사용한다.

연산자	의미	설명	사용 예	결과 및 해석	비고

+	더하기	피연산자의 값을 더한다.	ex1) led=10+3;
			ex2) a=10;
			Led= a+3;
				ex1) 10+3을 한 다음 변수 led에 대입한다.
				ex2) 변수a에 10을 대입하고, 변수 a와 3을 더하여 변수 led에 대입한다.	

−	빼기	피연산자의 왼쪽 값에서 오른쪽 값을 뺀다.	ex1) led=10-3;
			ex2) a=10;
			Led=a-3;
				ex1) 10−3을 한 다음 변수 led에 대입한다.
				ex2) 변수 a에 10을 대입하고, 변수 a와 3을 뺀 다음 변수 led에 대입한다.	

*	곱하기	피연산자의 값을 곱한다.	a=10; led=a+2;	변수 a에 10을 대입하고, 변수 a와 2를 곱하여 변수 led에 대입한다.	
/	나누기	피연산자의 왼쪽 값에서 오른쪽 값으로 나눈다.	a=10; led=a/2;	변수 a에 10을 대입하고, 변수 a를 2로 나누어, 변수 led에 대입한다. 따라서 led 값은 모두 5가 된다.	주의1 : 1:0으로 나눌 수 없다. 주의2 : 정수형으로 나눌 경우 소수점은 버려진다. ex) int led=3/2; 위와 같은 경우 led값은 1이다. 소수점을 얻고자 한다면 실수형 변수를 사용하고 3.0/2.0과 같이 소수점을 표시해 주어야 한다.
%	나머지	피연산자의 왼쪽 값을 오른쪽 값으로 나눴을 때 구해지는 나머지는 나타낸다.	a=9; led=a%2;	변수 a에 9를 대입하고, 변수 a를 2로 나눈 나머지 값을 led에 대입한다. 따라서 led 값은 모두 1이 된다	

이 연산자는 수학적 연산이 필요한 경우에 사용한다. 단지 주의할 점은 (equal)은 =이 아닌 ==을 사용한다.

2) 복합대입 연산자

	연산자	사용 예	결과 및 해석	비 고
산술 연산	+=	led+=a;	led=led+a;	
	-=	led-=a;	led=led-a;	
	*=	led*=a;	led=led*a;	
	/=	led/=a;	led=led/a;	
비트 연산	&=	led &=a;	led=led&a;	
	l=	led l=a;	led=led l a;	
	^=	led^=a;	led=led^a;	
	〈〈=	led〈〈=a;	led=led〈〈a;	
	〉〉=	led〉〉=a;	led=led〉〉a;	,

	연산자	사용 예	결과 및 해석	비 고
증감 연산	++	led=++a; led=a++;	led=a_1;	
	--	led=--a; led=a--;	led=a-1;	

3) 관계(비교) 연산자

관계(비교)연산자의 결과 값이 참일 경우에는 1이고 거짓인 경우에는 0으로 반환한다. 주로 조건문이나 반복문에서 관계(비교) 연산자를 많이 사용한다.

C언어에서는 0이 아닌 모든 값은 참으로 간주한다.

연산자	의미	설명	사용예(a=10, b=3이라 가정)	결과 및 해석	비고
〉	크다	연산자 왼쪽 값이 오른쪽 값보다 큰가?	led=a〉b;	a의 값은 10이고 b의 값은 3이고, 10은 3보다 크므로 참이 된다. 따라서 led 값은 1이 된다.	led=b〉a; 라고 하면 컴파일 에러가 아니라 결과는 거짓이므로 led에 0을 대입하게 된다.
〉=	크거나 같다	연산자 왼쪽 값이 오른쪽 값보다 크거나 같은가?	ex1) led=(a〉=b); ex2) led=(a〉=10); ex3) led=(a〉=11);	ex1) a가 b보다 크므로 참 led 값은 1 ex2) a와 10은 같으므로 참 led 값은 1 ex3) a가 11보다 작으므로 거짓 led 값은 0	
〈	작다	연산자 왼쪽 값이 오른쪽 값보다 작은가?	led=a〈b;	a의 값은 10이고 b의 값은 3이고, 10은 3보다 크므로 거짓이 된다. 따라서 led 값은 0이 된다.	
〈=	작거나 같다	연산자 왼쪽 값이 오른쪽 값보다 작거나 같은가?	ex1) led=(a〈=b); ex2) led=(a〈=10); ex3) led=(a〈=11);	ex1) a가 b보다 크므로 거짓 led 값은 0 ex2) a와 10은 같으므로 참 led 값은 0 ex3) a가 11보다 작으므로 참 led 값은 1	
==	같다	연산자 왼쪽 값이 오른쪽 값이 같은가?	ex1) led=(a==b); ex2) led=(a==10);	ex1) a와 b는 같지 않으므로 거짓 led 값은 0 ex2) a와 10은 같으므로 참 led 값은 1	주의: 대입 연산자와는 동호하나=를 사용하고, 동호(equal)는 ==사용한다.
!=	다르다	연산자 왼쪽 값이 오른쪽 값이 다른가?	led=(a!=b);	a와 b는 같지 않으므로 참 led 값은 1	

4) 논리 연산자

AND, OR, NOT에 대응하는 연산자로써 관계(비교)연산자와 마찬가지로 결과 값은 참(1) 혹은 거짓(0)으로 반환한다.

<table>
<tr><th>연산자</th><th>의미</th><th>설명</th><th>사용 예
(a=10, b=30이라 가정)</th><th>결과 및 해석</th><th>비고</th></tr>
<tr><td>&&</td><td>AND
(논리곱)</td><td>연산자 왼쪽 오른쪽 값이 모두 참일 경우에만 참(하나라도 거짓일 경우 거짓)</td><td>ex1) led=(a==10&&b==3)
ex2) led=(a==10&&b==5)</td><td>ex1) a와 b 모두 참이므로 led 값은 1
ex2) a는 참이지만 b가 거짓이므로 거짓 led 값은 0이 된다.</td><td></td></tr>
<tr><td>!!</td><td>OR
(논리합)</td><td>연산자 왼쪽 오른쪽 값이 모두 참이면 참(값이 모두 거짓일 때에만 거짓)</td><td>ex1) led=(a==10||b==3)
ex2) led=(a==10||b==5)
ex3) led=(a==9||b==5)</td><td>ex1) a와 b 모두 참이므로 led 값은 1
ex2) a는 참이고 b는 거짓이지만 OR 연산이기 때문에 led는 참. 따라서 led 값은 1
ex3) a와 b 모두 거짓이므로 거짓. 따라서 led 값은 0</td><td></td></tr>
<tr><td>!</td><td>NOT
(논리부정)</td><td>연산자 오른쪽 값을 반전시킨다(참일 경우 거짓으로, 거짓일 경우 참으로)</td><td>ex1) led=!a;
ex2) led=!0;</td><td>ex1) a의 값은 10이므로 참으로 간주하고, 반전을 시켰으니 led 값은 0이 된다.
ex2) 0의 거짓으로 간주되므로, 반전시키면 led 값은 1이 된다.</td><td>C언어는 0이 아니 모든 값을 참으로 간주한다.</td></tr>
</table>

5) 비트 연산자

비트 단위의 연산을 할 때 사용한다. 주로 메모리 공간의 효율성을 높이고 연산의 수를 줄이고자 할 때 사용한다. 주의할 점은 비트 연산자의 연산은 최소 1바이트(8비트)를 묶어서 연산한다. Tetrix Prizm Bee_Dee 로봇의 아두이노 우노 보드에서 int는 2바이트이므로 16비트 단위로 연산한다.

<table>
<tr><th>연산자</th><th>의미</th><th>설명</th><th>사용 예(a=10, b=3이라 가정)</th><th>결과 및 해석</th><th>비 고</th></tr>
<tr><td>&</td><td>비트
AND</td><td>비트 단위로
AND
연산을 한다.</td><td>int a=10;
int b=3;
int led=3&b;</td><td>int는 아두이노 우노 보드에서 2byte이고, a는 10이므로 비트로 나타내 보면
00000000 00001010
b는 3이므로,
00000000 00000011
AND 연산을 하면
00000000 00000010이 되므로 led 값은 2이다.</td><td>비트 연산은
1010
1001
위와 같이 나열을 한 다음 비트 씩 비교한다.
위 경우 가장 오른쪽 위아래 값을 AND 해보면 0과 1을 AND했으므로 거짓 즉 0이 된다. 마찬가지로 남은 3비트를 모두 비트연산 해보면 1000이 된다.
1byte는 8bit이고 아두이노 우노 보드에서는 int형이 2byte이므로 inta; 라고 선언하면 변수 a는 2byte의 메모리를 할당한다. 따라서 int형의 비트연산은 기본적으로 2byte 단위로 이루어진다.</td></tr>
<tr><td>|</td><td>비트
OR</td><td>비트 단위로
OR
연산을 한다.</td><td>int a=10;
int b=3;
int led=a | b;</td><td>a는 00000000 00001010
b는 00000000 00000011
OR 연산을 하면
00000000 00001010이 되므로 led 값은 13이다.</td><td>OR연산은 하나라도 참이면 참! 즉, 하나라도 1이라면 1</td></tr>
<tr><td>^</td><td>비트
XOR</td><td>비트 단위로
XOR
연산을 한다.</td><td>int a=10;
int b=3;
int led=a | b;</td><td>a는 00000000 00001010
b는 00000000 00000011
XOR 연산을 하면
00000000 00001001이 되므로 led값은 9이다.</td><td>배타적 논리합(XOR) 연산은 값이 서로 다를 경우에만 참, 즉 둘 다 거짓이거나 둘 다 참일 경우에는 거짓이다.
ex) 1과 1을 XOR 연산하면 0
1과 0을 XOR 연산하면 1</td></tr>
<tr><td>~</td><td>비트
NOT</td><td>모든 비트를
반전시킨다.</td><td>int a=10;
int b=3;
int led=--~a;</td><td>a는 00000000 00001010
이므로, 비트를 반전시키면
11111111 11110101이 된다. 최상위 비트 가지 반전되었으므로 led 값은 -11이다.</td><td>MSB도 반전이 되므로 부호도 반전된다.</td></tr>
<tr><td><<</td><td>왼쪽으로
비트열 이동</td><td>비트열을 왼쪽으로 1칸 씩 이동시키면서 정수 값을 2배로 만든다.</td><td>int a=10;
int led1=a<<1;
int led2=a<<2;
int led3=a<<3;</td><td>a를 1~3비트 왼쪽으로 이동하고 오른쪽 빈칸은 0으로 채운다.
a는 00000000 00001010이고 led1의 경우 1비트 왼쪽으로 이동했으므로 00000000 00010100이다. 따라서 led 값은 20이 된다.
led2의 경우에는 2비트 이동했으므로 led2 값은 40, led3은 칸 이동했으므로 led3값은 80이 된다.</td><td></td></tr>
<tr><td>>></td><td>오른쪽으로
비트열 이동</td><td>비트열을 오른쪽으로 1칸씩 이동시키면서 정수 값을 2로 나눈다.</td><td>int a=10;
int led1=a>>1;
int led2=a>>2;
int led3=a>>3;</td><td>a를 1~3비트 오른쪽으로 이동하고 왼쪽 빈칸은 0으로 채운다.
a는 00000000 01010000이고 led1의 경우 1비트 오른쪽으로 이동했으므로 00000000 00101000이다. 따라서 led1 값은 40이 된다.
led2의 경우에는 2비트 이동했으므로 led2 값은 20, led3은 칸 이동했으므로 led3값은 10이 된다.</td><td></td></tr>
</table>

학습 5

2. 연산자의 우선순위

연산식 중에서 연자의 우선순위에 따라 최우선부터 실행한다.

사칙연산의 우선순위는 우선순위가 같을 경우에는 왼쪽에서 오른쪽으로 계산한다. 하나의 수식에서 우선순위가 동일한 연산자의 경우 미리 정해놓은 결합방향에 따라 연산한다.

우선순위	연산자	결합방향
1	() [] -〉 · ++(후위) -(후위)	→ (왼쪽에서 오른쪽)
2	Sizeof ++(전위) -(전위) &(주소) ~ ! *(역참조) +(부호) -(부호) 형변환(casting)	← (오른쪽에서 왼쪽)
3	*(곱셈)/(나눗셈) %(나머지)	→
4	+(덧셈) -(뺄셈)	→
5	〈〈 〉〉	→
6	〉〉= 〈〈=	→
7	== !=	→
8	&(비트)	→
9	^	→
10	|	→
11	&&	→
12	LI	→
13	?(삼함)	← (오른쪽에서 왼쪽)
14	= + = * = / = % = & = | = 〈〈 = 〉〉 =	← (오른쪽에서 왼쪽)
15	,(콤마)	→

5-4 아두이노 제어문의 프로그래밍

1. 제어문의 종류

C/C++ 프로그램은 보통 위에서 아래쪽으로 순차적으로 실행한다. 이때 프로그램의 흐름은 조건에 따라서 수행하거나 수행하지 않고 원하는 블록을 반복시킬 수 있다. 이러한 프로그램의 흐름을 조건에 따라 변경하거나 반복하는 명령문이 조건문이다.

제어문의 종류는 조건문(if문, if-else문, 다중 if-else문, switch-case문), 반복문(for문, while문, do-while문, 무한루프), 기타 제어문(break, continus, goto, return)으로 구분한다.

2. 조건문

프로그램 실행 중에 조건(참, 거짓)에 따라 프로그램의 흐름을 제어하는 명령문이다. 4가지 조건문에서 switch문은 전부 if문으로 구현이 가능하다. 조건문에는 정답이 없으므로 상황에 맞게 더 편한 조건문을 사용하면 된다. 단지 명확한 조건이라면 switch문이 유리하고 범위나 다중조건을 쓸 경우에는 if문이 유리하다. 단지 많은 프로그램을 사용할 경우에는 switch문으로 구현하는 것이 속도면에서 더 빠르다.

1) 간단한 if문

[그림 5-1]처럼 간단한 if문은 조건이 참이면 if(조건식) 중괄호{}사이에 있는 문장으로 넘어간다. 조건이 거짓이면 문장을 실행하지 않고 다음 문장으로 넘어간다. 문장이 한 개일 경우 중괄호는 생략이 가능하다.

학습
5

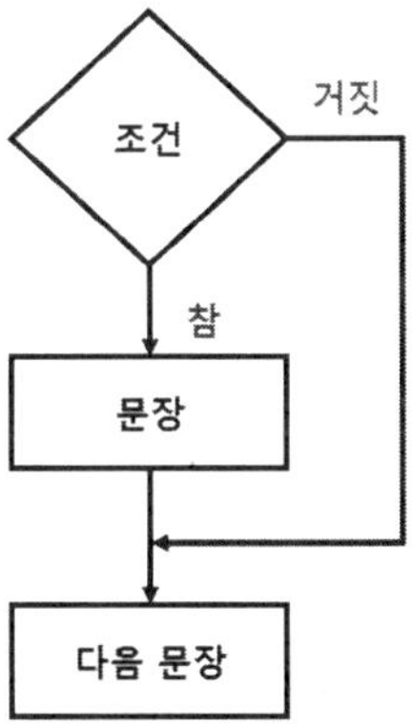

(a) 간단한 IF문 순서도

```
If (조건식)
{
  문장;
}
다음 문장;
```

(b) 문법 구조

[그림 5-1] 간단한 if문의 순서도와 문법구조

2) if-else문

[그림 5-2]처럼 if-else문은 조건이 참이면 if(조건식) 중괄호{}사이에 있는 문장1을 수행하고 else에 있는 문장2는 실행하지 않고 바로 다음 문장으로 건너뛴다. 조건이 거짓이면 if(조건식)에 있는 문장1은 실행하지 않고 else중괄호{}사이에 있는 문장2를 실행한 다음 다음문장을 실행한다. 이 역시 문장이 한 개일 경우 if, else모두 중괄호는 생략이 가능하다.

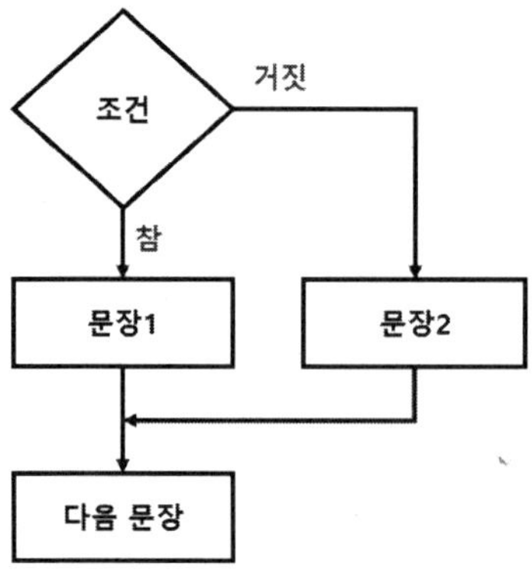


```
If (조건식)
{
문장1;
}
else
{
문장2;
}
다음문장;
```

(a) if-else문 순서도 (b) 문법 구조

[그림 5-2] if-else문 순서도와 문법구조

3) 다중 if-else문

다중 if-else문은 if조건이 참일 경우 if내무에 있는 문장1을 실행한 후 다음 문장을 실행한다. if의 조건이 거짓이고 else if의 조건이 참일 경우 else if내부에 있는 문장2를 실행한 후 다음 문장을 실행한다. if, else if모두 거짓이면 else내부에 있는 문장3을 실행하고 다음 문장을 실행한다.

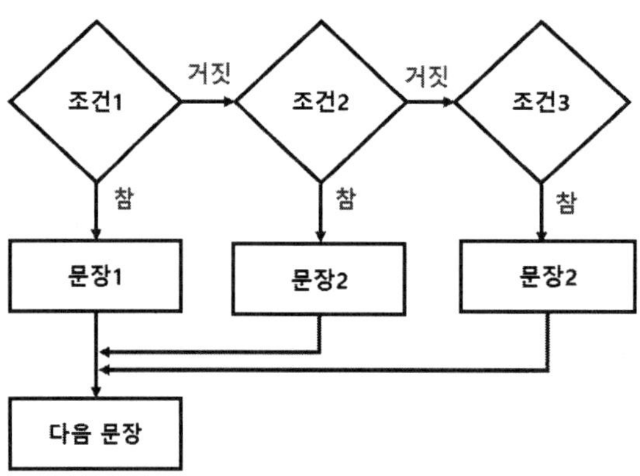


```
If (조건식)
{
      문장1;
}
else if (조건식2)
{
      문장2;
}
else
{
      문장3;
}
다음문장;
```

(a) 다중 if-else문 순서도 (b) 문법 구조

[그림 5-3] 다중 if-else문 순서도와 문법 구조

다중 if-else문의 경우에는

```
if(조건){}
else if(조건1){}
else if(조건2){} ...
else if(조건n){}
```

위와 같은 else if는 여러 개를 사용할 수 있고 모두 거짓인 경우에는 필요 없는 경우 간단한 if문과 같이 else는 생략하고 마찬가지로 문장이 한 개일 경우에는 중괄호는 생략이 가능하다.

4) switch-case문

[그림 5-4]처럼 switch-case문은 switch에서 지정한 변수나 조건식에 해당하는 값을 case에서 갑을 받아서 해당문장을 실행하고 break를 만나 다음 문장으로 넘어간다. 조건에 해당하는 case가 없는 경우 default에 있는 문장을 실행한다. case를 처리하고 switch문을 빠져나오기 위해 break를 넣어야만 한다. break를 프로그램에 넣치 않으면 조건에 해당되는 case부터 끝나는 default값까지 모든 문장이 실행되므로 원하는 작업이 아닐 경우 반드시 break를 넣어주어야만 한다. 간단한 if문과 같이 이외의 조건이 필요 없다면 default는 생략이 가능하다. 특히 주의할 점은 case값을 넣을 경우에는 반드시 세미콜론(;)이 아닌 콜론(:)를 넣어야 한다. break는 세미콜론을 넣는다.

학습 5

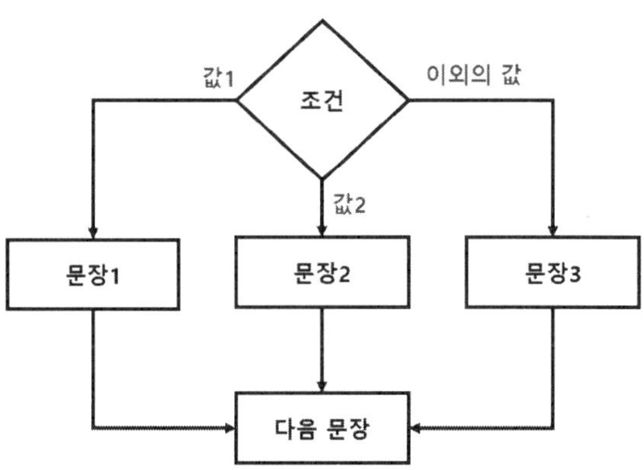

(a) switch-case문 순서도

```
switch (정수식)
{
   case 값1:
   문장1;
   break;
   case 값2:
   문장2;
   break;
   default:
   문장3;
}
다음문장;
```

(b) 문법 구조

[그림 5-4] switch-case문 순서도 및 문법구조

조건문에서 모든 switch문은 전부 if문으로 구현이 가능하다. 역으로 가능할수 없을 수도 있다. 조건문은 정답이 없으므로 상황에 맞게 더 편한 조건문을 사용하면 된다. 예를 들면 명확한 조건이라면 Switch문이 유리하고 범위나 다중 조건을 쓸 때는 IF문이 유리하다. 즉 IF문은 무거운 프로그램 측면에서는 switch문으로 구현 가능한 것은 switch문으로 구현하는 것이 수행 속도면에서 더 빠를 수 있다.

4. 반복문

반복문은 같은 작업을 여러 번 반복할 때 사용하는 명령문으로 for문, while문, do-while문이 있다. 반목문은 반복 사이클이 어떤 식으로 돌아가는지 이해할 수 있어야 한다.

1) for문

[그림 5-5]처럼 for문은 초기값, 조건식, 증감식을 통해 지정된 횟수만큼 반복하는 반복문이다. 초기, 반복, 탈출 조건을 한 번에 표현할 수 있으므로 반복문의 대표적인 명령문이다. 초기 값, 조건식과 증감식은 각각 세미콜론(;)으로 구분한다. for문도 if문과 마찬가지로 문장이 한 줄일 경우 중괄호는 생략이 가능하다.

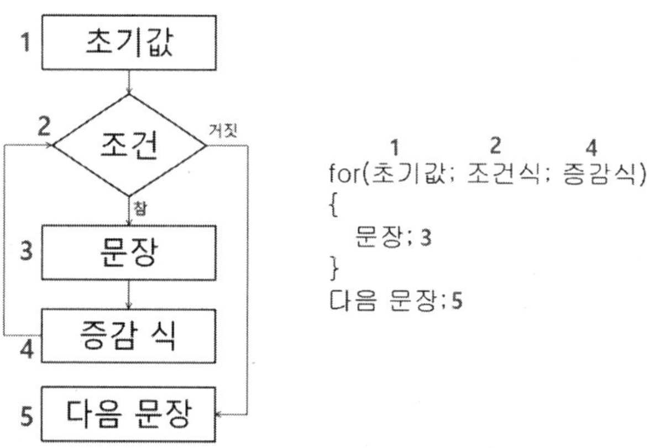

(a) for문 순서도 (b) 문법 구조

[그림 5-5] for문 순서도와 문법 구조

for문의 반복 사이클에서

1. 초기 값을 정한다.
2. 조건을 따져본다(참이면 3번으로 실행하고 거짓이면 반복문을 종료하고 5번으로 이동한다).
3. 조건이 참이라면 문장을 실행한다.
4. 증감식을 이용하여 초기 값이 증가하거나 감소한 후 2번으로 다시 돌아간다.
5. 조건문이 거짓이 되면 반복문을 종료하고 다음 문장을 실행한다.

2) while문

[그림 5-6]처럼 while문은 조건식이 거짓이 될 때까지 반복되는 반복문이다. 조건식이 거짓이 되면 반복문을 빠져나간다. 조건식이 거짓이 되는 조건이 없으면 무한루프에 빠질 수 있으니 조건을 빠져나올 수 있도록 조건식의 종료조건을 꼭 넣어주어야 한다. while문도 중괄호를 생략할 수 있으나 거의 사용되지 않으므로 while문을 쓸 때에는 꼭 중괄호를 넣도록 한다.

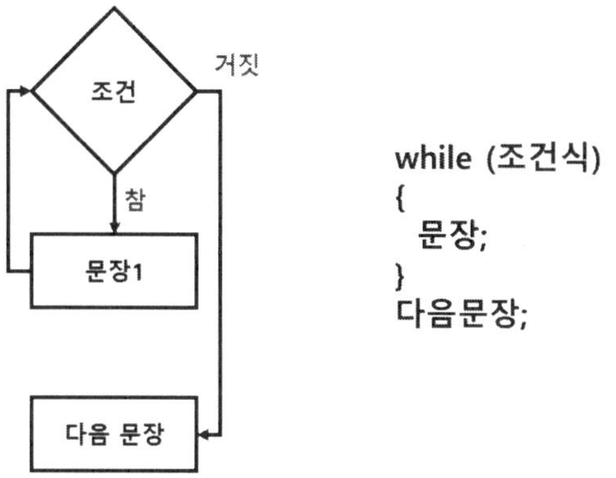

(a) while문 순서도 (b) 문법 구조

[그림 5-6] while문 순서도와 문법 구조

3) do-while문

[그림 5-7]처럼 do-while문은 while문과 비슷하지만 우선 문장을 무조건 한번은 실행을 한 다음 조건식을 따진다. 즉, 조건이 거짓이라면 while문의 경우에는 문장을 한 번도 실행을 하지 않지만 do-while문은 조건이 거짓이라 하더라도 문장을 한 번은 실행한다는 차이가 있다.

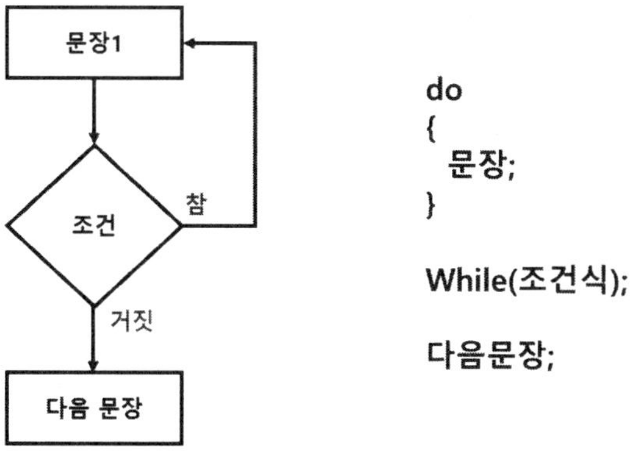

(a) do-while문 순서도 (b) 문법 구조

[그림 5-7] do-while문 순서도와 문법 구조

4) 무한루프

무한루프는 프로그램을 강제로 종료하지 않는 이상 무한으로 반복하는 것을 말한다. 의도하지 않은 무한루프는 프로그램을 마비시키므로 조심해야 한다.

(1) for문을 이용한 무한루프

초기 값, 조건식, 증감식을 비우고 세미콜론(::) 2개를 찍어주면 된다.

```
for(;;){}
```

(2) while문을 이용한 무한루프

while(조건식)에서 조건식을 1이나 true로 넣으면 무한루프를 돌릴 수 있다.

```
while(1){}, 혹은
while(true){}
```

(3) do while문을 이용한 무한루프

while문과 마찬가지로 조건식을 1이나 true로 하면 무한루프를 돌릴 수 있다.

```
d0{}while(1), 혹은
do{}while(true)
```

5. 기타 제어문

기타 제어문은 조건문이나 반복문을 사용할 때 도움을 주는 제어문이다.

1) break

switch문에서 break문으로 특정 블록을 빠져 나올 때 사용하는 제어문이다. 반복문 중에서 특정 값에서 빠져 나올 경우에 break문을 사용한다.

2) continue

break문과 비슷한지만 계속이라는 의미로 반복문을 실행 중에 continue문을 만나면 continue문 아래의 문장은 실행되지 않고 반복한다.

```
while(조건){
  문장1;
  if(특정조건)
   continue;
  문장2;
}
```

while 조건 내에서 반복을 하고 if문이 거짓이라면, 문장1과 문장2가 반복해서 실행한다. 이때 if가 참일 경우 continue문은 블록은 빠져 나가지 않고 아래 문장을 실행하지 않는다는 점이 가장 큰 차이점이다.

3) goto

프로그램을 실행중 지정한 레이블로 강제로 이동하기 위한 제어문이다. goto문을 사용하면 편리한 점도 있지만 논리적이지 않기 때문에 너무 남발해서 사용하면 프로그램을 이해하기가 어렵고 프로그램이 꼬여 버릴 수도 있다. 초보자들은 가급적 사용하지 말고 코딩이 숙련되고 필요한 시점이 올 경우에 사용하길 바란다.

학습 5

4) return

return은 호출된 함수가 수행을 마치고 결과 값을 호출한 함수 쪽으로 반환하는 제어문이다. return문은 함수부분에서 많이 사용한다.

5-5 아두이노 함수의 프로그래밍

1. 함수

함수는 특정한 작업을 처리하기 위한 프로그램(코드 블록)이다. 프로그램에서 동일하게 반복되는 부분을 독립된 프로그램(코드 블록)으로 한번 만 만들어 두고 필요할 때마다 호출해서 사용한다.

[그림 5-8]의 함수의 개념은 처리할 데이터를 함수상자에 넣고 함수상자에서는 데이터를 계산(처리)하고 그 결과 값을 다시 변환해 주는 원리이다. 이렇게 반복되는 기능들을 모듈화하면 코드가 간결해지고 사람들이 알아보기 쉽다. 특히 반복되는 작업들을 수정할 일이 생기면 일일이 수정하는 것이 아니라 함수부분만 수정하면 유지보수

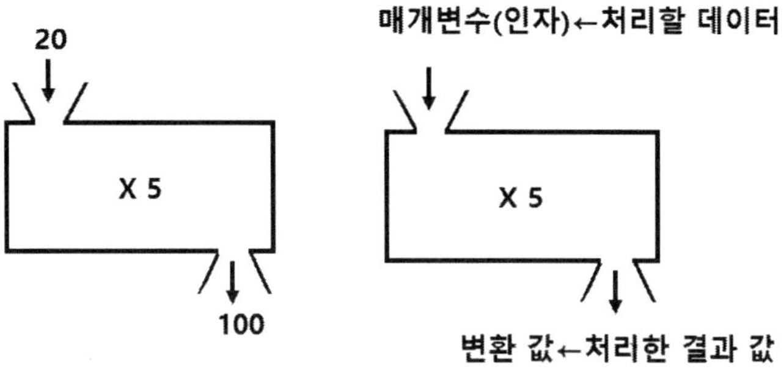

[그림 5-8] 함수의 개념

측면에서도 매우 유용하다.

2. 라이브러리 함수와 사용자 정의 함수

함수는 크게 라이브러리 함수와 사용자 정의 함수로 구분한다.

1) 라이브러리 함수

컴파일러를 만든 곳에서 자체적으로 미리 정의해 둔 함수이다. 아두이노에서는 setup(), Loop() digitalWrite()등이 라이브러리 함수 이다.

2) 사용자 정의 함수

사용자가 직접 정의하고 호출하는 등 스스로 함수를 제작하여 사용하는 함수이다.

3. 함수의 기본적인 구조

자료형 함수명(매개변수)
{
    함수의 몸체
    (데이터를 처리할 부분)
}
	int sum(int a, int b)
	{
	    int total;
	    total = a + b;
	    return total;
	}

1) 자료형

자료형은 함수를 호출한 곳에 변환할 값의 자료형을 명시해 준다. 변환할 값이 없으면 void형을 사용하고 변환할 값이 있을 경우 return뒤에 적은 결과 값과 동일한 자료형을 선언해 준다.

2) 함수명

① 함수를 사용하기 위해서는 반드시 선언을 해야 한다.
② 데이터의 종류에 따라 함수의 자료형이 정의되어야한다.
③ 함수명은 영문자, 밑줄(_), 숫자로 구성되어야 한다.
④ 함수명의 첫 문자는 영문자 또는 밑줄(_)만 가능하다.
⑤ 예약어를 함수명으로 사용할 수 없다(예약어는 이미 특정한 용도가 정해져 있는 이름으로 if, for, int, double 등이다).
⑥ 함수명의 사이에는 공백을 넣을 수 없다.
⑦ 함수명에서 대문자와 소문자는 각각 다른 문자로 취급한다. 단지 언어에 따라 따르다.

4. 함수 호출 사이클

함수 호출 사이클은 함수의 호출, 함수의 처리, 복귀의 순서이다.

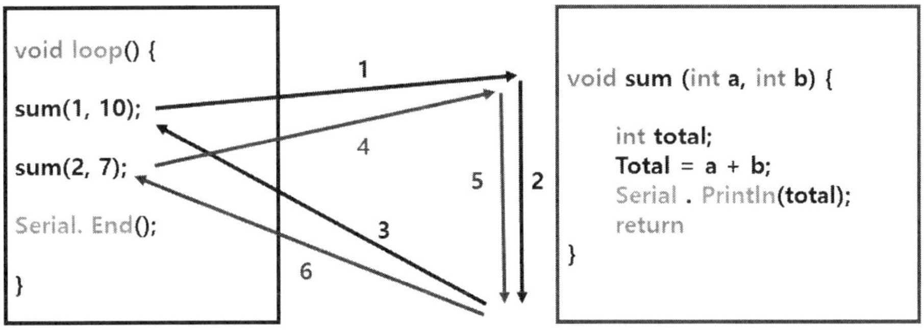

[그림 5-9] 함수 호출 순서 예제

① 함수 호출; 매개변수로 1과 10을 전달하고 이 때 매개변수는 int형이므로 함수 부문에서는 int형으로 매개변수를 선언한다.
② 함수 처리; 1과 10을 더하여 total에 대입한 다음 출력한다.
③ 함수 종료; return값이 없으므로 반환 값은 없다.
④ 함수 호출; 매개변수로 2와7을 전달한다.
⑤ 함수 처리; 2과 7을 더하여 total에 대입한 다음 출력한다.
⑥ 함수 종료; return값이 없으므로 반환 값은 없다.

5. 함수의 유형

함수는 자료형과 매개변수, 변환 값, 유무에 따라 4가지 유형으로 구분한다.

① 유형 1 : 매개변수와 변환값이 모두 없는 경우, 매개변수(X) 변환값(X)
② 유형 2 : 매개변수는 있고 변환값이 없는 경우, 매개변수(O) 변환값(X)
③ 유형 3 : 매개변수는 없고 변환값이 있는 경우, 매개변수(X) 변환값(O)
④ 유형 4 : 매개변수와 변환값이 모두 있는 경우, 매개변수(O) 변환값(O)

return은 2가지 용도로 사용한다.
첫 번째로 return은 함수를 빠져나갈 때 사용한다(break와 비슷하다고 생각하면 된다).
두 번째로 return은 값을 변환할 때 사용한다.

5-6 아두이노 배열의 프로그래밍

1. 배열

배열은 다수의 변수를 모아 놓은 것이다. 동일한 자료형의 데이터를 일일이 선언할 필요 없이 연이어 저장할 수 있도록 해준다. 즉 배열은 자료형이 동일한 데이터를 연이어 저장할 수 있도록 하는 기억 공간의 모임이다. 다수의 데이터를 저장하고 처리해야하는 경우에 배열은 매우 유용하다.

1) 배열의 선언

배열의 길이만 추가하면 일반 변수를 선언하는 것과 유사하다.
[그림 5-10]처럼 int형 변수 10개로 이루어진 arr배열을 선언한다. 배열은 길이만 추가하면 일반변수를 선언하는 것과 유사하다. [그림 5-10]은 int형 변수 10개로 이루어진 arr배열을 선언한다. 배열 색인은 0부터 시작해서 번호를 순서대로 증가시킨다.

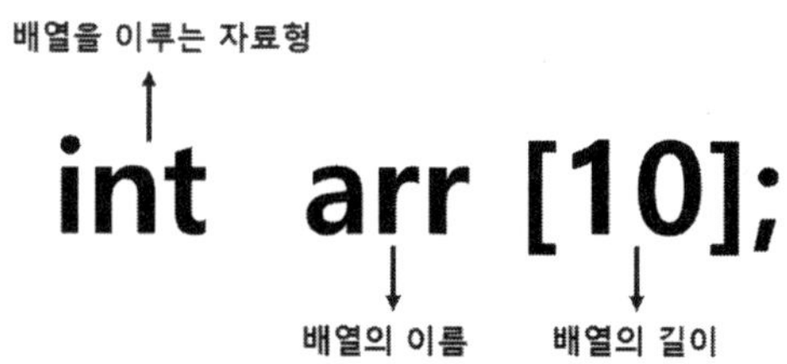

[그림 5-10] 배열의 구조

배열의 길이는 10으로 10개의 요수를 가지고 arr[0]~arr[9]까지의 값을 가진다. [10]의 의미는 10까지 라는 의미가 아니라 색인 0부터 시작해서 9까지 10개의 요소를 의미 한다.

2) 배열의 메모리 할당

[그림 5-11]은 배열이 int형으로 선언된 arr를 arr[0]~arr[9]까지 10개의 변수를 가지고 있는 것이다. 메모리 크기는 8비트 아두이노 보드 기준으로 20바이트를 차지하게 된다.

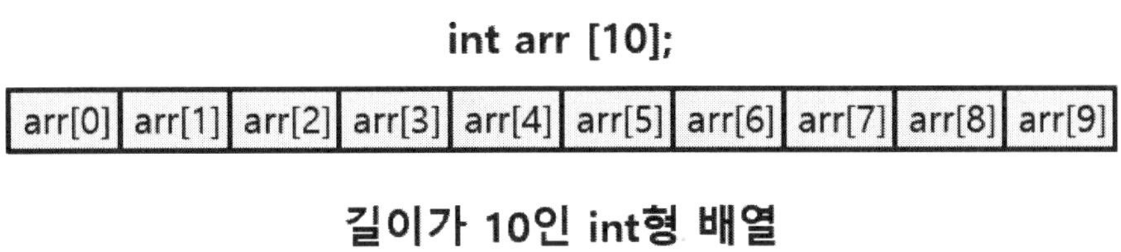

[그림 5-11] 배열의 메모리 할당

3) 배열의 초기화

[그림 5-12]처럼 int arr[3]={10,30,20};이라고 선언하면 길이가 3인 int형 arr배열에 각각 arr[0]=10, arr[1]=30, arr[2]=20;로 초기화를 하여 선언한다는 의미이다.

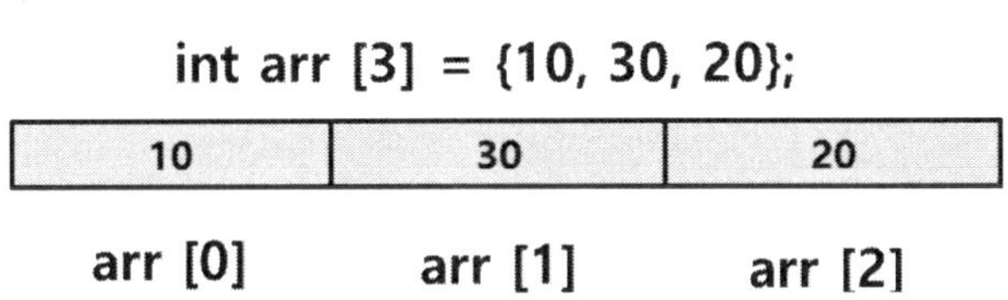

[그림 5-12] 배열의 초기 값이 저장된 모습

선언과 동시에 초기화 하는 경우는 다음과 같다.

(1) 배열의 길이와 초기 값의 개수가 동일한 경우

배열의 길이가 3이고 초기 값의 개수가 3이므로 아무런 문제없이 초기화를 할 수 있다.

```
int arr[3]={100,200,300};
```

(2) 배열의 길이보다 초기 값의 개수가 적은 경우

배열의 길이가 5이고 초기 값의 개수는 3개이다 이럴 경우에는 나머지 2개의 값은 0으로 자동초기화가 된다.

```
int arr[5]={10,20,30};
```

(3) 배열의 길이보다 초기 값의 개수가 많은 경우

배열의 길이가 초기값이 많은 경우 "too many initializers for "int[*]"해당문구와 함께 에러가 난다. 그러므로 배열의 길이를 지정해 줬으면 초기값의 개수도 길이와 같게 주어야 한다.

```
int arr[3]={10, 20, 30, 40, 50};
...
exit status 1
too many initializers for 'int[2]'
```

(4) 길이는 생략하고 초기 값만 넣었을 경우

길이는 생략하고 초기 값만 넣으면 컴파일러에서 자동으로 배열의 개수를 결정한다. 보통 가장 보편적으로 사용하는 방법이다.

```
int arr[]={10, 200, 30};
```

(5) 길이는 생략하고 초기값도 생략하는 경우

선언 후 초기값을 넣고자 할 때 배열의 길이를 지정하지 않으면 에러가 발생하므로 선언 후 초기화를 사용할 경우 꼭 배열의 크기를 지정해줘야 한다.

```
int arr[];
...
exit status 1
storage size of 'arr' isn't know
```

2. 2차원 배열

배열은 1차원 혹은 2차원 배열을 가장 많이 사용하며 그 이상은 다차원 배열도 사용할 수 있다.

1) 2차원 배열의 선언

2차원 배열의 선언도 1차원배열과 크게 다르지 않다. [그림 5-13]처럼 2차원 배열도 자료형, 배열의 이름, 배열의 길이 순으로 작성한다.

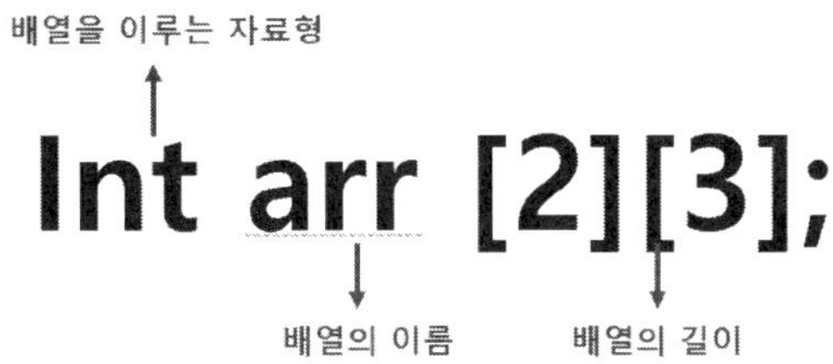

[그림 5-13] 2차원 배열의 구조

2) 2차원 배열의 메모리 구조

[그림 5-14]처럼 2차원 배열은 테이블 형태로 구성되어 있다. arr[2][3]은 행의 길이가 2, 열의 길이가 3인 것으로 2x3의 테이블이 만들어진다.

int arr [2] [3];

	0열	**1열**	**2열**
0행	arr[0] [0]	arr[0] [1]	arr[0] [2]
1행	arr[1] [0]	arr[1] [1]	arr[1] [2]

[그림 5-14] 2차원 배열의 메모리의 구조

3) 2차원 배열의 초기화

[그림 5-15]처럼 2차원 배열로 int arr[2][3]={ {10, 20, 30,},{50,70,60}};로 선언하였다면 2x3의 테이블이 만들어지고 arr[0][0]=10; arr[0][1]=20; arr[0][2]=30; arr[1][0]=5-; arr[1][1]=70; arr[1][2]=60;으로 초기화를 한 것이다.

int arr [2] [3] = {{10,20,30},{50,70,60}};

	0열	**1열**	**2열**
0행	arr[0] [0] = 10;	arr[0] [1] = 20;	arr[0] [2] = 30;
1행	arr[1] [0] = 50;	arr[1] [1] = 70;	arr[1] [2] = 60;

[그림 5-15] 2차원 배열의 메모리 할당 구조

초기화할 때 바깥쪽 중괄호{}는 초기화를 하겠다는 의미이고 안 쪽 중괄호{10,20,30}는 행은 고정하고 열을 증가하면서 값을 넣는 의미이다. 즉, {{10, 20, 30}// 0번째 행에 대한 초기화, {50,70,60}//1행에 대한 초기화} 이다. 위와 같은 방법으로 초기화를 진행할 수 있다.

수행 내용

재료 · 자료

- Arduino, TETRIX의 제어 및 코딩 관련 자료

기기(장비 · 공구)

- 컴퓨터, TETRIX DC 모터, TETRIX 파워 폴 모터 케이블, PRIZM 컨트롤러, USB 케이블, TETRIX 12V충전식 NiMH 배터리 팩, PRIZM 컨트롤러 ON/OFF 배터리 스위치 어댑터 180도 표준 스케일 HS-485HB 서보 모터

안전 · 유의사항

- 컴퓨터, TETRIX의 주변기기, PRIZN 컨트롤러의 전원을 관리한다.

수행 순서

01 아두이노 시리얼통신의 데이터 출력을 print함수를 사용하고 개행 문자를 사용하는 예제를 구현한다.

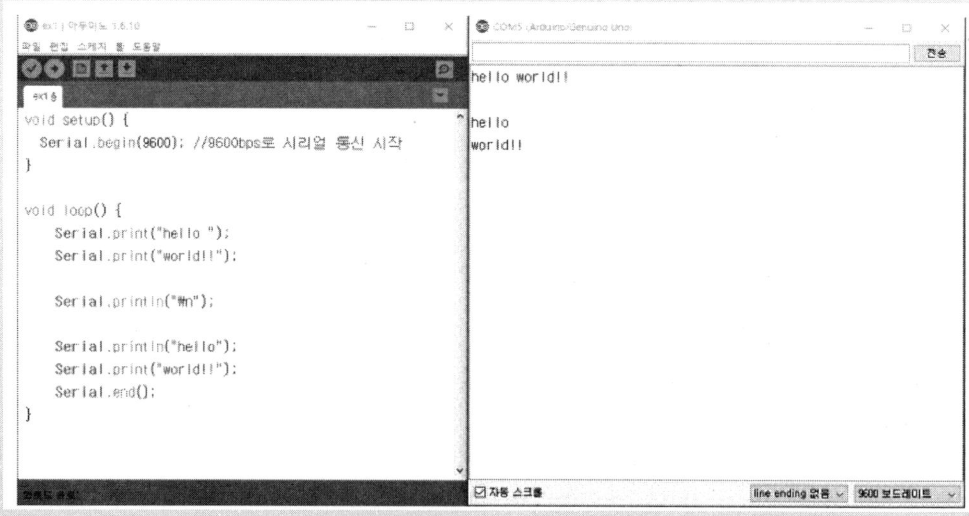

02 아두이노 Serial.available()를 사용하여 데이터를 받지 않은 경우와 abc 3개 데이터를 받을 경우의 예제를 구현한다.

< 데이터를 받지 않았으므로 0값을 출력 >

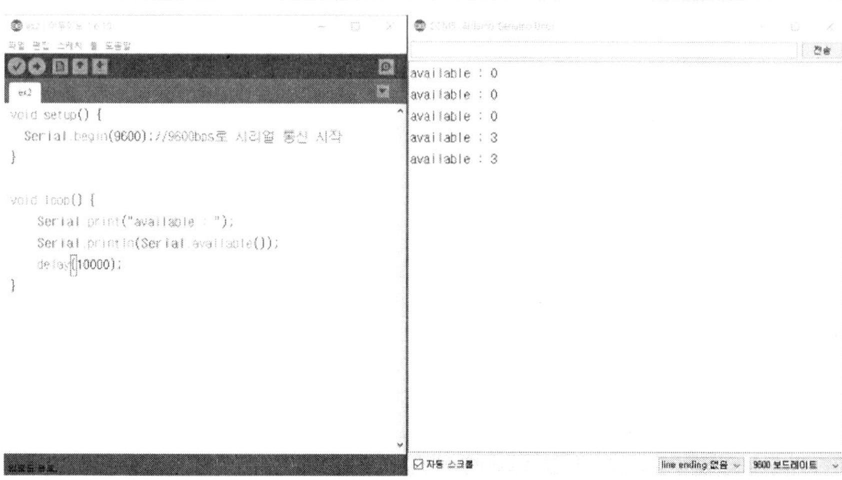

< abc 3개의 데이터를 받았으므로 3을 출력 >

(abc로 붙여서 입력을 하여도 1개의 문자씩 버퍼에 저장되므로 3개의 데이터로 인식한다.)

(스페이스도 문자로 인식하므로 a b c라고 입력할 경우에는 5를 출력한다.)

학습 5

03 아두이노 Serial.read();를 사용하여 데이터를 입력하지 않아 버퍼가 비어있는 경우, AaBb를 입력하는 경우 차례로 버퍼에 입력되는 경우, char으로 출력하는 경우의 예제를 구현한다.

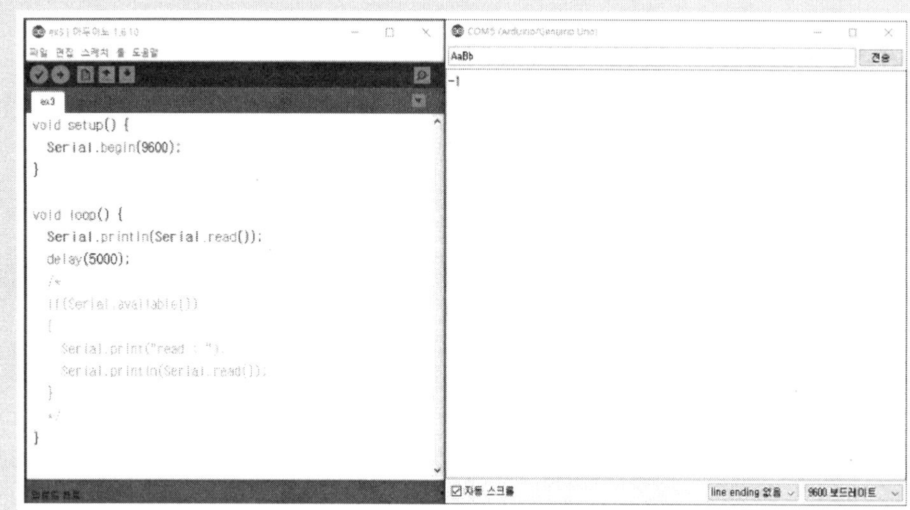

〈데이터를 입력하지 않아 버퍼가 비어 있으므로 –1을 출력〉

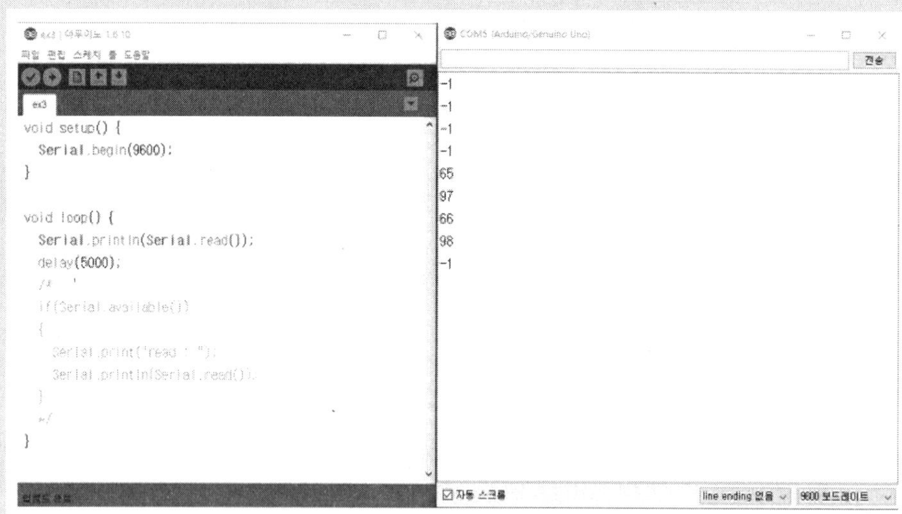

〈AabB를 입력하면 차례대로 버퍼에 입력되고, 순서대로 출력된다.〉
(read( )로 데이터를 읽어들이고 출력할 때에는 10진 ASCII코드 값으로 변환한다.)

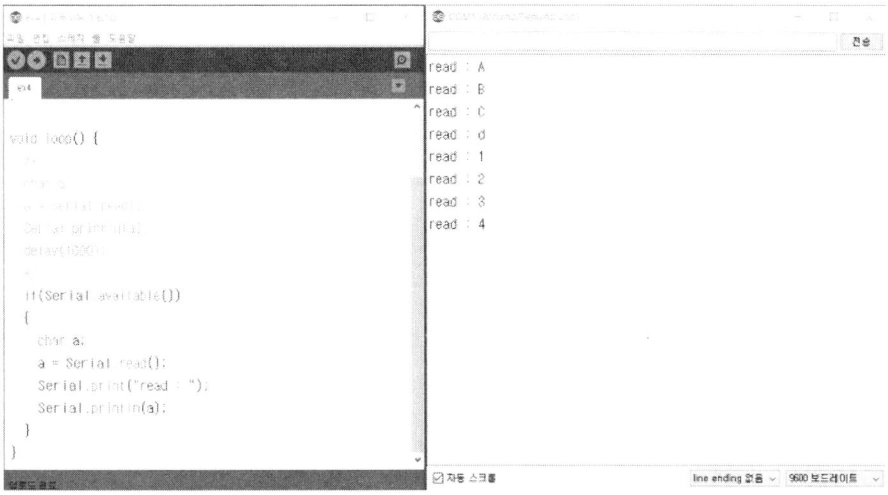

〈char(문자형)으로 출력하면 입력한 값을 그대로 출력할 수 있다.〉

04 아두이노의 변수 선언 방법을 예제로 구현한다.

int led;//led라는 이름의 변수선언
led=20;// 변수 led에 20이라는 값을 저장
int : 정수형 데이터의 저장이 가능한 메모리공간 할당.
led : 이 메모리 공간의 이름을 led로 지정

05 아두이노의 변수를 초기화 하는 2가지 방법인 선언과 동시에 초기화방법, 선언후 초기화하는 방법을 예제로 구현한다.

〈선언과 동시에 초기화〉

int led = 20;//led를 선언과 동시에 20으로 초기화

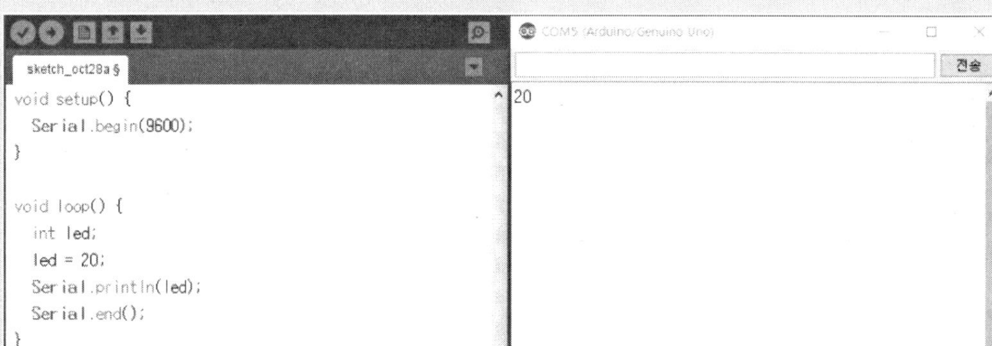

〈선언 후 초기화〉

int led; //변수를 먼저 선언 후에

led = 20; //선언한 변수를 20으로 초기화.

06 아두이노의 상수 선언 방법을 예제로 구현한다.

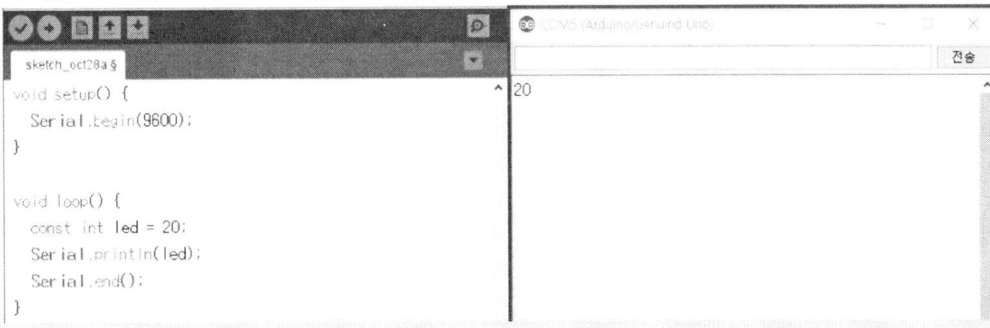

상수는 한 번에 선언하면 값을 변경할 수 없기 때문에 선언 후 초기화를 하면 컴파일 에러가 난다. 그러므로 상수는 반드시 선언과 동시에 초기화를 해주어야 한다.

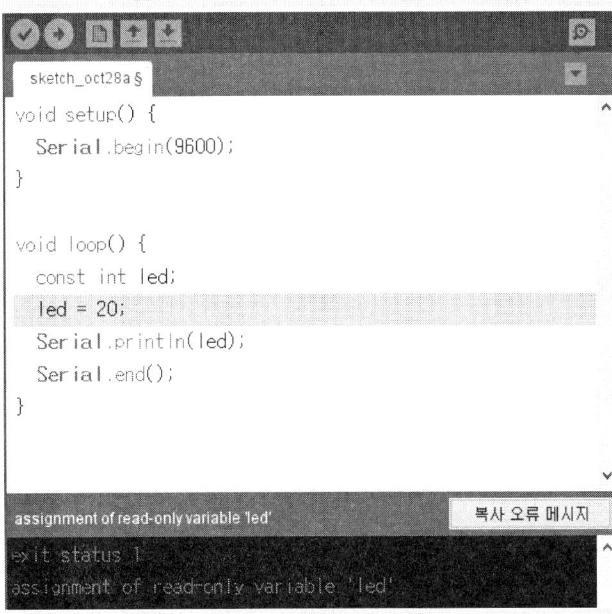

07 아두이노의 산술연산자의 연산 예제로 구현한다.

```
void setup() {
  Serial.begin(9600);
}

void loop() {
  int a = 10;
  int led;
  Serial.print("= : ");
  Serial.println(led = a);
  Serial.print("a+3 : ");
  Serial.println(led = a+3);
  Serial.print("a-3 : ");
  Serial.println(led = a-3);
  Serial.print("a*2 : ");
  Serial.println(led = a*2);
  Serial.print("a/2 : ");
  Serial.println(led = a/2);
  Serial.print("a%3 : ");
  Serial.println(led = a%3);
  Serial.end();
}
```

COM5 (Arduino/Genuino Uno)

```
= : 10
a+3 : 13
a-3 : 7
a*2 : 20
a/2 : 5
a%3 : 1
```

08 아두이노의 복합대입 연산자의 연산 예제로 구현한다.

```
void setup() {
  Serial.begin(9600);
}

void loop() {
  int a = 10;
  int b = 10;
  int led;
  Serial.print("++a + 5: "); //선 증가 후 연산
  Serial.println(led = ++a + 5);
  Serial.print("b++ + 5: "); // 선 연산 후 증가
  Serial.println(led = b++ + 5);
  Serial.print("a = ");
  Serial.println(a);
  Serial.print("b = ");
  Serial.println(b);
  Serial.end();
}
```

COM5 (Arduin

```
++a + 5: 16
b++ + 5: 15
a = 11
b = 11
```

09 아두이노의 관계(비교) 연산자의 연산 예제로 구현한다.

```
void setup() {
  Serial.begin(9600);
}

void loop() {
  int a = 10;
  int b = 3;
  int led;
  Serial.print("a > b : ");
  Serial.println(led = a > b);
  Serial.print("a >= b : ");
  Serial.println(led = a >= b);
  Serial.print("a < b : ");
  Serial.println(led = a < b);
  Serial.print("a <= b : ");
  Serial.println(led = a <= b);
  Serial.print("a == b : ");
  Serial.println(led = a == b);
  Serial.print("a != b : ");
  Serial.println(led = a != b);
  Serial.end();
}
```

COM5 (Arduino/Genuino Uno)

```
a > b : 1
a >= b : 1
a < b : 0
a <= b : 0
a == b : 0
a != b : 1
```

10 아두이노의 논리 연산자의 연산 예제로 구현한다.

```
void setup() {
  Serial.begin(9600);
}

void loop() {
  int a = 10;
  int b = 3;
  int led;
  Serial.print("a==10 && b==3 : ");
  Serial.println(led = (a==10 && b==3));
  Serial.print("a==10 && b==5 : ");
  Serial.println(led = (a==10 && b==5));
  Serial.print("a==10 || b==5 : ");
  Serial.println(led = (a==10 || b==5));
  Serial.print("a==9 || b==5 : ");
  Serial.println(led = (a==9 || b==5));
  Serial.print("!0 : ");
  Serial.println(led = !0);
  Serial.print("!a : ");
  Serial.println(led = !a);

  Serial.end();
}
```

COM5 (Arduino/Genuino Uno)

```
a==10 && b==3 : 1
a==10 && b==5 : 0
a==10 || b==5 : 1
a==9 || b==5 : 0
!0 : 1
!a : 0
```

학습 5

11 아두이노의 비트 연산자의 연산 예제로 구현한다.

```
void setup() {
  Serial.begin(9600);
}

void loop() {
  int a = 10;
  int b = 3;
  int led;
  Serial.print("a & b : ");
  Serial.println(led = a & b);
  Serial.print("a | b : ");
  Serial.println(led = a | b);
  Serial.print("a ^ b : ");
  Serial.println(led = a ^ b);
  Serial.print("~a : ");
  Serial.println(led = ~a);
  Serial.print("a << 1: ");
  Serial.println(led = a << 1);
  Serial.print("a >> 1 : ");
  Serial.println(led = a >> 1);
  Serial.end();
}
```

COM5 (Arduino/Genuino Uno)

```
a & b : 2
a | b : 11
a ^ b : 9
~a : -11
a << 1: 20
a >> 1 : 5
```

12 아두이노의 IF문에서 조건이 참인 경우와 거짓인 경우의 예제로 구현한다.

1. 조건이 참인 경우

```
int led = 13;
void setup() {
  Serial.begin(9600);
  pinMode(led, OUTPUT);
}

void loop() {
  int sw = 1;
  if(sw == 1)
  {
    digitalWrite(led, HIGH);
    Serial.println("true led on!");
  }
  Serial.println("next sentence");
  Serial.end();
}
```

COM5 (Arduino/Genuino Uno)

```
true led on!
next sentence
```

조건이 참인 경우 if 중괄호 안에 있는 문장을 실행하고 다음문장을 실행한다., 즉 sw가 1이고 sw가 1과 같으면 조건은 참이다. 조건이 참이므로 LED가 켜진후 ture len on!을 시리얼 모니터에 나타나고 if안에 있는 문장이 끝나므로 그 다음 문장인 next sentence가 표시된다.

2. 조건이 거짓인 경우

```
int led = 13;
void setup() {
  Serial.begin(9600);
  pinMode(led, OUTPUT);
}

void loop() {
  int sw = 100;
  if(sw == 1)
  {
    digitalWrite(led, HIGH);
    Serial.println("true led on!");
  }
  Serial.println("next sentence");
  Serial.end();
}
```

```
next sentence
```

sw가 100이고 조건이 sw가 1이냐고 물으면 조건이 거짓이다. 조건이 거짓이므로 if 내무에 있는 문장은 실행되지 않고 다음 문장인 print문(next sentence)을 실행한다.

13 아두이노의 if-else문에서 조건이 참인 경우와 거짓인 경우의 예제로 구현한다.

1. 조건이 참인 경우

```
int led = 13;
void setup() {
  Serial.begin(9600);
  pinMode(led, OUTPUT);
}

void loop() {
  int sw = 1;
  if(sw == 1)
  {
    digitalWrite(led, HIGH);
    Serial.println("true led on!");
  }
  else
    Serial.println("false led off");

  Serial.println("next sentence");
  Serial.end();
}
```

```
true led on!
next sentence
```

sw가 1이고 조건은 sw가 1과 같으냐고 물으면 참이다. 조건이 참이므로 if안에 있는 문장을 실행하고 else에 있는 문장은 건너뛴 다음 print문(next sentence)을 실행한다.

2. 조건이 거짓인 경우

```
int led = 13;
void setup() {
  Serial.begin(9600);
  pinMode(led, OUTPUT);
}

void loop() {
  int sw = 100;
  if(sw == 1)
  {
    digitalWrite(led, HIGH);
    Serial.println("true led on!");
  }
  else
    Serial.println("false led off");

  Serial.println("next sentence");
  Serial.end();
}
```

```
false led off
next sentence
```

if-else문에서 조건이 거짓일 경우에는 else안에 있는 문장을 실행한다. 다음 에제에서 sw가 100이고 조건이 sw가 이과 같으냐고 물으므로 거짓이다.

그러므로 if안에 문장은 실행하지 않고 else안에 있는 문장을 실행한다.

다음 예제와 같이 실행하는 문장이 한 개라면 중괄호를 생략할 수 있다.

14 아두이노의 다중 if-else문에서 if조건에 참인 경우, if가 거짓이고 else if가 참인 경우, 모든 거짓일 경우의 예제로 구현한다.

1. if조건에 참인 경우

다중 if-else문에서 if가 참인 경우 경우이므로 if문 안에 문장만 실행한다. 나머지 else if와 else안에 내용은 건너뛰고 바로 다음 문장인 print문을 실행한다.

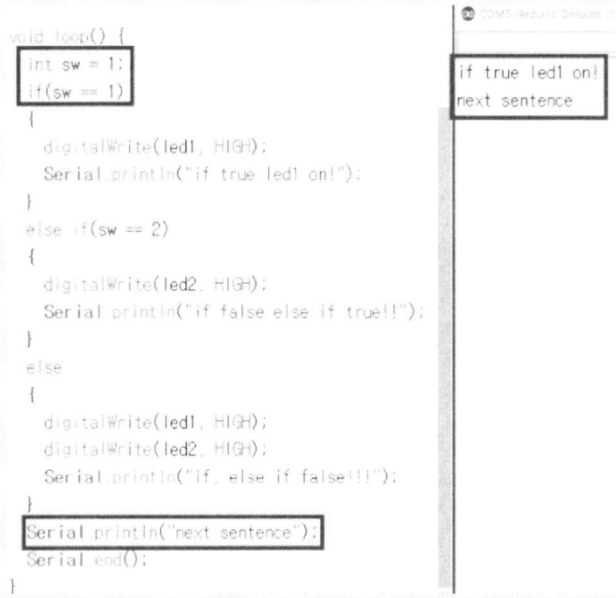

학습 5

2. if가 거짓이고 else if가 참인 경우

조건이 참인 else if문을 실행한다. 즉 sw가 2이므로 다른 조건들은 거짓이고 else if(sw == 2)에 있는 조간이 참이므로 else if (sw == 2)에 있는 문장을 실행한다.

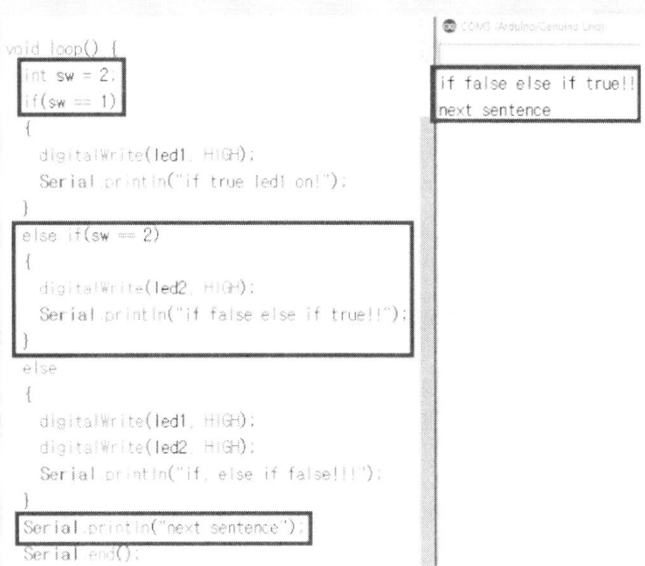

3. 모든 거짓일 경우(참인 조건이 없는 경우)

모든 조건이 거짓이라면 if-else문과 같이 else안에 있는 문장들을 실행한다.

```
void loop() {
  int sw = 3;
  if(sw == 1)
  {
    digitalWrite(led1, HIGH);
    Serial.println("if true led1 on!");
  }
  else if(sw == 2)
  {
    digitalWrite(led2, HIGH);
    Serial.println("if false else if true!!");
  }
  else
  {
    digitalWrite(led1, HIGH);
    digitalWrite(led2, HIGH);
    Serial.println("if, else if false!!!");
  }
  Serial.println("next sentence");
  Serial.end();
}
```

```
if, else if false!!!
next sentence
```

15 아두이노의 switch-case문의 예제로 구현한다.

1. break가 있고 조건이 맞는 case가 있을 경우

```
void loop() {
  int sw = 1;
  switch(sw)
  {
    case 1:
      digitalWrite(led1, HIGH);
      Serial.println("case 1!!");
      break;
    case 2:
      digitalWrite(led2, HIGH);
      Serial.println("case 2!!");
      break;
    case 3:
      digitalWrite(led3, HIGH);
      Serial.println("case 3!!");
      break;
    default:
      digitalWrite(led4, HIGH);
      Serial.println("default!!");
  }
  Serial.println("next sentence");
  Serial.end();
}
```

```
case 1!!
next sentence
```

sw의 값은 1이고 case1:이 있으므로 case 1: 내부에 있는 문장들을 실행한다. 그러므로 led 1번의 불을 켜고 case 1!!이란 단어를 시리얼 모니터에 나타낸다. 그 이후에는 break를 만나 switch문을 벗어나게 된다. switch문을 벗어났으므로 그 다음 문장인 print문을 실행한다. 결과적으로 led 1번을 켜고 시리얼 모니터에는 case1!! next sentence라는 단어가 나타나게 된다.

```
void loop() {
  int sw = 3;
  switch(sw)
  {
    case 1:
      digitalWrite(led1, HIGH);
      Serial.println("case 1!!");
      break;
    case 2:
      digitalWrite(led2, HIGH);
      Serial.println("case 2!!");
      break;
    case 3:
      digitalWrite(led3, HIGH);
      Serial.println("case 3!!");
      break;
    default:
      digitalWrite(led4, HIGH);
      Serial.println("default!!");
  }
  Serial.println("next sentence");
  Serial.end();
}
```

```
case 3!!
next sentence
```

마찬가지로 sw의 값이 3이므로 case 3:안에 있는 문장을 실행하므로 led 3번을 켜주고 시리얼 모니터에 case 3!!을 나타내고 switch문을 벗어나 next sentence를 시리얼 모니터에 나타난다.

2. 조건에 맞는 정수식이 없을 경우

현재 sw는 100이고 조건에 맞는 case가 없으므로 이외의 값을 따지는 default:안에 있는 문장을 실행한다. if-else문에 있는 else와 같은 역할을 한다.

학습 5

```
void loop() {
  int sw = 100;
  switch(sw)
  {
    case 1:
      digitalWrite(led1, HIGH);
      Serial.println("case 1!!");
      break;
    case 2:
      digitalWrite(led2, HIGH);
      Serial.println("case 2!!");
      break;
    case 3:
      digitalWrite(led3, HIGH);
      Serial.println("case 3!!");
      break;
    default:
      digitalWrite(led4, HIGH);
      Serial.println("default!!");
  }
  Serial.println("next sentence");
  Serial.end();
}
```

```
default!!
next sentence
```

3. break가 없는 경우

```
  pinMode(led3, OUTPUT);
  pinMode(led4, OUTPUT);
}

void loop() {
  int sw = 1;
  switch(sw)
  {
    case 1:
      digitalWrite(led1, HIGH);
      Serial.println("case 1!!");
    case 2:
      digitalWrite(led2, HIGH);
      Serial.println("case 2!!");
    case 3:
      digitalWrite(led3, HIGH);
      Serial.println("case 3!!");
    default:
      digitalWrite(led4, HIGH);
      Serial.println("default!!");
  }
  Serial.println("next sentence");
  Serial.end();
}
```

```
case 1!!
case 2!!
case 3!!
default!!
next sentence
```

sw가 1이므로 case 1:부터 조건에 맞게 된다. 앞 예제에서 break가 있었으므로 case 1:에 있는 문장만 실행하고 끝났지만 break가 없는 경우 그 아래의 case들도 모두 실행된다. 즉 case 1:이 조건이 맞으므로 case 1: 내부에 있는 문장들을 실행한 후 case 2: case 3: default에 있는 문장을 실행하고 끝이 난다.

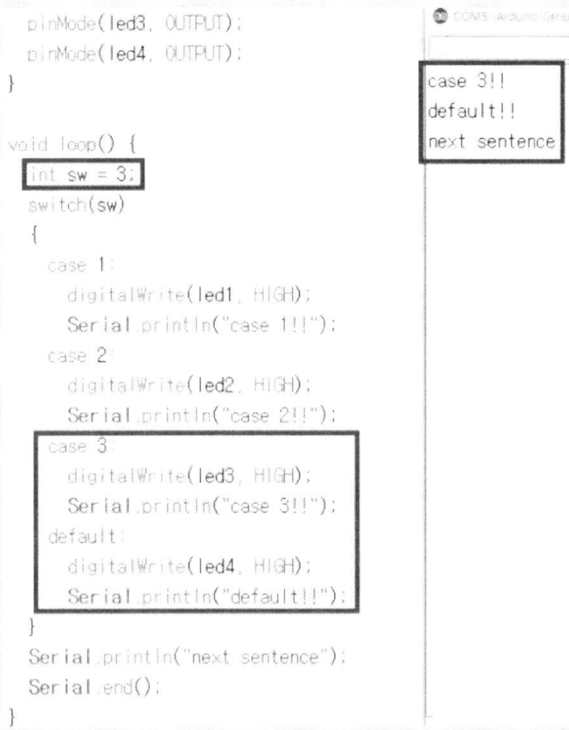

위와 같이 sw가 3이므로 case 3:이 조건에 맞는다. 이번에는 case 3:부터 그 아래인 default까지 실행된다. 그러므로 상황에 맞게 break를 넣어주거나 넣지 않거나 하면 된다. break를 넣어야 하는데 실수로 break를 넣지 않으면 원하는 값이 나오지 않을 수 있으니 switch문에 숙련되지 않으면 break문을 꼭 넣어야 한다.

16 아두이노의 for문의 1부터 10까지 더하기 예제로 구현한다.

초기값 설정을 위한 변수선언(선언과 동시에 초기화도 가능) i, 더한 값을 저장할 변수 선언 sum, for문에서 초기값은 i = 1로 설정, 조건식은 10보다 작거나 같을 때 까지 i<=10, 증감식은 한 번에 1씩 증가 i++(i=i+1, i+=1과 같은 표현이다)

1번 째 사이클에서 i는 1(초기값)이고 sum은 0이다. i는 10보다 작으므로 조건은 참이 된다. 조건이 참이므로 for문 안에 문장을 실행하면 print문을 이용해 i값을 찍어주고 sum+=i는 sum = sum +i와 같은 뜻이므로 sum에는 1이 저장된다. 조건이 참이었으므로 증감식(i++)을 적용시켜 i를 2로 만든다.

2번 째 사이클에서 i는 2이고 sum은 1이다. 조건이 참이므로 문장을 실행시켜 i가 2임을 찍어주고 sum +=i를 실행하면 sum은 3이 된다. 조건이 참이었으므로 증감식(i++)을 적용시켜 i를 2로 만든다.

3번 째 사이클에서 I는 3이고 sum은 3이다. 조건이 참이므로 I가 3임을 찍어주고 sum에 더하면 sum은 6이 된다. 증감식을 실행하면 I는 4가 된다.

나머지는 반복하고...

10번 재 사이클에서 i는 10이고 sum은 45이다. 조건이 10보다 작거나 같으므로

조건은 참이 된다. 조건이 참이므로 i가 10임을 나타태고 sum에 더해주면 sum은 55가 된다. 조건이 참이었으므로 증감식을 실행하면 i는 11이 된다. 다시 for문으로 들어가면 i가 11이므로 조건은 거짓이 된다. 그러므로 for문 내부에 있는 문장은 실행하지 않고 for문을 빠져나온다. 빠져 나오고 다음 문장을 실행하면 sum과 after i를 print문으로 나타낸다.

최종적으로 i는 11이고 sum은 55가 된 것을 알 수 있다.

```
void setup() {
  Serial.begin(9600);
}

void loop() {
  int i;
  int sum=0;
  for(i=1; i<=10; i++)
  {
    Serial.print("i=");
    Serial.println(i);
    sum += i;
  }
  Serial.print("sum=");
  Serial.println(sum);
  Serial.print("after i=");
  Serial.println(i);
  Serial.end();
}
```

```
i=1
i=2
i=3
i=4
i=5
i=6
i=7
i=8
i=9
i=10
sum=55
after i=11
```

17 아두이노의 while문의 1부터 10까지 더하기 예제로 구현한다.

```
void setup() {
  Serial.begin(9600);
}

void loop() {
  int i;
  int sum;
  i=1; 초기값
  while(i<=10) 조건식
  {
    sum += i;
    Serial.print("i= ");
    Serial.println(i);
   i++; 증감식
  }
  Serial.print("sum= ");
  Serial.println(sum);
  Serial.end();
```

```
i= 1
i= 2
i= 3
i= 4
i= 5
i= 6
i= 7
i= 8
i= 9
i= 10
sum= 55
```

while문을 무한루프를 돌릴 것이 아니라면 초기값 조건식 증감식이 있어야 한다. 초기값은 1, 조건식은 I가 10보다 작거나 같을 때가지 증감식은 I++로 적어주었다. 여기에서 초기값은 반드시 while문 밖에 적어야하며 조건식은 while(조건식)으로 증감식은 while문 내부에 작성해야한다. 반복문 사이클은 for문과 동일하기 때문에 for문 예제를 참고하라.

18 아두이노의 do-while문과 while문과 비교하는 예제로 구현한다.

while문과 비슷하지만 do-while문은 우선 문장을 무조건 한번은 실행을 한 다음 조건식을 따진다. 즉 고건이 거짓이라면 while문의 경우에는 문장을 한 번도 실행하지 않지만 do-while문은 조건이 거짓이라 하더라도 answd을 한 번은 실행한다는 차이가 있다.

```
void setup() {
  Serial.begin(9600);
}

void loop() {
  int i;
  int sum;
  i=1;
  while(i == 2)
  {
    Serial.println("false!!!");
  }
  Serial.println("while end");
  Serial.end();
}
```

```
while end
```

초기값은 i가 1이고 조건식은 i가 2와 같으냐고 물러봤으니 조건은 거짓이므로 while문은 실행하지 않는다. 그러므로 바로 while end라는 문장을 시리얼 모니터에 표시된다.

```
void setup() {
  Serial.begin(9600);
}

void loop() {
  int i;
  int sum;
  i=1;
  do{
    Serial.println("false!!!");
  } while(i == 2);
  Serial.println("while end");
  Serial.end();
}
```

```
false!!!
while end
```

do-while문으로 작성한 예제이다. while문과 같이 실행해야 할 문장은 Serial.println("false");로 동일하다. i가 1이고 조건은 i가 2냐고 물어봤으므로 거짓이다. do—while문은 무조건 한번은 문장을 실행하기 때문에 참, 거짓 여부에 관계없이 결과값에 false!!가 나타나고 조건이 거짓이므로 do-while문을 빠져나오게 된다.

19 아두이노의 함수를 호출하면서 매개변수로 2개의 수를 보내는 값을 합하여 출력하는 프로그램 예제로 구현한다.

```
void setup() {
  Serial.begin(9600);
}

void loop() {
  sum(1, 10);
  sum(2, 7);
  Serial.end();
}

void sum(int a, int b){
  int total;
  total = a + b;
  Serial.println(total);
  return;
}
```

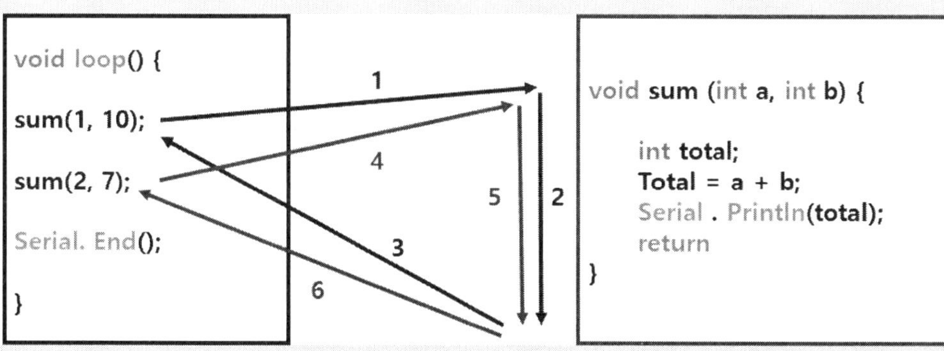

1 함수 호출 : 매개변수로 1과 10을 전달하고 이 때 매개변수는 int형이므로 함수부문에서는 int형으로 매개변수를 선언한다.
2 함수 처리 : 1과 10을 더하여 total에 대입한 다음 출력한다.
3 함수 종료 : return값이 없으므로 반환 값은 없다.
4 함수 호출 : 매개변수로 2와7을 전달한다.
5 함수 처리 : 2과 7을 더하여 total에 대입한 다음 출력한다.
6 함수 종료 : return값이 없으므로 반환 값은 없다.

학습 5

20 아두이노의 함수의 유형 4가지의 예제로 구현한다.

함수는 자료형과 매개변수, 변환 값, 유무에 따라 4가지 유형으로 구분한다.

1. 유형 1 : 매개변수와 변환값이 모두 없는 경우, 매개변수(X) 변환값(X)

```
void setup() {
  Serial.begin(9600);
}

void loop() {
  show();
  show();
  show();
  Serial.end();
}

void show(){
  Serial.println("hello codingrun");
}
```

```
COM5 (Arduino/Genuino Un
hello codingrun
hello codingrun
hello codingrun
```

매개변수와 변환값이 모두 없는 경우이다. 반환값이 없기 때문에 함수의 자료형은 vold로 선언하였다. show()를 3번 호출하였으므로 hellow codingrun도 3번 나타내고 프로그램을 종료한다.

2. 유형 2 : 매개변수는 있고 변환값이 없는 경우, 매개변수(O) 변환값(X)

```
void setup() {
  Serial.begin(9600);
}

void loop() {
  sum(1, 10);
  sum(2, 7);
  Serial.end();
}

void sum(int a, int b){
  int total;
  total = a + b;
  Serial.println(total);
  return;
}
```

```
11
9
```

위 예제에서 매개변수는 있고 변환값이 없는 경우이다. 이것은 역시 값을 변환하지 않기 때문에 함수는 vold로 선언한다. 매개변수는 int형을 받아야 하므로 vold sum(int a, int b)와 같이 int형으로 매개변수 2개를 선언해 준다.

3. 유형 3 : 매개변수는 없고 변환값이 있는 경우, 매개변수(X) 변환값(O)

```
void setup() {
  Serial.begin(9600);
}

void loop() {
  int returnvalue;
  returnvalue = ban();
  Serial.println(returnvalue);
  Serial.end();
}

int ban(){
  int a = 10;
  Serial.print("return value : ");
  return a;
}
```

```
return value : 10
```

매개변수는 없고 변환값이 있는 ruddndle. dleo 가장 주의할 점은 변환할 값의 자료형과 동일하게 함수의 자료형을 지정해 줘야한다. 예제에서 int a 값을 변환하므로 int ban()과 같이 명시했고 변환된 값을 return value변수에 넣고 출력을 하였다.

4. 유형 4 : 매개변수와 변환값이 모두 있는 경우, 매개변수(O) 변환값(O)

```
void setup() {
  Serial.begin(9600);
}

void loop() {
  int total;
  total = sum(1, 10);
  Serial.println(total);
  total = sum(2, 7);
  Serial.println(total);
  Serial.end();
}

int sum(int a, int b){
  int total;
  total = a + b;
  return total;
}
```

```
11
9
```

위 예제는 유형 2번을 조금 바꾼 예제이다. 매개변수와 변환값이 모두 없는 경우이다.

위의 4가지 유형을 보면 return은 2가지 용도로 사용한다.

① return은 함수를 빠져나갈 때 사용한다(break와 비슷하다고 생각하면 된다).

② return은 값을 변환할 때 사용한다.

21 아두이노의 배열 선언후 초기화와 선언과 동시에 초기화 예제로 구현한다.

1. 선언 후 초기화는 배열

선언 후 초기화는 배열은 먼저 선언하고 나중에 초기화하는 방법이다.

```
void setup() {
  Serial.begin(9600);
  int arr[3]; //길이가 3인 int형 arr배열
  arr[0] = 10;
  arr[1] = 20;
  arr[2] = 30;
  for(int i=0; i<3; i++)
  {
    Serial.println(arr[i]);
  }
}

void loop() {


}
```

```
10
20
30
```

2, 선언과 동시에 초기화

1) 배열의 길이와 초기 값의 개수가 동일한 경우

```
void setup() {
  Serial.begin(9600);
  int arr[3]={100, 200, 300};
  for(int i=0; i<3; i++)
  {
    Serial.println(arr[i]);
  }
}

void loop() {

}
```

```
100
200
300
```

배열의 길이가 3이고 초기값의 개수가 3이므로 아무 문제없이 초기화를 할 수 있다.

2) 배열의 길이보다 초기값의 개수가 적은 경우

```
void setup() {
  Serial.begin(9600);
  int arr[5]={10, 20, 30};
  for(int i=0; i<5; i++)
  {
    Serial.println(arr[i]);
  }
}

void loop() {

}
```

```
10
20
30
0
0
```

배열의 길이는 5이고 초기값의 개수는 3개이다. 이럴 경우 나머지 2개의 값은 0으로 자동초기화가 된다.

3) 배열의 길이보다 초기값의 개수가 많을 경우

```
void setup() {
  Serial.begin(9600);
  int arr[3]={10, 20, 30, 40, 50, 60};
  for(int i=0; i<5; i++)
  {
    Serial.println(arr[i]);
  }
}
```

```
too many initializers for 'int [3]'

sketch_jan10c:3: error: too many initializers for 'int [3]'

   int arr[3]={10, 20, 30, 40, 50, 60};

exit status 1
too many initializers for 'int [3]'
```

배열의 길이보다 초기값이 많을 경우 “too many initializers for ”int[*]“해당 문구와 함께 에러가 난다. 그러므로 배열의 길이를 지정해 줬으면 초기값의 개수도 길이와 맞춰주어야 한다.

4) 길이는 생략하고 초기값만 넣었을 경우

```
void setup() {
  Serial.begin(9600);
  int arr[]={100, 200, 300};
  for(int i=0; i<3; i++)
  {
    Serial.println(arr[i]);
  }
}

void loop() {

}
```

```
100
200
300
```

길이는 생략하고 초기값만 넣으면 컴파일러에서 자동으로 배열의 개수를 결정한다.

5) 길이는 생략하고 초기값도 생략할 경우

```
void setup() {
  Serial.begin(9600);
  int arr[];
  for(int i=0; i<5; i++)
  {
    Serial.println(arr[i]);
  }
}
```

```
sketch_jan10c:3: error: storage size of 'arr' isn't known

   int arr[];

           ^

exit status 1
storage size of 'arr' isn't known
```


선언후 초기값을 넣고자 할 때 배열의 길이를 지정하지 않으면 에러가 발생하므로 선언 후 초기화를 사용할 경우 곡 배열의 크기를 지정해줘야 한다.

학습활동.5 교수 · 학습 방법

교수 방법

- PRIZM과 아두이노 프로그래밍의 만남(2)에 대한 관련 용어, 구성, 방식 이해 정도를 파악한 후 수업을 진행한다.
- 교수자의 주도로 PRIZM과 아두이노 프로그래밍의 만남(2) 등의 내용을 PPT 자료로 제시한 후 설명한다.
- 가능하면 사전에 개인별 학습 자료를 준비하여 모든 학생이 참여할 수 있는 문제 해결식 수업, 협력 수업이 가능하도록 한다.
- PRIZM과 아두이노 프로그래밍의 만남(2) 전 과정을 작업의 순서에 따라 단계적으로 실습이 이루어질 수 있도록 지도한다.
- 교재를 통해 수업을 준비하는데 있어서 필요한 모든 정보나 팁, 힌트 등 도움이 될 만한 내용들을 확인할 수 있다.
- 학생들이 만들게 될 각 모델들은 수업시간에 중점적으로 다뤄질 부분과 어휘, 질문, 답을 포함하고 있으며 또한 탐구할만한 추가적인 아이디어들도 포함하고 있다.

학습 방법

- PRIZM과 아두이노 프로그래밍의 만남(2)에 대한 관련 용어를 숙지하고, PRIZM과 아두이노 프로그래밍의 만남(2)에 대해 이해한다.
- PRIZM과 아두이노 프로그래밍의 만남(2)의 각 단계별 중점 사항을 체계적으로 학습한다.
- PRIZM과 아두이노 프로그래밍의 만남(2)의 수행순서의 전 과정을 실습한다.
- PRIZM과 아두이노 프로그래밍의 만남(2)의 내용을 이해한다.
- PRIZM과 아두이노 프로그래밍의 만남(2)을 이해하고 숙달이 될 때까지 학습한다.

학습활동.5 평가 및 피드백

평가 준거

- 평가자는 피평가자가 수행 준거 및 평가 내용에 제시되어 있는 내용을 성공적으로 수행할 수 있는 지를 평가해야 한다.

학습내용	평가항목	성취수준		
		상	중	하
PRIZM과 아두이노 프로그래밍의 만남(2)	PRIZM과 아두이노 프로그래밍의 만남(2) 이해할 수 있다.			

평가 방법

• 작업 포트폴리오

학습내용	평가항목	성취수준		
		상	중	하
PRIZM과 아두이노 프로그래밍의 만남(2)	PRIZM과 아두이노 프로그래밍의 만남(2) 이해할 수 있다.			

• 필기시험

학습내용	평가항목	성취수준		
		상	중	하
PRIZM과 아두이노 프로그래밍의 만남(2)	PRIZM과 아두이노 프로그래밍의 만남(2) 이해할 수 있다.			

• 체크리스트를 통한 관찰

학습내용	평가항목	성취수준		
		상	중	하
PRIZM과 아두이노 프로그래밍의 만남(2)	PRIZM과 아두이노 프로그래밍의 만남(2) 이해할 수 있다.			

• 피드백

1. 작업 포트폴리오
   - 제출한 보고서를 평가한 후 주요 사항에 대하여 표시하여 돌려준다.
2. 필기시험
   - 평가 결과 성적이 저조한 학생은 보고서 제출 기회를 부여한다.
3. 체크리스트를 통한 관찰
   - 실습 과정에서 평가한 후 개선해야 할 사항 등을 정리하여 돌려둔다.

참고자료

1. PITSCO, TETRIX PRIZE Coding Essentials student Guide. 2018
2. PITSCO, TETRIX PRIZE Robotics Controller Quick-Start Guide and Specficatons. 2018
3. PITSCO, TETRIX PRIZE Robotics Controller Programming Guide. 2018
4. arduino 1.8.4-windows
5. tetrix_Prizm_01-03_18
6. http://www.hardcopyworld.com/ngine/aduino/index.php/archives/932
7. http://www.codingrun.com/category/아두이노
8. 아두이노 남상엽 외 4인, 북두,2016.

학습 목표

6. TETRIX PRIZM 아두이노 라이브러리 함수(1)를 이해할 수 있다.

6-1 아두이노 라이브러리 함수의 설치

프로그래밍을 하다보면 여러 기능들이 필요하다. 아두이노에서 작업하면 PC로 USB-Serial 통신을 통해 디버그 메시지를 출력하거나 각종 센서를 제어하기 위한 코드들이 필요하다. 이런 코드들을 직접 작성하면 엄청난 시간과 노력이 필요하다. 그래서 라이브러리를 사용한다.

라이브러리는 우리가 원하는 요구사항을 주문만 하면 자체적으로 필요한 작업들을 다해서 결과만 넘겨줄 수 있도록 설계되어 있다. 아두이노에는 이런 라이브러리들이 다양하게 개발되어 있기 때문에 보다 쉽게 기능을 구현할 수 있다. 라이브러리를 사용하는 방법은 프로그래밍 언어나 개발환경에 따라 다양하다.

1. 아두이노에서 사용방법

먼저 라이브러리를 설치해야 한다.

인터넷에서 원하는 아두이노용 라이브러리를 다운로드 받는다. 보통 zip 파일 형태로 배포되는데 압축을 풀고 그 안에 있는 폴더를 [아두이노 설치폴더 / libraries] 폴더에 복사해 넣어주면 된다. 그리고 아두이노 개발환경을 재실행 하면 된다.

라이브러리를 사용하는 방법은 간단히 다음 코드를 스케치 최상단에 넣어주면 된다.

#include 〈xxx.h〉

xxx는 라이브러리 이름으로 설치한 라이브러리 폴더의 이름과 일치하며, 폴더 안에 xxx.h (헤더)파일이 존재해야 한다. 이제 라이브러리를 사용할 준비가 모두 완료되었다.

이후부터는 각각의 라이브러리 사용법에 맞게 사용하면 됩니다. 아두이노 개발환경이 라이브러리 사용이 적절히 이루어졌는지 문법 검사 등을 해주므로 문제가 있다면 컴파일 과정에서 에러 메시지가 나타난다.

아두이노는 가장 기본이 되는 라이브러리들을 미리 가지고 있다.

[아두이노 설치폴더 / libraries] 폴더에 보면 모터, WiFi 쉴드 등을 사용하기 위한 외부 라이브러리들이 미리 설치되어 있다.

그리고 아두이노에서 외부 센서들과 통신을 하기 위해 필요한 라이브러리, 아두이노의 저장장치인 EEPROM에 데이터를 쓰고 읽기 위한 라이브러리들을 내장하고 있다. 이 라이브러리들은 [아두이노 설치폴더 / hardware / arduino /avr / libraries] 폴더를 보면 된다. SoftwareSerial, SPI, Wire (serial, I2C, SPI 통신용 라이브러리), EEPROM(저장장치 read/write용 라이브러리) 이 설치되어 있다.

6-2 아두이노 라이브러리 함수의 종류

다음과 같은 라이브러리 함수는 아두이노 보드를 제어하고 계산을 수행하기 위하여 필요하다.

라이브러리 함수는 〈표 6-1〉처럼 https://www.arduino.cc/reference/en/에서 전체적으로 확인이 가능하다.

〈표 6-1〉 라이브러리 함수의 종류

디지털 입출력	아날로그 입출력	제로, 두에/ MKR 제품들	난수
digitalRead() digitalWrite() pinMode()	analogRead() analogReference() analogWrite()	analogReadResolution() analogWriteResolution()	random() randomSeed()

시간	외부 인터럽트	인터럽트	삼각법
delay() delayMicroseconds() micros() millis()	attachInterrupt() detachInterrupt()	interrupts() noInterrupts()	cos() sin() tan()
비트 및 바이트	**문자**	**수학**	**고급 입출력**
bit() bitClear() bitRead() bitSet() bitWrite() highByte() lowByte()	isAlpha() isAlphaNumeric() isAscii() isControl() isDigit() isGraph() isHexadecimalDigit() isLowerCase() isPrintable() isPunct() isSpace() isUpperCase() isWhitespace()	abs() constrain() map() max() min() pow() sq() sqrt()	noTone() pulseIn() pulseInLong() shiftIn() shiftOut() tone()
통신	**USB**		
Serial stream	마우스 키보드		

학습 6

6-3 Include문

Include문은 외부 라이브러리인 TETRIX PRIZM 아두이노 라이브러리의 기능을 아두이노 스케치 안에 포함하고 싶을 때 사용한다. 이것은 프로그래머가 표준 C 라이브러리(이미 만들어진 함수) 그리고 특히 아두이노를 위해 쓰여진 라이브러리 그룹에 대한 접근을 제공한다. include, #define는 세미콜론 종결자가 없고, 추가하면 컴파일러가 에러 메시지가 나타난다.

PRIZM 라이브러리는 PRIZM 컨트롤러를 프로그래밍하는 걸 조금 더 편리하고, 간단하게 만들어 줄 여러 함수들을 모아놓는다.

라이브러리를 여러 개의 작은 프로그램으로 이루어진 컨테이너라고 생각하면 된다. 그리고 이러한 라이브러리를 아두이노 스케치에서 사용하고 싶다면, 코드의 맨 앞에

#include문을 작성하면 된다.

예를 들어, PRIZM 라이브러리를 쓰고 싶다면, #include 〈PRIZM.h〉라고 코드의 맨 앞에 작성하면 된다.

즉, include문은 아두이노 컴파일러가 주어진 아두이노 스케치를 컴파일을 할 때 PRIZM 라이브러리에 있는 모든 프로그램 코드 역시 포함시켜 컴파일을 한다.

6-4 객체 선언

객체 선언은 PRIZM 컨트롤러와 PRIZM 라이브러리를 사용할 때 중요한 개념 중 하나이다. PRIZM 라이브러리에 포함된 함수들을 사용하기 위해서는 먼저 라이브러리 객체 이름을 선언한 뒤 그 객체 이름을 접두사처럼 모든 라이브러리 함수에 대해 접두사처럼 사용하면 된다. 이 때 객체 선언은 아래의 문장을 #include문 바로 뒤에 오도록 작성한다.

1. PRIZM myname;

변수 myname은 아무렇게나 지은 것으로, 여러분의 원하는 이름으로 그냥 지어도 상관없다. 본 프로그래밍 교재에서는 일관성을 위해서 모든 수행활동에서 아래와 같이 myname 대신에 prizm이라고 객체 이름을 선언했다.

2. PRIZM prizm;

위 코드는 prizm이라는 이름을 가진 라이브러리 객체를 생성해주며, PRIZM 클래스의 함수가 호출될 때마다 사용된다. 본 교재의 수행활동에서는 PRIZM 라이브러리 함수를 호출할 때마다 객체 이름, 즉 prizm을 접두사처럼 함수 이름 앞에 붙이게 된다.

아래의 라이브러리 함수들에 대해서는 모두 myname이 접두사로 작성되어 있으며, myname을 여러분이 코드 내에서 붙여준 객체의 이름으로 바꾸는 걸 잊지 마라.

덧붙여, "//" 뒤에 오는 모든 문장들은 스케치가 컴파일될 때 포함되지 않는 프로그램에 대한 설명, 즉 주석이다. 코드의 매 단계마다 주석을 붙여 가독성을 높이고, 실행되는 원리를 설명하는 것은 좋은 습관이다.

6-5 초기화 함수

TETRIX PRIZM 컨트롤러의 초기화 함수들은 시작하기 전 또는 프로그램을 끝내고자 할 때 사용된다.

함수이름	기능	코딩예제
PrizmBegin	PrizmBegin(); 데이터 형대(Data Type): 없음	PrizmBegin(); Reset과 PRIZM controller를 초기화하고 PRIZM컨트롤러의 시작버튼을 작동한다.
Prizm End	PrizmEnd(); 데이터 형대(Data Type): 없음	PrizmEnd(); PRIZM 프로그램을 종료하고 중요 매개변수를 초기화하고 프로그램을 다시 시작한다.
Read Line Sensor Output	readLineSensor(port#) Data Type: port# = 상수(integer) Data Range: port# Data Type Returned: value = integer (0 or 1)	readLineSensor(2); 이 함수는 러인 파인더 센서의 디지털 센서 포트 D2상태를 읽어서 0, 또는 1을 변환한다.
Read Ultrasonic Sensor in Centimeters	readSonicSensorCM(port#) Data Type:port# = integer Data Range:port# Data Type Returned: value = integer (3~400)	readSonicSensorCM(3); 이 함수는 디지털 포트 D3에 꽂힌 초음파 센서의 상태를 읽어 물체까지의 거리를 센티미터로 변환한다.
Read Ultrasonic Sensor in Inches	readSonicSensorIN(port#) Data Type: port# = integer Data Range: port# Data Type Returned: value = integer (2~150)	readSonicSensorIN(4); 이 함수는 디지털 포트 D4에 꽂힌 초음파 센서를 읽어 물체까지 거리를 인치로 변환한다.

학습 6

6-6 배터리 전압

TETRIX 배터리 팩은 12V의 DC 전압에 3000mAh를 사용한다. 배터리 팩이 완충된 상태라면, 최대 15V까지 전압이 올라갈 수 있다. 또한 만약 전압이 12.1V 아래로 떨어진다면 재충전해야 한다. 배터리 팩은 안전을 위해 20A 안전 퓨즈가 내장되어 있으며 교체 가능하다. 모든 TETRIX 장치들은 전원으로 TETRIX 정품 배터리 팩을 사용해야 한다. 배터리 전압은 PRIZM 라이브러리의 함수를 통해서 실시간으로 확인할 수 있다.

함수이름	기능	코딩예제
Read Battery Pack Voltage	readBatteryVoltage(); Data Type: None Data Type Returned: value = integer	readBatteryVoltage(); 이 함수는 PRIZM배터리 연결포트에 꽂힌 TETRIX배터리 팩의 현재 전압을 변환한다.

6-7 시작 버튼

함수이름	기능	코딩에제
Read Start Button State	readStartButton(); Data Type: None Data Type Returned: value = integer (0 or 1)	readStartButton(); 초록색 시작버튼은 한번 부르면 첫 번째 코드가 시작되고 두 번 누르면 두 번째 코드가 실행된다.

6-8 컨트롤러 보드 LEDs

PRIZM 컨트롤러는 두 개의 LED를 가지며 프로그램을 통해 제어해서 지표로 사용할 수 있다. 빨간색과 초록색 LED는 아래와 같이 HIGH 또는 LOW로 설정해 켰다 껐다가 할 수 있다.

함수이름	기능	코딩 예제

Set Red LED	setRedLED(state);
	Data Type:
	state = integer
	Data Range:
	state = 1 or 0 or
	state = HIGH or LOW
		setRedLED(HIGH); or
		setRedLED(1);
		Turn red LED on.
		setRedLED(LOW); or
		setRedLED(0);
		Turn red LED off

Set Green LED	setGreenLED(state);
	
	Data Type:
	state = integer
	Data Range:
	state = 1 or 0
	or
	state = HIGH or LOW
		setGreenLED(HIGH);
		or
		setGreenLED(1);
		Turn green LED on.
		setGreenLED(LOW);
		or
		setGreenLED(0);
		Turn green LED off.

수행 내용

재료 · 자료

- Arduino, TETRIX의 제어 및 코딩 관련 자료

기기(장비 · 공구)

- 컴퓨터, TETRIX DC 모터, TETRIX 파워 폴 모터 케이블, PRIZM 컨트롤러, USB 케이블, TETRIX 12V충전식 NiMH 배터리 팩, PRIZM 컨트롤러 ON/OFF 배터리 스위치 어댑터 180도 표준 스케일 HS-485HB 서보 모터

안전 · 유의사항

- 컴퓨터, TETRIX의 주변기기, PRIZN 컨트롤러의 전원을 관리한다.

학습 6

수행 순서

01 아두이노 라이브러리의 사용방법을 구현한다.

아두이노 개발환경은 설치할 때 이미 기본이 되는 라이브러리들을 가지고 있다. [스케치 - 라이브러리 가져오기] 메뉴를 누르면 아두이노가 가진 라이브러리들을 볼 수 있다. 사용하는 방법도 간단하다. [스케치 - 라이브러리 가져오기 - 원하는 라이브러리 선택] 순서대로 누르면 된다.

아두이노가 가진 저장공간인 EEPROM을 사용하기 쉽게 도와주는 라이브러리를 사용해 보자.

[그림 5-1]처럼 [스케치 - 라이브러리 가져오기 - EEPROM] 을 차례대로 선택한다. 그러면 Text Editor 영역 상단 위쪽에 아래와 같은 라인이 자동으로 추가된다.

```
#include <EEPROM.h>
...
```

이제 소스상에서 EEPROM 관련 함수들을 사용할 수 있다.

추가로 [스케치 - 라이브러리 가져오기 - xxx] 메뉴를 선택하지 않아도 위 라인을 직접 Text Editor에 입력해도 상관 없다.

[그림 5-1] [스케치 - 라이브러리 가져오기 - EEPROM] 선택

02 아두이노 라이브러리 설치 방법을 구현한다.

프로그래밍을 구현하다보면 유용한 라이브러리들을 많이 발견하게 된다. 보통 ZIP 파일 형태로 배포를 하는데 이것을 아두이노 개발환경에 설치하는 방법을 구현한다.

크게 두가지 방법이 있다.

1. [스케치 - 라이브러리 가져오기] 메뉴로 설치

[그림 5-2]처럼 [스케치 - 라이브러리 가져오기 - 라이브러리 추가...] 메뉴를 선택한다. 그리고 다운로드 받은 라이브러리 ZIP 파일의 위치를 지정해주면 된다.

[그림 5-1] [스케치 - 라이브러리 가져오기 - EEPROM] 선택

2. 직접 설치

라이브러리 파일에 문제가 있거나 라이브러리 소스 수정이 필요한 경우 등이 있기 때문에 라이브러리를 수동으로 설치하는 방법이 필요하다.

먼저 아두이노 개발환경을 종료하고 [아두이노 설치폴더₩libraries] 폴더로 이동한다. 이곳이 라이브러리를 모아두는 곳이고, 여기에 라이브러리 폴더를 만들어 파일을 넣으면 아두이노 개발환경이 시작할 때 인식을 한다. 다만 아래와 같은 구조로 파일이 있어야만 한다.

ArduinoTest 라이브러리를 설치한다고 하면...

```
libraries\ArduinoTest (폴더)
libraries\ArduinoTest\ArduinoTest.cpp
libraries\ArduinoTest\ArduinoTest.h
libraries\ArduinoTest\examples (폴더)
```

ArduinoTest 폴더명과 같은 이름을 가진 cpp, h 파일이 기본으로 있어야 제대로 인식한다. examples 폴더 안에는 라이브러리를 사용하는 간단한 예제파일을 넣어두는 것이 기본이다. 이 외에 다른 파일들이 추가로 들어 있을 수는 있지만 위 구조는 지켜져야 한다.

이제 아두이노 개발환경을 실행하고 [스케치 - 라이브러리 가져오기] 메뉴를 확인한다. 직접 설치한 라이브러리가 보이면 성공이다. examples 폴더에는 예제 파일들이 있다. 이것이 [파일 - 예제] 메뉴에서 확인 할수 있다.

학습 6

03 TETRIX PRIZM 아두이노 라이브러리 함수 중 초기화 함수를 구현한다.

1. myname.PrizmBegin();

이 함수는 아두이노 스케치의 setup()에서 항상 호출된다. 중요한 매개변수들을 초기화하고 PRIZM 컨트롤러의 시작 버튼을 작동시키게 된다.

```
prizm.PrizmBegin(); // initialize the PRIZM controller
```

2. myname.PrizmEnd();

이 함수는 프로그램을 종료시키며, 중요한 매개변수들을 초기화한 뒤 프로그램이 다시 시작될 수 있도록 변환한다.

```
prizm.PrizmEnd(); // when called, will terminate the program execution
```

TETRIX PRIZM 센서 포트는 디지털, 그리고 아날로그 통신에 사용되는 여러 종류의 센서를 연결할 수 있다. 디지털 센서는 PRIZM의 D2-D5 포트에 연결할 수 있으며, 아날로그 센서는 A1-A3 포트에 연결하면 된다. 디지털 포트 중 D2는 아두이노의 시리얼 라이브러리를 사용한 시리얼 통신에 사용될 수 있다.

모든 디지털 포트는 입력 및 출력 모두 가능하며, 아날로그 센서는 아날로그 입력과 디지털 출력만 가능하다. 그 외에 I2C 센서 포트가 하나 있으며, PRIZM I2C 통신 버스와 연결할 수 있다.

I2C 주소 0x01 - 0x06은 PRIZM 컨트롤러에 의해 내부적으로 사용되고 있으며 외부 센서 장치에 할당하지 않는다. 현재 모든 센서가 지원되지는 않으며 계속 지원을 넓히는 중이다. 이에 대한 자세한 내용은 www.TETRIXrobotics.com을 참고하기 바란다.

3. myname.readLineSensor(port#);

이 함수는 라인파인더 센서의 상태를 읽은 뒤 0 또는 1을 변환한다.

Port# 변수는 센서가 꽂힌 디지털 포트를 가리킨다. 라인파인더 센서는 검은색과 흰색 표면을 구분할 때 가장 많이 사용된다.

이 센서는 표면에 반사된 적외선을 감지하여 작동한다. 흰색 표면 위에 놓이면 적외선이 그대로 반사되는 반면, 검은색 표면 위에 놓이거나 센서가 표면으로부터 너무 멀리 떨어져 있을 경우 반사되지 않거나, 반사된 빛을 감지할 수 없게 된다. 라인파인더 센서는 뒤쪽에 작은 전위차계(potentiometer) 조정 나사가 있어 센서의 민감도를 조절할 수 있다. 만약 센서가 반사된 빛을 감지하지 못한다면, 함수는 1을 설정하며 반대의 경우, 0으로 변환한다.

```
int x;                          // set up an integer variable named x
x = prizm.readLineSensor(2);    // read the state of line sensor
connected to digital            // port (D2) into the variable x
or
Serial.print(prizm.readLineSensor(2)); // read the state of line sensor
connected to digital
                                // port (D2) and print it to the
                                // Arduino serial monitor
```

4. myname.readSonicSensorCM(port#);

이 함수는 초음파 센서의 상태를 읽어 물체까지의 거리를 센티미터로 설정한다. Port# 변수는 센서가 꽂힌 디지털 포트를 가리킨다. 초음파 센서는 로봇이 경로를 진행할 때 앞에 놓인 물체까지의 거리를 파악해 장애물을 피해갈 수 있는 시야를 제공해준다. 센서의 진동수는 42kHz으로 설정되어 있으며, 측정 가능한 범위는 3~400 센티미터이다. 센서는 음파를 내보낸 뒤, 범위 안의 물체에 반사되어 돌아오는 빛을 받아 시간 차를 통해서 거리를 계산하는 방식으로 작동한다.

```
int x;                         // set up an integer variable x
x = prizm.readSonicSensorIN(port#);// read and store in variable x the
distance
                               // in inches of an object that is detected to
                               // be in front of the Ultrasonic Sensor
                               // connected to digital sensor port (D2)

or

Serial.print(prizm.readSonicSensorIN(2)); // read the distance in inches of an
                               // object that is detected in front of
                               // the Ultrasonic Sensor connected
                               // to digital port (D2) and print it to
                               // the Arduino serial monitor
```

```
int x;                         // set up an integer variable x
x = prizm.readSonicSensorCM(2); // read and store in variable x the distance in
                               // centimeters of an object that is detected to be
                               // in front of the Ultrasonic Sensor connected to
                               // digital port (D2)

or

Serial.print(prizm.readSonicSensorCM(2)); // read the distance in centimeters of an
                               // object that is detected in front of the
                               // Ultrasonic Sensor connected to digital
                               // port (D2) and print it to the Arduino serial
                               // monitor
```

5. myname.readSonicSensorIN(port#);

이 함수는 초음파 센서의 상태를 읽어 물체까지의 거리를 인치로 설정한다. Port# 변수는 센서가 꽂힌 디지털 포트를 가리킨다.

초음파 센서는 로봇이 경로를 진행할 때 앞에 놓인 물체까지의 거리를 파악해 장애물을 피해갈 수 있는 시야를 제공해준다. 센서의 진동수는 42kHz으로 설정되어 있으며, 측정 가능한 범위는 5.08~381cm(2-150인치)이다.

참고로 1인치= 2.54센티미터이다. 센서는 음파를 내보낸 뒤, 범위 안의 물체에 반사되어 돌아오는 빛을 받아 시간 차를 통해서 거리를 계산하는 방식으로 작동한다.

04 TETRIX PRIZM 아두이노 라이브러리 함수 중 배터리 전압 함수를 구현한다.

1. myname.readBatteryVoltage();

이 함수는 PRIZM 배터리 연결 포트에 꽂힌 TETRIX 배터리 팩의 현재 전압을 변환한다. 정수 형태의 값으로 변환되며, 실제 배터리 전압의 값을 확인하고 싶으면 100로 나누면 된다. 예를 들면, 918이라는 값이 반환되었다면, 실제로는 9.18V의 전압을 가지고 있다는 것이다.

예시

```
int x;                                   // set up an integer value x
x = prizm.readBatteryVoltage();          // read the battery voltage into variable x

or

Serial.print(prizm.readBatteryVoltage()); // read the battery pack voltage and print it
                                          // to the Arduino serial port monitor
```

05 TETRIX PRIZM 아두이노 라이브러리 함수 중 시작버튼 함수를 구현한다.

1. myname.readStartButton();

초록색 시작 버튼은 업로드 된 프로그램 코드를 실행하는데 주로 사용된다. 하지만 이미 프로그램이 시작된 이후에도 시작 버튼을 통해서 여러 가지 명령을 내릴 수 있다.

가령 코드를 두 부분으로 나누어 각각의 부분에 각각 다른 행동을 설계한다고 했을 때, 시작 버튼을 처음 누르면 첫 번째 부분의 코드가 실행되고 다시 버튼을 누르면 두 번째 부분의 코드로 이동하게 할 수 있다. 함수는 버튼이 눌린 상태일 경우 1, 반대의 경우 0으로 변환한다.

예시
```
int x;                           // set up a variable named x
x = prizm.readStartButton();     // read the state of the start button into variable x

or

While (prizm.readStartButton() == 0){ // wait here in a while loop until the start
                                 // button is pressed (returns a "1")
}
```

06 TETRIX PRIZM 아두이노 라이브러리 함수 중 컨트롤러 보드의 LED 함수를 구현한다.

PRIZM 컨트롤러는 두 개의 LED를 가지며 프로그램을 통해 제어해서 지표로 사용할 수 있다. 빨간색과 초록색 LED는 아래와 같이 HIGH 또는 LOW로 설정해 켰다 껐다가 할 수 있다.

```
myname.setGreenLED(HIGH);   // 보드 위의 초록색 LED를 킴
myname.setGreenLED(LOW);    // 보드 위의 초록색 LED를 끔
```

예시
```
prizm.setGreenLED(HIGH);    // turns the PRIZM green LED on
prizm.setGreenLED(LOW);     // turns the PRIZM green LED off
myname.setRedLED(HIGH);     // 보드 위의 빨간색 LED를 킴
myname.setRedLED(LOW);      // 보드 위의 빨간색 LED를 끔
```

예시
```
prizm.setRedLED(HIGH);      // turns the PRIZM red LED on
prizm.setRedLED(LOW);       // turns the PRIZM red LED off
```

학습활동.6 교수 · 학습 방법

교수 방법

- TETRIX PRIZM 아두이노 라이브러리 함수(1)에 대한 관련 용어, 구성, 방식 이해 정도를 파악한 후 수업을 진행한다.
- 교수자의 주도로 TETRIX PRIZM 아두이노 라이브러리 함수(1) 등의 내용을 PPT 자료로 제시한 후 설명한다.
- 가능하면 사전에 개인별 학습 자료를 준비하여 모든 학생이 참여할 수 있는 문제 해결식 수업, 협력 수업이 가능하도록 한다.
- TETRIX PRIZM 아두이노 라이브러리 함수(1) 전 과정을 작업의 순서에 따라 단계적으로 실습이 이루어질 수 있도록 지도한다.
- 교재를 통해 수업을 준비하는데 있어서 필요한 모든 정보나 팁, 힌트 등 도움이 될 만한 내용들을 확인할 수 있다.
- 학생들이 만들게 될 각 모델들은 수업시간에 중점적으로 다뤄질 부분과 어휘, 질문, 답을 포함하고 있으며 또한 탐구할만한 추가적인 아이디어들도 포함하고 있다.

학습 방법

- TETRIX PRIZM 아두이노 라이브러리 함수(1)에 대한 관련 용어를 숙지하고, TETRIX PRIZM 아두이노 라이브러리 함수(1)에 대해 이해한다.
- TETRIX PRIZM 아두이노 라이브러리 함수(1)의 각 단계별 중점 사항을 체계적으로 학습한다.
- TETRIX PRIZM 아두이노 라이브러리 함수(1)의 수행순서의 전 과정을 실습한다.
- TETRIX PRIZM 아두이노 라이브러리 함수(1)의 내용을 이해한다.
- TETRIX PRIZM 아두이노 라이브러리 함수(1)를 이해하고 숙달이 될 때까지 학습한다.

학습활동.6 평가 및 피드백

평가 준거

- 평가자는 피평가자가 수행 준거 및 평가 내용에 제시되어 있는 내용을 성공적으로 수행할 수 있는 지를 평가해야 한다.

학습내용	평가항목	성취수준		
		상	중	하
TETRIX PRIZM 아두이노 라이브러리 함수(1)	TETRIX PRIZM 아두이노 라이브러리 함수(1)를 이해할 수 있다.			

평가 방법

• 작업 포트폴리오

학습내용	평가항목	성취수준		
		상	중	하
TETRIX PRIZM 아두이노 라이브러리 함수(1)	TETRIX PRIZM 아두이노 라이브러리 함수(1)를 이해할 수 있다.			

• 필기시험

학습내용	평가항목	성취수준		
		상	중	하
TETRIX PRIZM 아두이노 라이브러리 함수(1)	TETRIX PRIZM 아두이노 라이브러리 함수(1)를 이해할 수 있다.			

• 체크리스트를 통한 관찰

학습내용	평가항목	성취수준		
		상	중	하
TETRIX PRIZM 아두이노 라이브러리 함수(1)	TETRIX PRIZM 아두이노 라이브러리 함수(1)를 이해할 수 있다.			

• 피드백

1. 작업 포트폴리오
   - 제출한 보고서를 평가한 후 주요 사항에 대하여 표시하여 돌려준다.
2. 필기시험
   - 평가 결과 성적이 저조한 학생은 보고서 제출 기회를 부여한다.
3. 체크리스트를 통한 관찰
   - 실습 과정에서 평가한 후 개선해야 할 사항 등을 정리하여 돌려둔다.

참고자료

1. PITSCO, TETRIX PRIZE Coding Essentials student Guide. 2018
2. PITSCO, TETRIX PRIZE Robotics Controller Quick-Start Guide and Specficatons. 2018
3. PITSCO, TETRIX PRIZE Robotics Controller Programming Guide. 2018
4. arduino 1.8.4-windows
5. tetrix_Prizm_01-03_18
6. http://www.hardcopyworld.com/ngine/aduino/index.php/archives/932

학습 목표 7. TETRIX PRIZM 아두이노 라이브러리 함수(2)를 이해할 수 있다.

7-1 DC 모터 함수

TETRIX PRIZM DC 모터 함수는 Motor 1과 Motor 2 포트에 연결된 TETRIX DC 모터를 제어하는데 사용된다. 모터의 파워와 방향을 제어할 수 있으며, 더 나아가 속도 제어 및 표적 기능을 이용하려면 TETRIX 직교형 인코더가 모터에 설치되어야 한다.

함수이름	기능	코딩예제

Set DC Motor Power	setMotorPower(motor#, power);
	데이터 형태(Data Type):
	motor# = 정수(integer)
	power = 정수(integer)
	데이터 범위(Data Range):
	motor# = 1 or 2
	power = -100 to 100
	or
	power = 125 (brake mode)
		setMotorPower(1, 50);
		Motor 1을 시계방향으로 50%파워로 회전한다.
		setMotorPower(2, -50%);
		Motor 2를 반시계방향으로 50%파워로 회전한다.
		setMotorPower(1, 0);
		Turn off Motor 1 in coast mode에서 모터1이 정지한다.
		setMotorPower(2, 125);
		brake mode.에서 모터가 정지한다.

함수이름	기능	코딩예제

Set DC Motor Power	setMotorPowers(power1, power2);
	Data Type:
	power1 = integer
	power2 = integer
	Data Range:
	power1 = -100 to 100
	power2 = -100 to 100
	or
	power1 = 125 (brake mode)
	power2 = 125 (brake mode)
		setMotorPowers(50, 50);
		Spin Motor 1 and Motor 2 clockwise at 50% power.
		setMotorPowers(-50, 50);
		Spin Motor 1 counterclockwise and Motor 2 clockwise at 50% power.
		setMotorPowers(0, 0);
		Turn off Motor 1 and Motor 2 in coast mode.
		setMotorPowers(125, 125);
		Turn off Motor 1 and Motor 2 in brake mode.

Set DC Motor Speed	setMotorSpeed(motor#, speed);
	Data Type:
	motor# = integer
	speed = integer
	Data Range:
	motor# = 1 or 2
	speed = -720 to 720
		setMotorSpeed(1, 360);
		Spin Motor 1 clockwise at a constant speed of 360 DPS.
		setMotorSpeed(1, -360);
		Spin Motor 1 counterclockwise at a constant speed of 360 DPS.

Set DC Motor Speeds	setMotorSpeeds(speed1, speed2);
	Data Type:
	speed1 = integer
	speed2 = integer
	Data Range:
	speed1 = -720 to 720
	speed2 = -720 to 720
		setMotorSpeed(360, 360);
		Spin Motor 1 and Motor 2 clockwise at a constant speed of 360 DPS.
		setMotorSpeed(360, -360);
		Spin Motor 1 clockwise and Motor 2 counterclockwise at a constant speed of 360 DPS.
		setMotorSpeed(360, -180);
		Spin Motor 1 clockwise and Motor 2 counterclockwise at a constant speed of 180 DPS.

Set DC Motor Target	setMotorTarget(motor#, speed, target);
	Data Type:
	motor# = integer
	speed = integer
	target = long
	Data Range:
	motor# = 1 or 2
	speed = 0 to 720
	target = -2147483648 to 2147483647
		setMotorTarget(1, 360, 1440);
		Spin Motor 1 at a constant speed of 360 DPS until encoder 1 count equals 1,440. When at encoder target count, hold position in a servo-like mode.
		setMotorTarget(2, 180, -1440);
		Spin Motor 2 at a constant speed of 180 DPS until encoder 2 count equals -1,440 (1 revolution). When at encoder target count, hold position in a servo-like mode.

함수이름	기능	코딩예제

Set DC Motor Targets	setMotorTargets(speed1, target1, speed2, target2);
	Data Type:
	speed1 = integer
	target1 = long
	speed2 = integer
	target2 = long
	Data Range:
	speed1 = 0 to 720
	target1 = -2147483648 to 2147483647
	speed2 = 0 to 720
	target2 = -2147483648 to 2147483647
		setMotorTargets(360, 1440, 360, 1440);
		Spin Motor 1 and Motor 2 at a constant speed of 360 DPS until each motor encoder count equals 1,440. When a motor reaches its encoder target count, hold position in a servo-like mode.
		setMotorTargets(360, 1440, 180, 2880);
		Spin Motor 1 at a constant speed of 360 DPS until encoder 1 count equals 1,440. Spin Motor 2 at a constant speed of 180 DPS until encoder 2 equals 2,880. Each motor will hold its position in a servo-like mode when it reaches the encoder target.
		
		Note: One encoder count equals 1/4-degree resolution. For example, 1 motor revolution equals 1,440 encoder counts (1,440 / 4 = 360).

Set Motor Degree	setMotorDegree(motor#, speed, degrees);
	Data Type:
	motor# = integer
	speed = integer
	degrees = long
	Data Range:
	motor# = 1 or 2
	speed = 0 to 720
	degrees = -536870912 to 536870911
		setMotorDegree(1, 180, 360);
		Spin Motor 1 at a constant speed of 180 DPS until encoder 1 degree count equals
		360. When at encoder target degree count, hold position in a servo-like mode.
		setMotorDegree(2, 90, 180);
		Spin Motor 2 at a constant speed of 90 DPS until encoder 2 degree count equals
		180. When at encoder target degree count, hold position in a servo-like mode.

Set Motor Degrees	setMotorDegrees(speed1, degrees1, speed2, degrees2);
	Data Type:
	speed1 = integer
	degrees1 = long
	speed2 = integer
	degrees2 = long
	Data Range:
	speed1 = 0 to 720
		setMotorDegrees(180, 360, 180, 360);
		Spin Motor 1 and Motor 2 at a constant speed of 180 DPS until each motor encoder degree count equals 360. When a motor reaches its degree target count,
		hold position in a servo-like mode.
		setMotorDegrees(360, 720, 90, 360);
		Spin Motor 1 at a constant speed of

함수이름	기능	코딩예제
	degrees1 = -536870912 to 536870911 speed2 = 0 to 720 degrees2 = -536870912 to 536870911	360 DPS until encoder 1 degree count equals 720. Spin Motor 2 at a constant speed of 90 DPS until encoder 2 degree equals 360. Each motor will hold its position in a servo-like mode when it reaches the encoder target.

Set Motor Direction Invert	setMotorInvert(motor#, invert);
	Data Type:
	motor# = integer
	invert = integer
	Data Range:
	motor# = 1 or 2
	invert = 0 or 1
		setMotorInvert(1, 1);
		Invert the spin direction mapping of Motor 1.
		
		setMotorInvert(2, 1);
		Invert the spin direction mapping of Motor 2.
		
		setMotorInvert(1, 0);
		Do not invert the spin direction mapping of Motor 1.
		
		setMotorInvert(2, 0);
		Do not invert the spin direction mapping of Motor 2.
		
		Note: Non-inverting is the default on PRIZM power-up or reset.

Read Motor Busy Status	readMotorBusy(motor#);
	Data Type: motor# = integer
	Data Range: motor# = 1 or 2
	Data Type Returned: value = integer
		readMotorBusy(1);
		Return the busy status of Motor 1.
		
		readMotorBusy(2);
		Return the busy status of Motor 2.

Read DC Motor Current	readMotorCurrent(motor#);
	Data Type: motor# = integer
	Data Range: motor# = 1 or 2
	Data Type Returned: value = integer
		readMotorCurrent(1);
		Read the motor load current of the PRIZM Motor 1 channel.
		readMotorCurrent(2);
		Read the motor load current of the PRIZM Motor 2 channel.
		
		Example: 1500 = 1.5 amps

7-2 인코더 함수

TETRIX 직교형 모터 인코더를 통해서 TETRIX DC 모터들에 대해 보다 정밀한 속도 및 위치 제어를 할 수 있다. PRIZM 컨트롤러의 PID 제어 알고리즘은 TETRIX 직교형 인코더가 설치된 TETRIX DC 모터들에 대해서만 사용할 수 있다.

함수이름	기능	코딩에제

Read Encoder Count	readEncoderCount(enc#);
	Data Type: enc# = integer
	Data Range: enc# = 1 or 2
	Data Type Returned: value = long
		readEncoderCount(1);
		Read the current count value of encoder 1 (ENC 1 port).
		readEncoderCount(2);
		Read the current count value of encoder 2 (ENC 2 port).

Read Encoder Degrees	readEncoderDegrees(enc#);
	Data Type:
	enc# = integer
	Data Range:
	enc# = 1 or 2
	Data Type Returned:
	value = long
		readEncoderDegrees(1);
		Read the current degree count value of encoder 1 (ENC 1 port).
		readEncoderDegrees(2);
		Read the current degree count value of encoder 2 (ENC 2 port).

Reset Each Encoder	resetEncoder(enc#); Data Type:enc# = integer Data Range: = 1 or 2	resetEncoder(1); Reset the encoder 1 count to 0. resetEncoder(2); Reset the encoder 2 count to 0.
Reset Both Encoders (1 and 2)	resetEncoders(); Data Type: None	resetEncoders(); Reset the encoder 1 count to 0 and encoder 2 count to 0.

학습 7

7-3 서보 모터 함수

TETRIX 서보 모터는 두 가지 타입으로 나눈다. 표준 서보 모터는 0에서 180도 사이로 주어진 위치로 회전할 수 있다. 한 번 정해지면 주어진 위치로 이동한 뒤 움직이지 않는다. PRIZM 컨트롤러는 6개의 서보 포트를 가지며, 하나의 포트는 하나의 표준 서보 모터를 제어할 수 있다.

두 번째 타입은 연속 회전(CR) 서보 모터로, CR 서보 모터는 DC 모터가 작동하듯 시계 또는 반 시계방향으로 회전할 수 있다. CR 서보 모터에 대해서는 PRIZM 컨트롤러는 두 개의 전용 포트를 가지고 있다.

함수이름	기능	코딩예제

Set Speed of a Servo Motor	setServoSpeed(servo#, speed);
	Data Type:
	servo# = integer
	speed = integer
	Data Range:
	servo# = 1 to 6
	speed = 0 to 100
		setServoSpeed(1, 25);
		Set the speed of servo channel 1 to 25%.
		setServoSpeed(2, 50);
		Set the speed of servo channel 2 to 50%.

Set Speeds of All Servo Motors	setServoSpeeds(speed1, speed2,
	speed3, speed4, speed5, speed6);
	
	Data Type:
	speed1-speed6 = integer
	Data Range:
	speed1-speed6 = 0 to 100
		setServoSpeeds(25, 25, 25, 25, 25, 25);
		Set the speeds of all six servo channels
		to 25%.
		setServoSpeeds(25, 35, 45, 55, 65, 75);
		Servo 1 speed = 25%
		Servo 2 speed = 35%
		Servo 3 speed = 45%
		Servo 4 speed = 55%
		Servo 5 speed = 65%
		Servo 6 speed = 75%

Set Position of a Servo Motor	setServoPosition(servo#, position);
	Data Type:
	servo# = integer
	position = integer
	Data Range:
	servo# = 1 to 6
	position = 0 to 180
		setServoPosition(1, 90);
		Set the angular position of Servo Motor 1 to 90 degrees.
		setServoPosition(2, 130);
		Set the angular position of Servo Motor 2 to 130 degrees.

Set Positions of All Servo Motors	setServoPositions(position1, position2, position3, position4, position5, position6);
	Data Type:
	position1-position6 = integer
	Data Range:
	position1-position6 = 0 to 180
		setServoPositions(90, 90, 90, 90, 90, 90);
		Set the angular positions of all six servo motors connected to PRIZM servo ports 1-6 to 90 degrees.
		setServoPositions(10, 20, 30, 40, 50, 60);
		Set the angular positions of all six servo motors connected to

함수이름	기능	코딩예제
		PRIZM servo ports 1-6. Servo 1 position = 10 degrees Servo 2 position = 20 degrees Servo 3 position = 30 degrees Servo 4 position = 40 degrees Servo 5 position = 50 degrees Servo 6 position = 60 degrees

Read a Servo Position	eadServoPosition(servo#);
	
	Data Type: servo# = integer
	Data Range: servo# = 1 ~ 6
	Data Type Returned:
	value = integer (0 ~ 180)
		readServoPosition(1);
		Read the most recent commanded position of Servo 1.
		readServoPosition(2);
		Read the most recent commanded position of Servo 2.

Set Continuous Rotation (CR) State	setCRServoState(CRservo#, state);
	Data Type: CRservo# = integer
	state = integer
	Data Range: CRservo# = 1 or 2
	state = -100, 0, 100
		setCRServoState(1, 100);
		Spin CR1 servo continuously clockwise.
		setCRServoState(1, 0);
		Stop CR1 servo.
		setCRServoState(1, -100);
		Spin CR1 servo continuously counterclockwise.

수행 내용

재료 · 자료

- Arduino, TETRIX의 제어 및 코딩 관련 자료

기기(장비 · 공구)

- 컴퓨터, TETRIX DC 모터, TETRIX 파워 폴 모터 케이블, PRIZM 컨트롤러, USB 케이블, TETRIX 12V충전식 NiMH 배터리 팩, PRIZM 컨트롤러 ON/OFF 배터리 스위치 어댑터 180도 표준 스케일 HS-485HB 서보 모터

안전 · 유의사항

- 컴퓨터, TETRIX의 주변기기, PRIZN 컨트롤러의 전원을 관리한다.

수행 순서

01 TETRIX PRIZM 아두이노 라이브러리 함수 중 DC모터 함수를 구현한다.

1. myname.setMotorPower(motor#, power);

이 함수는 모터 1 또는 2 채널에 연결된 TETRIX DC 모터의 방향과 파워를 제어한다. Motor# 변수는 제어할 모터 채널을 가리키며, power 변수는 설정할 모터의 파워를 가리킨다. 모터 채널은 두 개뿐이므로 Motor# 변수는 1과 2만 가능하다. Power 변수는 모터를 회전시킬 힘의 양을 가리키며, 0에서 100의 범위로 가능하다. 회전하는 방향은 power 변수의 부호에 의해 결정된다.

예시
```
prizm.setMotorPower(1, 100);   // spin Motor 1 clockwise at 100% power
prizm.setMotorPower(1, -100); // spin Motor 1 counterclockwise at 100% power
```

또한, 모터를 정지하는 방법은 크게 두 가지 모드가 있다. 파워를 0으로 지정하면, 모터가 천천히 정지하게 되며, 반대로 125로 지정하면 급정지하게 된다.

> **예시** prizm.setMotorPower(2, 0); // stop Motor 2 with a coast to stop; 0 = coast
>
> or
>
> prizm.setMotorPower(2, 125); // stop Motor 2 with a brake stop; 125 = brake

2. myname.MotorSpeed(motor#, speed);

이 함수는 TETRIX 직교형 인코더를 이용해 TETRIX DC 모터의 속도를 제어한다. 인코더는 DC 모터에 설치되어야 하며, ENC1 또는 ENC2라고 표시되어 있는 인코더 소켓에 꽂아야 한다.

변수 motor#은 1 또는 2가 될 수 있다. Speed 변수는 설정하고자 하는 모터의 각속도를 가리키며 최소 10부터 최대 720DPS까지 입력할 수 있다.

> **예시** prizm.setMotorSpeed(1, 360); // spin Motor 1 clockwise at a rate of 360 DPS
>
> or
>
> prizm.setMotorSpeed(1, -360); // spin Motor 1 counterclockwise at a rate of 360 DPS

3. myname.setMotorSpeeds(speed1, speed2);

이 함수는 위의 함수와 동일한 기능을 하되, 변수 speed1과 speed2를 통해 모터 1과 모터 2채널의 속도를 동시에 지정한다. 제어하고자 하는 모든 모터는 TETRIX 인코더가 설치되어 있어야 하며, ENC1과 ENC2 채널에 인코더 채널에 연결되어 있어야 한다.

> **예시** prizm.setMotorSpeeds(360, -180); // spin Motor 1 clockwise at 360 DPS and spin
> // Motor 2 counterclockwise at 180 DPS

4. myname.MotorTarget(motor#, speed, target);

이 함수를 이용하면 모터의 속도뿐만 아니라 위치도 제어할 수 있다. 물론 Motor#1 변수에 의해 지정된 모터, 즉 제어하고자 하는 모터에는 TETRIX 인코더가 설치되어야 하며, 인코더 포트에 연결되어 있어야 한다. 이 함수는 제어하고자 하는 DC 모터의 인코더 값이 target 변수 값과 같아질 때까지 모터를 지정한 speed 변수 값으로 회전시킨다.

지정한 target 값에 도달하면, 새로운 명령이 주어질 때까지 그 위치에서 기다리게 된다. 본 함수에서 speed 변수는 부호를 무시한 채 절댓값만을 이용하게 되며, 회전 방향은 target 변수의 부호로 결정할 수 있다. 이 함수가 실행되는 동안 readMotorBusy() 함수를 통해서 모터가 지정된 위치를 향해 움직이고 있는지 확인할 수 있다. 만약 readMotorBusy()가 HIGH 또는 1을 변환하면 지정된 위치를 향해 움직이고 있는 것이며, 반대로 LOW 또는 0을 변환한다면 이미 지정된 위치에 도달한다.

예시

```
prizm.setMotorTarget(1, 360, 1440);    // spin Motor 1 clockwise at 360 DPS;
                                          stop
                                       // and hold position when the encoder
                                       // count equals 1440 (one revolution)
prizm.setMotorTarget(2, 180, -1440);   // spin Motor 1 counterclockwise at 180
                                       // DPS; stop and hold position when the
                                       // encoder count equals -1440
```

5. myname.setMotorTargets(speed1, target1, speed2, target2);

이 함수를 통해 두 개의 DC 모터 채널의 속도와 위치를 동시에 제어할 수 있다. 모터 1 채널의 speed1과 target1을 통해 모터 1의 속도와 멈추는 지점을 설정할 수 있으며, 모터 2 채널은 speed2 변수와 target2 변수를 통해 설정할 수 있다. 모터 1과 모터2에 대해 인코더가 설치되어 있어야 하며, PRIZM 컨트롤러의 ENC1과 ENC2 인코더 커넥션 포트에 맞춰 끼워야 한다.

본 함수는 현재 인코더 값과 target 변수 값이 같아질 때까지 두 개의 DC 모터를 speed 변수 값으로 회전시킨다. 두 모터가 각각 지정한 target 값에 도달하면 새로운 명령이 주어질 때까지 그 위치에서 기다리게 된다.

본 함수에서 speed 변수는 부호를 무시한 채 절댓값만을 이용하게 되며, 회전 방향은 target 변수의 부호로 결정할 수 있다. 이 함수가 실행되는 동안 readMotorBusy() 함수를 통해서 모터가 지정된 위치를 향해 움직이고 있는지 확인할 수 있다.

만약 readMotorBusy()가 HIGH 또는 1으로 변환하면 지정된 위치를 향해 움직이고 있는 것이고, 반대로 LOW 또는 0을 변환하면 이미 지정된 위치에 도달한다.

```
예시 prizm.setMotorTargets(360, 1440, 180, -1440);
                                              // this command will spin Motor 1
                                              // clockwise at a rate of 360 DPS,
                                              // stop, and hold position at encoder
                                              // count 1440. Motor 2 will spin
                                              // counterclockwise at a rate of 180
                                              // DPS, stop, and hold position
                                              // at encoder count -1440.
```

6. myname.setMotorDegree(motor#, speed, degrees);

이 함수를 사용하려면 제어하고자 하는 모터에 인코더가 설치되어 있어야 한다. 이전에 다루었던 함수들과 비슷한 기능을 가지지만 target 변수 대신에 degrees 변수를 사용한다. 인코더 카운트를 사용하는 것보다 각도를 사용하는 경우 조금 더 직관적으로 접근이 가능하다. Motor# 변수는 제어하고자 하는 모터가 Motor 1인지 또는 Motor 2인지를 가리킨다.

Speed 변수는 모터의 DPS를 가리키며 degree 변수는 모터가 회전하다가 멈출 위치를 각도로 표현한다. 모터가 지정된 위치에 도달하면, 마찬가지로 새로운 명령이 주어질 때까지 그 자리에서 멈추게 된다.

본 함수에서 speed 변수는 부호를 무시한 채 절댓값만을 이용하게 되며, 회전 방향은 degrees 변수의 부호로 결정할 수 있다. 이 함수가 실행되는 동안 readMotorBusy() 함수를 통해서 모터가 지정된 위치를 향해 움직이고 있는지 확인할 수 있다.

만약 readMotorBusy()가 HIGH 또는 1을 반환한다면 지정된 위치를 향해 움직이고 있는 것이며, 반대로 LOW 또는 0을 반환한다면 이미 지정된 위치에 도달한다.

```
예시 prizm.setMotorDegree(1, 360, 180);   // spin DC Motor Channel 1 clockwise at
                                        // 360 degrees per second to target position
                                        // 180 degrees (1/2 revolution) and stop
                                        // when target is reached, stop motor and
                                        // hold position at the 180 degree mark

     prizm.setMotorDegree(2, 180, -360);  // spin DC Motor Channel 1
     counterclockwise
                                        // at 180 degrees per second to
                                        // target position -360 degrees or
                                        // (1 revolution) and stop; when target is
                                        // reached, stop motor and hold position at
                                        // the -360 degree mark
```

학습 7

7. myname.setMotorDegrees(speed1, degrees1, speed2, degrees2);

이 함수를 사용하려면 제어하고자 하는 모터들에 대해 인코더가 설치되어 있어야 한다. 이전에 다루었던 함수들과 비슷한 기능을 가지지만 target 변수 대신에 degrees 변수를 사용한다. 인코더 카운트를 사용하는 것보다 각도를 사용하는 경우 조금 더 직관적으로 접근이 가능하다.

이 함수는 바로 위의 함수를 확장한 것으로, 모터 1과 모터 2에 대해서 동시에 속도와 위치를 설정할 수 있다. Speed 변수는 모터의 DPS를 가리키며 degree 변수는 모터가 회전하다가 멈출 위치를 각도로 표현한다. 모터가 지정된 위치에 도달하면, 마찬가지로 새로운 명령이 주어질 때까지 그 자리에서 멈추게 된다. 본 함수에서 speed 변수는 부호를 무시한 채 절댓값만을 이용하게 되며, 회전 방향은 degrees 변수의 부호로 결정할 수 있다. 이 함수가 실행되는 동안 readMotorBusy() 함수를 통해서 모터가 지정된 위치를 향해 움직이고 있는지 확인할 수 있다.

만약 readMotorBusy()가 HIGH 또는 1을 반환한다면 지정된 위치를 향해 움직이고 있는 것이며, 반대로 LOW 또는 0을 반환한다면 이미 지정된 위치에 도달한다.

예시
```
prizm.setMotorDegrees(360, 360, 180, -360); // spin Motor 1 clockwise at 360
                                            // degrees per second and stop at
                                            // encoder target position of 360
                                            // degrees; spin Motor 2 counterclockwise
                                            // at 180 degrees per
                                            // second and stop at encoder target
                                            // position of -360 degrees; each
                                            // motor will hold its position when it
                                            // has reached its target value
```

8. myname.setMotorInvert(motor#, invert);

이 함수는 DC 모터 채널과 인코더 입력의 방향으로 반대로 바꾸는데 사용된다. 이 함수를 통해서 두 모터 채널의 방향을 일치 시킬 수 있으며, motor# 변수는 모터 채널 1인지 또는 2인지를 나타낸다. Invert 변수는 1이면 채널의 방향을 반대로 바꾸는 것을, 0이면 그대로 놓는 것을 나타낸다. 본 함수는 아두이노 스케치의 setup() 내에서는 단 한 번만 호출되어야 하지만, 그 외의 프로그램 코드에서는 언제든지 호출될 수 있다.

```
예시 prizm.setMotorInvert(1, 1);    // invert the rotation direction of Motor 1
     prizm.setMotorPower(1, 50);    // normally, this function would cause Motor 1 to
                                    // spin at 50% power in the clockwise direction
                                    // but because we called the invert function, the
                                    // actual resulting rotation of Motor 1 will be
                                    // counterclockwise (-50); the same mapping of
                                    // direction applies to all the motor power,
                                    // speed, and targeting functions when invert is
                                    // called
```

9. myname.readMotorBusy(motor#);

이 함수는 DC 모터 채널이 다른 함수에 의해서 위치 제어가 진행 중인지를 0 또는 1의 값을 변환하여 나타낸다. Motor# 변수는 모터 채널 1인지 또는 2인지를 가리킨다. 만약 모터가 여전히 지정된 위치로 움직이고 있는 상태이면 1로 변환한다. 이미 도달한 경우, 0으로 변환한다.

```
예시 int x;                              // define an integer variable x
     x = prizm.readMotorBusy(1);         // read the returned status of Motor 1 into x

     or

     x = prizm.readMotorBusy(2);         // read the returned status of Motor 2 into x

     or
     Serial.print(prizm.readMotorBusy(1)); // print the status of Motor 1 to the Arduino
                                           // serial monitor
```

10. myname.readMotorCurrent(motor#);

이 함수는 모터 1 또는 모터 2포트에 연결된 TETRIX DC 모터가 소모하는 DC 전류 값으로 변환한다. 모터가 소모하는 전류는 모터가 움직이는 무게에 따라 달라진다. 모터에 달려 있는 무게가 무거울수록, 더 많은 전류가 소모된다. 모터의 손상을 최대한 막기 위해서는 높은 하중을 모터에 지속적으로 주는 걸 피해야 한다. 이 함수를 통해서 모터로 소모되는 전류의 양에 제한 할 수 있다.

학습 7

예시

```
int x;                                       // create an integer variable x
x = prizm.readMotorCurrent(1);               // read the Motor 1 current and store it in x

or

Serial.print(prizm.readMotorCurrent(2));     // read Motor 2 current and print it to the
                                             // serial monitor; the value that this
                                             // function returns is an integer and is the
                                             // current in milliamps; for example, a value
                                             // of 1500 equals 1.5 amps
```

02 TETRIX PRIZM 아두이노 라이브러리 함수 중 인코더 함수를 구현한다.

1. myname.readEncoderCount(enc#);

본 함수는 인코더 포트 ENC1 또는 ENC2에 연결되어 있는 TETRIX 직교형 인코더의 인코더 카운트로 변환한다. 변환된 카운트는 long 타입이며 enc# 변수는 연결된 인코더 포트에 따라 1 또는 2를 입력하면 된다.

예시

```
long x;                                      // set up a long-type variable x
x = prizm.readEncoderCount(1);               // read and store the count of ENC1 into the long
                                             // variable x

or

Serial.print(prizm.readEncoderCount(2);      // print the count value of ENC2 to the
                                             // Arduino serial monitor
```

2. myname.readEncoderDegrees(enc#);

이 함수는 인코더 포트 ENC1 또는 ENC2에 연결되어 있는 TETRIX 직교형 인코더의 인코더 카운트를 각도로 변환한다.

변환된 각도는 long 타입이며 enc# 변수는 연결된 인코더 포트에 따라 1 또는 2를 입력하면 된다.

```
예시 long x;                                   // set up a long-type variable x
     x = prizm.readEncoderDegrees(1);          // set up a long-type variable x; read and
                                               // store the degree value of ENC1 into the
                                               // long variable x

     or

     Serial.print(prizm.readEncoderDegrees(2)); // print the degree value of ENC2 to
                                                // the Arduino serial monitor
```

3. myname.resetEncoder(enc#);

enc#로 주어진 인코더 포트의 인코더 카운트를 0으로 재설정한다.

```
예시 prizm.resetEncoder(1);                    // reset Encoder count 1 (ENC1) to 0
     prizm.resetEncoder(2);                    // reset Encoder count 2 (ENC2) to 0
     myname.resetEncoders();
```

4. myname.resetEncoder();

인코더 1과 2의 인코더 카운트를 0으로 재설정한다.

```
예시 prizm.resetEncoders();                    // reset both encoders (1 and 2) to 0
```

03 TETRIX PRIZM 아두이노 라이브러리 함수 중 서브 모터 함수를 구현한다.

1. myname.setServoSpeed(servo#, speed);

이 함수는 표준 서보 모터의 속도를 설정한다. Servo# 변수는 서보 채널을 가리키며, speed 변수는 회전 속도를 가리킨다. 이 함수는 프로그램의 처음에 단 한 번만 호출되어야 하나, 프로그램 코드 내에서 속도를 바꾸고 싶다면 언제나 호출할 수 있다. 속도의 범위는 0에서 100으로 최대 속도의 0-100%를 가리킨다. 이 함수가 호출되지 않았다면, 서보 모터의 속도는 기본 값으로 100이 주어진다.

예시 prizm.setServoSpeed(1, 25); // set the speed of Servo channel 1 to 25%

2. myname.setServoSpeeds(speed1, speed2, speed3, speed4, speed5, speed6);

이 함수를 통해서 하나의 명령으로 6개의 서보 모터 채널의 속도를 모두 설정할 수 있다. Speed# 변수는 0에서 100 사이의 값을 가지며, 각각의 속도는 모두 달라도 된다. 여섯 개의 포트를 모두 사용하지 않아도, 이 함수를 사용하려면 여섯 개의 값을 모두 입력해야 된다.

예시 prizm.setServoSpeeds(25, 25, 25, 25, 25, 25); // set all six servo channel speeds to 25%

3. myname.setServoPosition(servo#, position);

이 함수는 서보 모터를 정해진 특정 위치로 회전시키는 기능을 하다. Servo# 변수는 위치를 바꾸고 싶은 서보 모터를 가리킨다. Position 변수는 움직이려고 하는 특정 위치를 가리키며 0에서 180의 값이 가능하다. 절대로 서보 모터를 이 범위를 넘어 회전시키지 말아야 한다. 0 또는 180에 가까운 값으로 회전시킬 경우 서보 모터가 윙윙대는 소리를 내지 않는지 확인한 뒤, 소리가 난다면 즉시 멈춘다. 서보 모터와 배터리에 손상을 줄 수 있다.

예시 prizm.setServoPosition(1, 180); // rotate Servo 1 to position 180 degrees

4. myname.setServoPositions(position1, position2, position3, position4, position5, position6);

이 함수는 하나의 명령으로 6개의 서보 채널의 위치를 모두 설정할 수 있다. Position# 변수는 0에서 180 사이의 값을 가지며, 채널마다 다른 값을 가져도 된다. 여섯 개의 포트를 모두 사용하지 않더라도, 이 함수를 사용하려면 여섯 개의 값을 모두 입력해야 된다.

예시 prizm.setServoPositions(90,90,90,90,90,90); // rotate all six servos to 90 degrees

5. myname.readServoPosition(servo#);

이 함수는 서보 모터 채널의 현재 위치를 변환한다. Servo#는 채널 1에서 6 중 어떤 채널인지 가리키며, 변환되는 값은 0에서 180 사이의 정수 값을 가진다.

예시

```
int x;                                   // set up an integer variable named x
x = prizm.readServoPosition(1);          // read the current rotation position of Servo
                                         // channel 1 and store it in variable x

or

Serial.print(prizm.readServoPosition(2)); // read the position of Servo channel 2 and
                                          // print it to the Arduino serial monitor
```

6. myname.setCRServoState(CRservo#, state);

이 함수는 CR 서보 모터의 ON/OFF 상태를 제어한다. CRservo# 변수는 제어하고자 하는 CR 모터 채널을 가리키며, state 변수는 회전 방향과 ON/OFF 상태를 나타낸다.

예를 들어 state 변수가 100이면 시계방향 회전을 -100이면 반 시계방향 회전을, 0이면 정지 상태를 나타낸다.

예시

```
prizm.setCRServoState(1, 100);     // turn CR1 on to rotate continuous in a
                                      clockwise
                                   // direction
prizm.setCRServoState(1, 0);       // turn CR1 off and stop
prizm.setCRServoState(1, -100);    // turn CR1 on to rotate continuous in a
                                   // counterclockwise direction
```

학습 7

학습활동.7 교수 · 학습 방법

교수 방법

- TETRIX PRIZM 아두이노 라이브러리 함수(2)에 대한 관련 용어, 구성, 방식 이해 정도를 파악한 후 수업을 진행한다.
- 교수자의 주도로 TETRIX PRIZM 아두이노 라이브러리 함수(2) 등의 내용을 PPT 자료로 제시한 후 설명한다.
- 가능하면 사전에 개인별 학습 자료를 준비하여 모든 학생이 참여할 수 있는 문제 해결식 수업, 협력 수업이 가능하도록 한다.
- TETRIX PRIZM 아두이노 라이브러리 함수(2) 전 과정을 작업의 순서에 따라 단계적으로 실습이 이루어질 수 있도록 지도한다.
- 교재를 통해 수업을 준비하는데 있어서 필요한 모든 정보나 팁, 힌트 등 도움이 될 만한 내용들을 확인할 수 있다.
- 학생들이 만들게 될 각 모델들은 수업시간에 중점적으로 다뤄질 부분과 어휘, 질문, 답을 포함하고 있으며 또한 탐구할만한 추가적인 아이디어들도 포함하고 있다.

학습 방법

- TETRIX PRIZM 아두이노 라이브러리 함수(2)에 대한 관련 용어를 숙지하고, TETRIX PRIZM 아두이노 라이브러리 함수(2)에 대해 이해한다.
- TETRIX PRIZM 아두이노 라이브러리 함수(2)의 각 단계별 중점 사항을 체계적으로 학습한다.
- TETRIX PRIZM 아두이노 라이브러리 함수(2)의 수행순서의 전 과정을 실습한다.
- TETRIX PRIZM 아두이노 라이브러리 함수(2)의 내용을 이해한다.
- TETRIX PRIZM 아두이노 라이브러리 함수(2)를 이해하고 숙달이 될 때까지 학습한다.

학습활동.7 평가 및 피드백

평가 준거

- 평가자는 피평가자가 수행 준거 및 평가 내용에 제시되어 있는 내용을 성공적으로 수행할 수 있는 지를 평가해야 한다.

학습내용	평가항목	성취수준		
		상	중	하
TETRIX PRIZM 아두이노 라이브러리 함수(2)	TETRIX PRIZM 아두이노 라이브러리 함수(2)를 이해할 수 있다.			

평가 방법

• 작업 포트폴리오

학습내용	평가항목	성취수준		
		상	중	하
TETRIX PRIZM 아두이노 라이브러리 함수(2)	TETRIX PRIZM 아두이노 라이브러리 함수(2)를 이해할 수 있다.			

• 필기시험

학습내용	평가항목	성취수준		
		상	중	하
TETRIX PRIZM 아두이노 라이브러리 함수(2)	TETRIX PRIZM 아두이노 라이브러리 함수(2)를 이해할 수 있다.			

• 체크리스트를 통한 관찰

학습내용	평가항목	성취수준		
		상	중	하
TETRIX PRIZM 아두이노 라이브러리 함수(2)	TETRIX PRIZM 아두이노 라이브러리 함수(2)를 이해할 수 있다.			

• 피드백

1. 작업 포트폴리오
   - 제출한 보고서를 평가한 후 주요 사항에 대하여 표시하여 돌려준다.
2. 필기 시험
   - 평가 결과 성적이 저조한 학생은 보고서 제출 기회를 부여한다.
3. 체크리스트를 통한 관찰
   - 실습 과정에서 평가한 후 개선해야 할 사항 등을 정리하여 돌려둔다.

참고자료

1. PITSCO, TETRIX PRIZE Coding Essentials student Guide. 2018
2. PITSCO, TETRIX PRIZE Robotics Controller Quick-Start Guide and Specficatons. 2018
3. PITSCO, TETRIX PRIZE Robotics Controller Programming Guide. 2018
4. arduino 1.8.4-windows
5. tetrix_Prizm_01-03_18

학습 1	캡스톤 디자인 프로그램의 개요
학습 2	TETRIX PRIZM™ 로보틱스 컨트롤러 구성 및 특징
학습 3	PRIZM Bee-Dee Bot 조립
학습 4	PRIZM과 아두이노 프로그래밍의 만남(1)
학습 5	PRIZM과 아두이노 프로그래밍의 만남(2)
학습 6	TETRIX PRIZM 아두이노 라이브러리 함수(1)
학습 7	TETRIX PRIZM 아두이노 라이브러리 함수(2)

학습 8 PRIZM Educator 기초 프로그래밍(1)

학습 9	PRIZM 기초 프로그래밍(2)
학습 10	PRIZM 기초 프로그래밍(3)
학습 11	PRIZM 응용 프로그래밍(1)
학습 12	PRIZM 응용 프로그래밍(2)

학습 목표

8. PRIZM 기초 프로그래밍(1)를 이해할 수 있다.

8-1 PRIZM Educator의 개요

학습 8

1. 기초 프로그래밍 활동 시작하기

이제 본격적으로 프로그래밍 코딩 활동을 시작할 시간이다.

시작하기 단계의 3가지 활동인 헬로우 월드 및 DC모터와 서보모터는 아두이노 소프트웨어(IDE)와 이를 통해서 PRIZM과 간단한 부품들을 이용하는 방법을 배우는 데 도움이 될 것이다.

이 단계의 3가지 활동들인 헬로우 월드 및 DC모터와 서보모터는 PRIZM Bee-Dee Bot을 프로그래밍하기 전 아두이노 소프트웨어를 사용하는 법을 익히는 준비 과정이라고 보면 된다.

✔ TIP

본 교재의 PRIZM 제어를 위한 라이브러리 함수 들의 정의와 실제 아두이노 스케치에서의 어떻게 적용되는지 등에 대해 6.7장에 자세히 기술되어 있다.

1) 아두이노 스케치

첫 스케치를 만들기 전에, 스케치의 기본적인 규칙들을 이해해야 할 필요가 있다. 각각의 스케치는 여러 명령으로 이루어져 있으며, 대개 텍스트 한 줄이 하나의 명령을 가리킨다.

각 명령들은 텍스트가 쓰여진 순서대로 실행되며, 스케치 내의 이러한 텍스트 모음은 흔히 코드라고 불리기도 한다. 프로그래밍이 다른 말로 코딩이라고도 불리는 이유이다.

텍스트 기반의 프로그래밍에 영향을 주는 대부분의 규칙들을 Syntax라고 하며, 국어에서 문법이나 구두법과 비슷하다고 보면 된다.

예를 들어, 명령을 나타내는 코드의 각각의 줄은 국어에서 문장이 마침표로 끝나듯 세미콜론 (;)으로 끝나야 한다. 수행 실습활동을 진행하면서 더 많은 규칙들을 만날 것이며, 모두 설명에 있으니깐 걱정하지 않아도 된다.

대개 코딩을 배우는 가장 좋은 방법은 예시들을 통해 익힌다.

앞으로의 수행 활동들을 통해서 여러 예시 코드들을 이용해서 스케치를 만들고, PRIZM 컨트롤러에 적용하는 법을 알려준다.

각각의 함수들에 대한 예시 스케치들은 File 〉 Examples 〉 TETRIX_PRIZM 탭의 드롭 다운 메뉴에서 찾을 수 있다.

✔ TIP

프로그램을 만들기 전에 PRIZM 라이브러리 함수들뿐만 아니라 기본적인 아두이노 언어의 명령어도 이해할 필요가 있다.
이 부분은 아래의 아두이노 홈페이지에서 여러 가지 튜토리얼을 제공하니 아래 사이트에 접속해서 배울 것을 추천해 드린다.
www.arduino.cc.

8-2 STEM의 심화주제와 실생활 접목

1. STEM의 심화주제

1) 과학(Science)

- 전기 용어(전압, 전류, 저항)(1)
- LED 작동 원리(1)
- LED의 색을 결정하는 요소(1)

- DC 모터의 작동 원리(2)
- 각속도(2)
- 지렛대(3)
- 구심력(3)

2) 기술(Technology)

- 컴퓨터의 작동 원리(1)
- 파워, 전압, 전류 사이의 관계(2)
- 토크(2)
- 기계 연결(3)
- 힘의 전달(3)

3) 공학(Engineering)

- 문제 해결 과정(1)
- 하중과 토크 결정하기(2)
- 토크 적용하기(3)

4) 수학(Math)

- 빈도(1)
- 기간(1)
- 순서(2)
- 펄스 폭 전압 제어(PWM)(2)
- 라디안 측정법 vs 데카르트 측정법(3)
- 호의 길이(3)

2. 실생활과 접목하기

1) LED 제어

핸드폰의 알림 표시에 사용되는 LED나 도로 건설 중에 사용되는 경고등을 비롯해, 실생활에서 많은 전자 기계는 깜빡임을 사용한다. 깜빡이는 주기나, 시간 등은 모두 전자 공학으로 제어되며, 이러한 제어는 간단한 타이밍 회로나 더 나아가, 전자 장치 내의 마이크로프로세서 칩으로 구현 가능하다.

2) 모터 제어

오늘날에는 급 커브를 돌면서 또는 70mph의 빠른 속도에서 차내의 컴퓨터로 전기 자동차를 조종하는 것이 가능하다. 이러한 차들은 모두 전기 모터에 의해 굴러가며, 모두 운전사의 간단하고 쉬운 조작을 위해서 프로그램으로 제작되어 있다.

3) 서브모터 제어

서보 모터는 RC 카나 RC 비행기 등의 컨트롤러에 흔히 사용된다. 더 나아가, 로봇의 제어에도 서보 모터를 사용해서 로봇 팔, 그리퍼, 경사, 카메라 회전 등 정밀함을 요구하는 활동을 구현한다.

수행 내용

재료 · 자료

- Arduino, TETRIX의 제어 및 코딩 관련 자료

기기(장비 · 공구)

- 컴퓨터, TETRIX DC 모터, TETRIX 파워 폴 모터 케이블, PRIZM 컨트롤러, USB 케이블, TETRIX 12V충전식 NiMH 배터리 팩, PRIZM 컨트롤러 ON/OFF 배터리 스위치 어댑터 180도 표준 스케일 HS-485HB 서보 모터

안전 · 유의사항

- 컴퓨터, TETRIX의 주변기기, PRIZN 컨트롤러의 전원을 관리한다.

수행 순서

학습 8

01 Hello World!(1초 간격으로 빨간 색 LED 깜박이는 프로그래밍)을 구현한다.

PRIZM 보드의 빨간색 LED를 깜빡이는 아주 간단한 스케치부터 시작한다. 이 활동은 PRIZM에서 Hello World! (일반적으로 프로그래밍을 처음 시작할 때 흔히 배우는 첫 단계)에 해당하는 활동이다. 이 스케치는 제일 간단하면서도 기본적인 PRIZM 기능 중 하나로, PRIZM과 전원, 그리고 USB 연결만 사용한다.

1. 스케치 만들기

새로운 스케치를 만들려면 File 〉 New 탭을 선택하여 코딩을 한다.

```
/* PRIZM controller example program
 * Blink the PRIZM red LED at a 1-second flash rate.
 * author HOT on 010/05/2018
*/

 #include <PRIZM.h> // include the PRIZM library_프리즘 라이브러리를 쓰려면
 PRIZM prizm; // instantiate a PRIZM object "prizm" so we can use its functions_객체선언
void setup() {
 prizm.PrizmBegin(); // initialize the PRIZM controller_프리즘 컨트롤러가 초기화
}
void loop() {                    // repeat this code in a loop_루프안에 이 코드를 반복한다.
 prizm.setRedLED(HIGH);          // turn the red LED on_적색 LED가 켜진다.
 delay(1000);                    // wait here for 1,000 ms (1 second)_1초동안 대기한다.
 prizm.setRedLED(LOW);           // turn the red LED off_적색 LED가 켜진다.
 delay(1000);                    // wait here for 1,000 ms (1 second)_1초동안 대기한다.

}
```

파일명 Blink_RedLED로 저장한다.

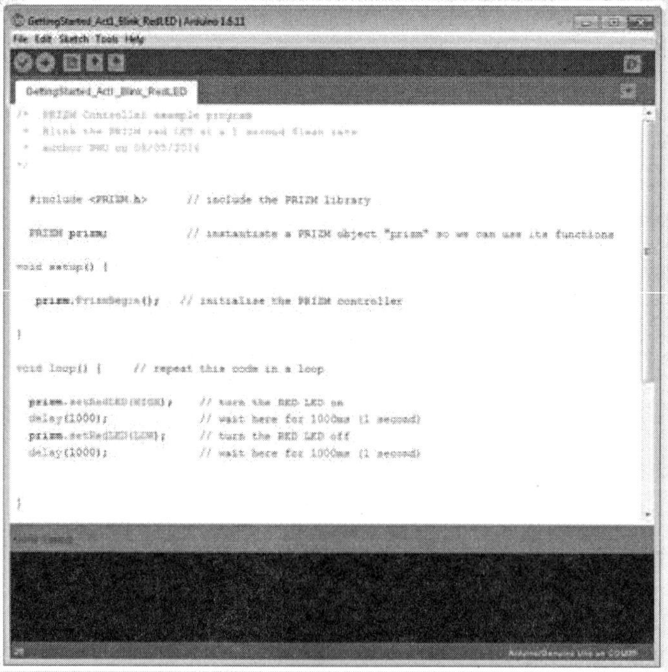

[그림 8-1] Blink_RedLED

2. 기본 지식 쌓기

PRIZM에 스케치를 업로드 하기 전에, 먼저 PRIZM에 배터리가 있는지, 컴퓨터에 연결되어 있는지, 그리고 컴퓨터에 인식되는지를 확인해야 한다.

[그림 8-2]와 같이 PRIZM이 연결되어 있다면 파란색 LED 불이 들어오면 PRIZM에 배터리가 충분한 것이므로 프로그래밍을 구현할 수 있다.

PRIZM이 컴퓨터에 인식되는지를 확인하려면 USB 연결 구성하기에서 포트를 확인한다.

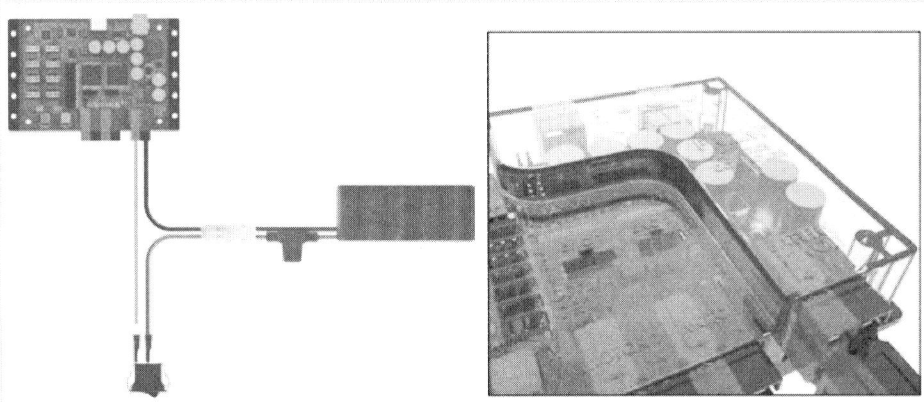

[그림 8-2] 파란색 LED 불을 통해서 PRIZM에 배터리가 있는지 확인

3. 코드 실행하기

[그림 8-3]처럼 PRIZM에 스케치를 업로드 하려면, Upload를 클릭한다.

[그림 8-3] PRIZM에 스케치를 업로드 하려면, Upload를 클릭

데이터가 업로드 되는 사이에 USB 연결 부분 옆의 노란색 LED에 불이 들어온다.

업로드가 완료되면 빨간색 리셋 버튼 옆에 초록색 LED에 불이 들어온다. 이는 코드가 실행 준비가 되었다는 것을 의미하며, 코드를 실행하려면, 시작 버튼을 누른다.

버튼을 눌렀다면, 리셋 버튼 옆의 빨간색 LED가 1초 간격으로 깜빡인다.

축하한다! 첫 스케치를 PRIZM에 업로드 해서 성공적으로 코드를 실행했다.

4. 더 나아가기

스케치의 과정, LED 깜빡임과 관련된 PRIZM 라이브러리 함수들에 대한 자세한 내용은 교재 6장의 TETRIX PRIZM 아두이노 라이브러리 함수의 아래 항목들을 참고하라.

1) Include문

Include문은 아두이노 스케치에 TETRIX PRIZM 아두이노 라이브러리의 기능을 가져오고 싶을 때 사용한다. PRIZM 라이브러리를 쓰고 싶다면, #include 〈PRIZM.h〉라고 코드의 맨 앞에 작성하면 된다. 즉, include문은 아두이노 컴파일러가 주어진 아두이노 스케치를 컴파일할 때 PRIZM 라이브러리에 있는 모든 프로그램 코드 역시 포함시켜 컴파일을 한다.

2) 초기화 함수

TETRIX PRIZM 컨트롤러의 초기화 함수들은 시작하기 전 또는 프로그램을 끝내고자 할 때 사용된다. myname.PrizmBegin();처럼 이 함수는 아두이노 스케치의 setup()에서 항상 호출된다. 중요한 매개변수들을 초기화하고 PRIZM 컨트롤러의 시작 버튼을 작동시키게 된다.

3) 시작 버튼

초록색 시작 버튼은 업로드 된 프로그램 코드를 실행하는데 주로 사용된다. 하지만 이미 프로그램이 시작된 이후에도 시작 버튼을 통해서 여러 가지 명령을 내릴 수 있다.

지금으로써는 코드 내에 변수들을 바꿔서 빨간색 LED의 행동에 어떤 영향을 주는지 보자.

[그림 8-3] 버튼을 눌렀다면, 리셋 버튼 옆의 빨간색 LED가 1초 간격으로 깜빡

예시 코드에 적힌 주석에 따르면 delay 함수는 LED가 켜져 있거나, 꺼져 있는 시간을 결정한다. 이 부분이 이 코드 내에서 바꿀 수 있는 부분이다. 주어진 값들을 바꿔 LED의 깜빡임에 변화를 준다. 좀 더 빠르게, 또는 더 느리게 깜빡이도록 해보다.

도전1 빨간색 LED와 초록색 LED가 0.5초동안 깜빡이도록 구현해보자.

예시 코드를 이용해서 LED를 깜빡이는 새로운 스케치를 만들어 보자. 그냥 빨간색 LED를 깜빡이 것보다 초록색 LED도 깜빡이도록 해보자. 깜빡임을 통해 모스부호로 "Hello World! 출력하는 것도 좋은 과제 중 하나이다.

새로운 스케치를 만드려면 File 〉 New 탭을 선택하라.

스케치의 구조와 syntax(구문부분에 있어서 도움이 필요하면 TETRIX PRIZM 아두이노 라이브러리 함수 항목 참고하라.

자신만의 새로운 스케치를 만들 때, 그 스케치 코드의 syntax(구문법) 에러를 확인해주는 유용내장 소프트웨어 툴이 있다.

Verify를 눌러 코드의 syntax를 체크할 수 있으며, [그림 8-4]처럼 버튼을 누르면 코드가 PRIZM에 업로드 되지는 않으나 컴파일 과정을 거치게 된다.

[그림 8-4] Verify를 눌러 코드의 syntax를 체크

[그림 8-5]처럼 만약 코드에 에러가 있다면, 스케치 창의 하단에 컴파일러 에러 창에 나타난다.

PRIZM 컨트롤러에 코드를 업로드 하기 전에 에러들을 모두 해결해야 하며, 만약 컴파 과정에서 에러가 없다면 코드를 업로드할 수 있다.

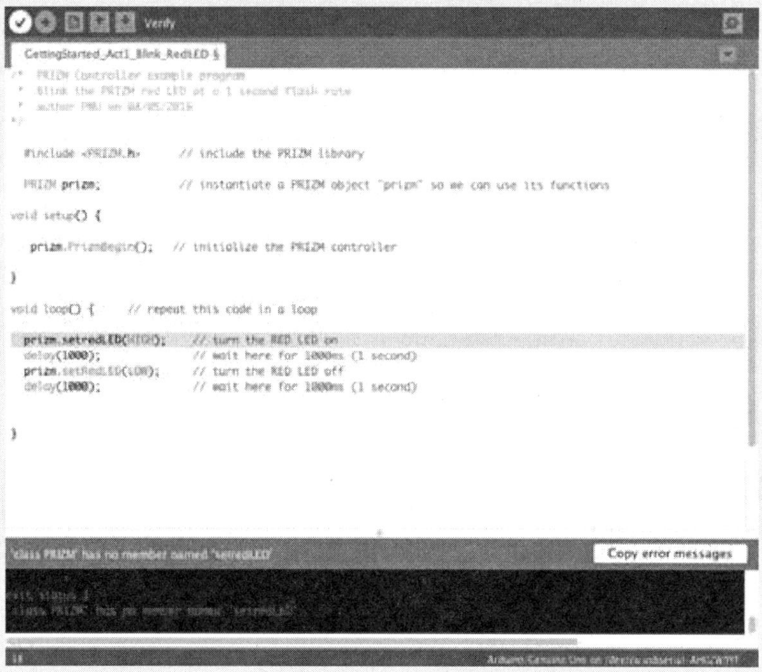

[그림 8-5] 코드에 에러가 있다면, 스케치 창의 하단에 컴파일러 에러 창 표시

✓ Tip

스케치 창에서 PRIZM 라이브러리 함수들이 올바르게 작성되었다면 색깔이 다르게 처리된다. 아두이노에서 PRIZM 함수들은 syntax가 올바르다면 주황색으로 표시된다.

{ 도전1 과제 예제에 대한 프로그래밍 제안 해법 }

```
#include 〈PRIZM.h〉
  PRIZM prizm;                          // 사용자 정의함수
void setup() {
    prizm.PrizmBegin();                 // 프로그램 실행 후 최초 1회 수행
}

void loop() {                           // 반복수행
  prizm.setGreenLED(HIGH);              // 초록색 LED On
  delay(500);                           // 500ms (0.5 초간) 대기
  prizm.setGreenLED(LOW);               // 초록색 LED off
  delay(500);                           // 500ms (0.5 초간) 대기
  prizm.setRedLED(HIGH);                // 빨간색 LED On
  delay(500);                           // 500ms (0.5 초간) 대기
  prizm.setRedLED(LOW);                 // 빨간색 LED Off
  delay(500);                           // 500ms (0.5 초간) 대기
}
```

02 DC 모터 움직이기

DC 모터 움직이기 수행활동에서는 여전히 간단하지만, 움직임을 추가해 본다. TETRIX DC 모터를 회전시키는 스케치를 작성해 보자.

1. 스케치 만들기

새로운 스케치를 만드려면 File 〉 New 탭을 선택하여 코딩을 한다.

현재 열려 있는 스케치들 중 나중에 참고하고 싶은 코드들을 Move_DCMotor으로 파일명 저장하라.

```
/* PRIZM controller example program
 * Spin DC Motor Channel 1 for 5 seconds and then coast to a stop.
 * After stopping, wait for 2 seconds and then spin in opposite direction.
 * Continue to repeat until red Reset button is pressed.
 * author HOT on 10/05/2018
*/
 #include 〈PRIZM.h〉           // include the PRIZM library in the sketch
 PRIZM prizm; // instantiate a PRIZM object "prizm" so we can use its functions
void setup() {
 prizm.PrizmBegin();          // initialize the PRIZM controller
}
void loop() {                 // repeat in a loop
 prizm.setMotorPower(1,25);   // spin Motor 1 CW at 25% power
 delay(5000);                 // wait while the motor runs for 5 seconds
 prizm.setMotorPower(1,0);    // stop motor (coast to stop)
 delay(2000);                 // after stopping, wait here for 2 seconds
 prizm.setMotorPower(1,-25);  // spin Motor 1 CCW at 25% power
 delay(5000);                 // wait while the motor runs for 5 seconds
 prizm.setMotorPower(1,0);    // stop motor (coast to stop)
 delay(2000);                 // after stopping, wait here for 2 seconds and then repeat

}
```

학습 8

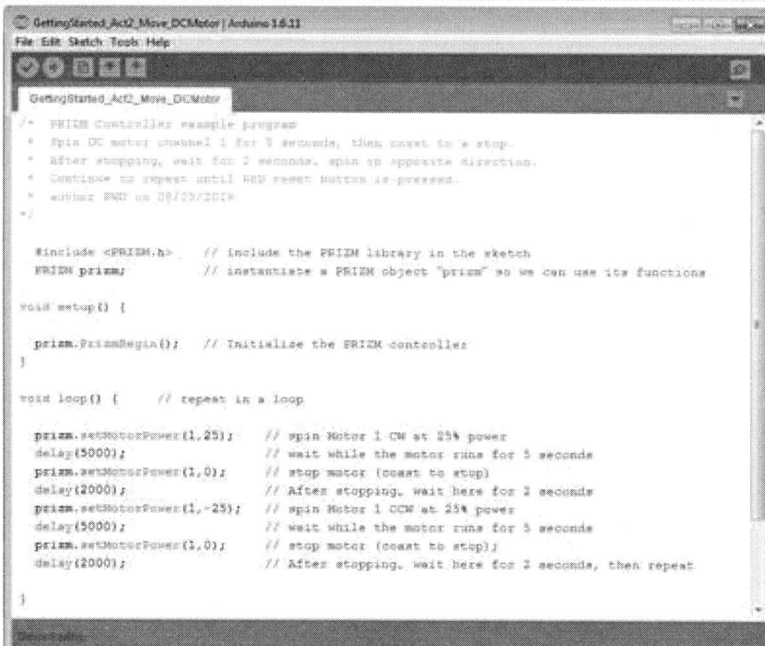

[그림 8-6] Move_DCMotor

2. 기본 지식 쌓기

Move_DCMotor 스케치에서는 주석 부분에 집중해서 스케치 Syntax를 좀 더 자세히 살펴본다. 주석은 프로그램에서 자신이나, 다른 사람들에게 프로그램이 어떻게 동작하는지 전달하기 위해 써놓은 텍스트이다.

주석은 한 줄로 쓰여질 수도 있으며, 여러 줄에 걸쳐 쓰여질 수도 있다. 한 줄로 쓰여지는 주석은 // 표시 뒤에 쓰게 된다. 여러 줄에 걸쳐 쓰기 위해서는 주석 앞에 /* 표시를, 주석 끝에는 */ 표시를 붙여 괄호처럼 설명하려는 내용을 감싸주면 된다.

Move_DCMotor 스케치를 보면 주석들이 적혀 이 프로그램이 어떤 방식으로 작동하는지를 설명하고 있다.

이 스케치는 DC 모터 채널 1을 5초 동안 회전시킨 뒤 천천히 멈추도록 짜여 있다. 약 2초간 천천히 멈춘 후, 모터는 다시 반대 방향으로 회전한다. 이러한 패턴의 행동이 빨간색 리셋 버튼을 누르기 전까지 계속 반복된다.

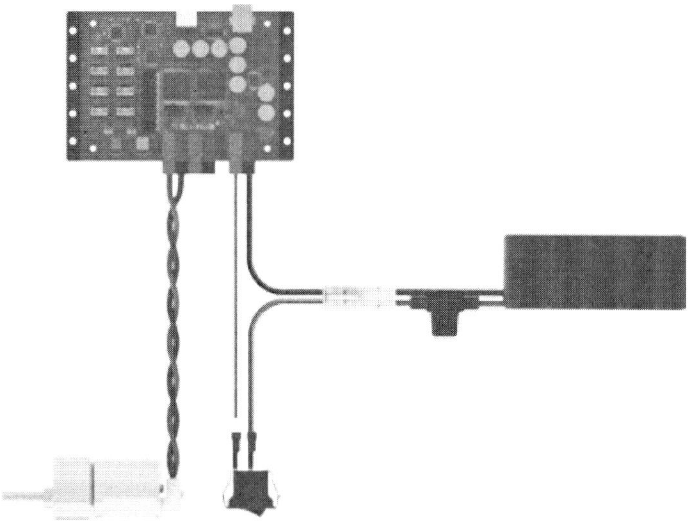

[그림 8-7] DC 모터 채널 1을 5초 동안 회전시킨 뒤 천천히 멈춤

3. 코드 실행하기

PRIZM에 스케치를 업로드 하기 전에, 연결을 확인하는 걸 잊지 마라. 이번에는 PRIZM에 모터도 추가로 연결해야 한다.

연결이 확인되면, 스케치를 업로드 한다. 업로드가 완료되면 초록색 LED가 켜진다. 만약 불이 들어왔다면, PRIZM 컨트롤러의 초록색 시작 버튼을 누른다.

모터 회전 방향과 시간을 관찰해보자. 스케치에 쓰여진 주석과 비교했을 때, 실제 행동이 일치하는지 확인한다.

모터를 멈추고 싶다면, 빨간색 리셋 버튼을 누른다.

학습 8

4. 더 나아가기

이번 스케치에서 사용된 함수는 prizm.setMotorPower이다.

이 함수는 motor channel, motor power 두 개의 매개 변수를 가진다.

이번 코드에서 예를 들면, prizm.setMotorPower(1, 25) 는 첫 번째 채널의 모터를 25% 파워로 시계 방향 회전시키는 명령이다. 괄호에서 첫 번째 값은 모터 채널을 가리키며, 두 번째 값은 회전 방향과 파워 퍼센트를 가리킨다.

괄호 안의 두 번째 값을 바꿔서 모터의 회전 방향이나 움직임에 변화를 줄 수 있다. 본 예시 스케치에 나와 있듯이, 두 번째 매개변수 값에 음수를 넣으면 모터는 시계반대 방향으로 회전하게 된다.

스케치 과정이나 모터 움직임과 관련된 PRIZM 라이브러리 함수들에 대한 자세한 내용은 부록 내 TETRIX PRIZM 아두이노 라이브러리 함수의 아래 항목을 참고하라.

DC 모터 함수

스케치 내의 매개 변수 값을 변화시키면서 결과를 관찰하라. 모터의 파워와 회전 방향, 멈추는 방법, 그리고 함수 사이의 지연(delay) 시간을 바꿀 수 있다. 이러한 변화들이 모터의 행동에 어떤 영향을 주는지 관찰하다.

도전2 DC모터가 시계방향으로 회전할 때 빨간색 LED가 켜지고 반시계방향으로 회전할 때는 초록색 LED가 켜지도록 구현해보자.

```
#include <PRIZM.h>                // include the PRIZM library in the sketch
  PRIZM prizm;                    // instantiate a PRIZM object "prizm" so we can use its functions

void setup() {
  prizm.PrizmBegin();             // Initialize the PRIZM controller
}

void loop() {                     // repeat in a loop
  prizm.setMotorPower(1,25);      // spin Motor 1 CW at 25% power
  prizm.setRedLED(HIGH);          // 빨간색 LED On
  delay(5000);                    // wait while the motor runs for 5 seconds

  prizm.setMotorPower(1,0);       // stop motor (coast to stop)
  prizm.setRedLED(LOW);           // 빨간색 LED Off
  delay(2000);                    // After stopping, wait here for 2 seconds

  prizm.setMotorPower(1,-25);// spin Motor 1 CCW at 25% power
  prizm.setGreenLED(HIGH);        // 초록색 LED On
  delay(5000);                    // wait while the motor runs for 5 seconds

  prizm.setMotorPower(1,0);       // stop motor (coast to stop);
  prizm.setGreenLED(LOW);         // 초록색 LED Off
  delay(2000);                    // After stopping, wait here for 2 seconds, then repeat
}
```

03 서보(Servo) 모터 움직이기

수행 세 번째 활동에서는 서보 모터를 이용해서 움직임을 구현해 본다. 서보 모터를 회전시키기 위한 스케치를 작성한다.

서보 모터의 장점은 시작 위치에 구애 받지 않고 한정된 범위 내에서 정해진 위치로 움직일 수 있게 해준다는 점이다. 서보 모터는 대략 0에서 180도까지의 범위의 움직임을 허용한다.

예를 들어, 서보 모터를 이용하면 시작하는 위치가 어디든 간에 45도 위치로 이동하게 명령할 수 있다. 만약 시작점이 0도 위치였다면, 시계방향으로 45도 위치까지 이동할 것이고 120도에서 시작한다면, 시계 반대 방향으로 45도 위치까지 이동한다.

1. 스케치 만들기

새로운 스케치를 만드려면 File 〉 New 탭을 선택하여 코딩을 한다. 현재 열려 있는 스케치들 중 나중에 참고하고 싶은 코드들을 Move_Servo파일 명으로 저장하라.

```
/* PRIZM controller example program
 * This program sets the speed of Servo 1 to 25%.
 * Servo 1 is then rotated back and forth between 0- and 180-degree range.
 * author PWU on 08/05/2016
*/
#include <PRIZM.h>                  // include the PRIZM library in the sketch
PRIZM prizm;                        // instantiate a PRIZM object "prizm" so we can use its functions
void setup() {
 prizm.PrizmBegin();                // initialize the PRIZM controller
 prizm.setServoSpeed(1,25);         // set Servo 1 speed to 25%
}
void loop() {                       // repeat in a loop
 prizm.setServoPosition(1,180);     // rotate Servo 1 to 180 degrees
 delay(3000);                       // wait for 3 seconds to give Servo 1 time
// to get to position 180
 prizm.setServoPosition(1,0);       // rotate Servo 1 to 0 degrees
 delay(3000);                       // wait for 3 seconds to give Servo 1 time
// to get to position 0
}
```

학습 8

[그림 8-8] Move_Servo파일 명으로 저장

2. 기본 지식 쌓기

세 번째 스케치에서는 스케치의 Syntax를 계속 살펴보며, 구체적으로는 include문과 객체 선언에 대해서 알아본다.

Include문은 PRIZM 소프트웨어 라이브러리의 기능을 스케치에 추가하고 싶을 때 사용하는 문장이다.

객체 선언은 코드의 내용이 많아지고 복잡해진 경우, 조금 더 쉽게 프로그램을 작성하기 위해서 고안된 방법이다.

PRIZM 소프트웨어 라이브러리는 각각 다른 함수 이름을 가진 작은 프로그램들의 집합체이다. 이러한 작은 프로그램들은 PRIZM 제어를 위해 스케치를 만들 때 좀 더 쉽고, 직관적으로 작성할 수 있도록 도와준다.

앞서 언급한 include문을 사용함으로써, 라이브러리의 기능들을 스케치에 추가할 수 있다. PRIZM 라이브러리의 기능들을 추가하려면 다음과 같이 작성하면 된다.

#include 〈PRIZM.h〉.

객체 생성은 PRIZM 소프트웨어 라이브러리를 이용해 PRIZM 컨트롤러를 제어하려고 할 때 중요한 개념 중 하나이다. 라이브러리의 함수들을 사용하기 위해서는 접두사처럼 먼저 라이브러리 객체의 이름을 밝혀야 한다.

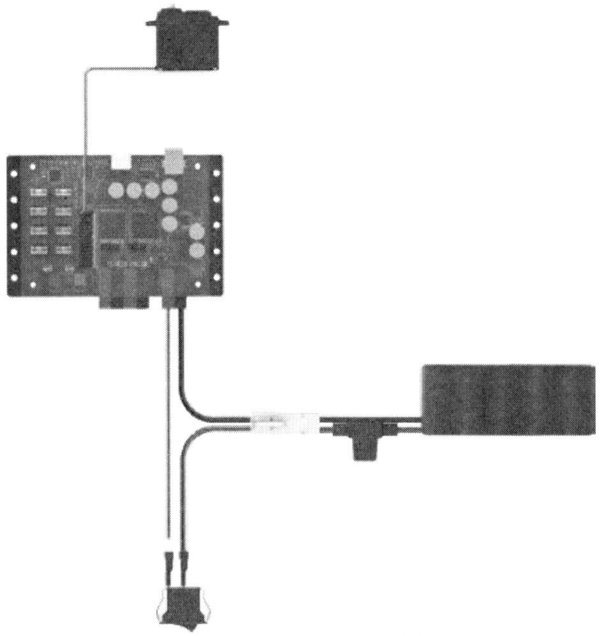

[그림 8-9] 서보 모터를 이용하면 시작하는 위치가 어디든 간에 45도 위치로 이동

본 교재에서 사용하는 객체 이름은 prizm으로 아래와 같이 정의하면 된다.

```
PRIZM prizm;
```

Include문 바로 전에 이 문장을 작성하면 된다.

모든 예시 스케치는 PRIZM 소프트웨어 라이브러리의 기능을 이용하기 위해서 include 문과 객체 생성을 포함한다. 아두이노뿐만 아니라 대부분의 C 기반 언어들은 include 문장과 객체 생성 개념을 사용하곤 한다.

3. 코드 실행하기

PRIZM에 스케치를 업로드 하기 전에, 연결을 확인하는 걸 잊지 마라. 이번에는 PRIZM에 모터도 추가로 연결해야 한다.

연결이 확인되면, 스케치를 업로드 하라. 업로드가 완료되면 초록색 LED가 켜진다. 만약 불이 들어왔다면, PRIZM 컨트롤러의 초록색 시작 버튼을 누른다.

서보 모터의 회전 방향과 시간을 관찰해보라. 스케치에 쓰여진 주석과 비교했을 때, 실제 행동이 일치하는가.

모터를 멈추고 싶다면, 빨간색 리셋 버튼을 누른다.

4. 더 알아보기

이번 스케치에서는 두 가지의 새로운 PRIZM 함수를 사용한다:

- prizm.setServoSpeed,
- prizm.setServoPosition.

물론 각각의 매개변수 값이 의미하는 바는 다르지만, 두 함수 모두 두 개의 매개변수를 가진다.

2prizm.setServoSpeed 함수의 매개 변수는 차례대로 서보 모터 채널과 서보 모터 속도를 가리킨다.

예시 코드의 prizm.setServoSpeed(1,25)는 채널 1의 서보 모터를 25% 파워로 setServoPosition 함수에 의해 지정된 위치까지 회전시키는 명령이다.

prizm.setServoPosition 함수의 매개 변수는 차례대로 서보 모터 채널과 목표 위치를 가리킨다.

예시 코드의 prizm.setServoPosition(1, 180)은 채널 1의 서보 모터를 180도 위치까지 회전시키는 명령이다.

두 개의 함수를 이용해서 서보 모터로 도달하고자 하는 위치뿐만 아니라 속도도 제어할 수 있다. 각각의 함수의 매개 변수 값을 바꾸면서 서보 모터의 속도와 위치에 변화를 줄 수 있다.

- 서보(Servo) 모터 함수

✔ Tip

스케치 창에서 PRIZM 라이브러리 함수들이 올바르게 작성되었다면 색깔이 다르게 처리된다. 아두이노에서 PRIZM 함수들은 syntax가 올바르다면 주황색으로 표시된다.

스케치에서 주어진 매개변수를 바꾸며 연습해보라. 이런 변화들이 서보 모터의 행동에 어떤 영향을 주는지 관찰해보라.

도전3 서브모터가 180도 위치로 움직일 때 빨간색 LED가 켜지고 0도 위치로 움직일 때는 초록색 LED가 켜지도록 구현해보자.

예시 코드를 이용해서 서보 모터를 움직이기 위한 새로운 스케치를 작성해 보라. 이전 활동들에서 배운 내용들을 사용해서 여러 함수들을 창의적으로 활용해 보라.

```
#include <PRIZM.h>            // include the PRIZM library in the sketch
  PRIZM prizm;                // instantiate a PRIZM object “prizm” so we can use its functions

void setup() {
  prizm.PrizmBegin();         // initialize the PRIZM controller
 prizm.setServoSpeed(1,25);   // set servo 1 speed to 25%
}

void loop() {                 // repeat in a loop
  prizm.setServoPosition(1,180);  // rotate servo1 to 180 degrees
prizm.setRedLED(HIGH);        // 빨간색 LED On
delay(3000);                  // wait while the motor runs for 3 seconds
prizm.setRedLED(LOW);         // 빨간색 LED Off

prizm.setServoPosition(1,0);  //rotate servo1 to 0 degrees
prizm.setGreenLED(HIGH);      // 초록색 LED On
delay(3000);                  // After stopping, wait here for 2 seconds
prizm.setGreenLED(LOW);       // 초록색 LED On

 }
```

학습 8

학습활동.8 교수 · 학습 방법

교수 방법

- PRIZM Educator 기초 프로그래밍(1)에 대한 관련 용어, 구성, 방식 이해 정도를 파악한 후 수업을 진행한다.
- 교수자의 주도로 PRIZM Educator 기초 프로그래밍(1) 등의 내용을 PPT 자료로 제시한 후 설명한다.
- 가능하면 사전에 개인별 학습 자료를 준비하여 모든 학생이 참여할 수 있는 문제 해결식 수업, 협력 수업이 가능하도록 한다.
- PRIZM Educator 기초 프로그래밍(1) 전 과정을 작업의 순서에 따라 단계적으로 실습이 이루어질 수 있도록 지도한다.
- 교재를 통해 수업을 준비하는데 있어서 필요한 모든 정보나 팁, 힌트 등 도움이 될 만한 내용들을 확인할 수 있다.
- 학생들이 만들게 될 각 모델들은 수업시간에 중점적으로 다뤄질 부분과 어휘, 질문, 답을 포함하고 있으며 또한 탐구할만한 추가적인 아이디어들도 포함하고 있다.

학습 방법

- PRIZM Educator 기초 프로그래밍(1)에 대한 관련 용어를 숙지하고, PRIZM Educator 기초 프로그래밍(1)에 대해 이해한다.
- PRIZM Educator 기초 프로그래밍(1)의 각 단계별 중점 사항을 체계적으로 학습한다.
- PRIZM Educator 기초 프로그래밍(1)의 수행순서의 전 과정을 실습한다.
- PRIZM Educator 기초 프로그래밍(1)의 내용을 이해한다.
- PRIZM Educator 기초 프로그래밍(1)를 이해하고 숙달이 될 때까지 학습한다.

학습활동.8 평가 및 피드백

평가 준거

- 평가자는 피평가자가 수행 준거 및 평가 내용에 제시되어 있는 내용을 성공적으로 수행할 수 있는 지를 평가해야 한다.

학습내용	평가항목	성취수준		
		상	중	하
PRIZM Educator 기초 프로그래밍(1)	PRIZM Educator 기초 프로그래밍(1)를 이해할 수 있다.			

평가 방법

• 작업 포트폴리오

학습내용	평가항목	성취수준		
		상	중	하
PRIZM Educator 기초 프로그래밍(1)	PRIZM Educator 기초 프로그래밍(1)를 이해할 수 있다.			

• 필기시험

학습내용	평가항목	성취수준		
		상	중	하
PRIZM Educator 기초 프로그래밍(1)	PRIZM Educator 기초 프로그래밍(1)를 이해할 수 있다.			

• 체크리스트를 통한 관찰

학습내용	평가항목	성취수준		
		상	중	하
PRIZM Educator 기초 프로그래밍(1)	PRIZM Educator 기초 프로그래밍(1)를 이해할 수 있다.			

• 피드백

1. 작업 포트폴리오
   – 제출한 보고서를 평가한 후 주요 사항에 대하여 표시하여 돌려준다.
2. 필기 시험
   – 평가 결과 성적이 저조한 학생은 보고서 제출 기회를 부여한다.
3. 체크리스트를 통한 관찰
   – 실습 과정에서 평가한 후 개선해야 할 사항 등을 정리하여 돌려둔다.

참고자료

1. PITSCO, TETRIX PRIZE Coding Essentials student Guide. 2018
2. PITSCO, TETRIX PRIZE Robotics Controller Quick-Start Guide and Specficatons. 2018
3. PITSCO, TETRIX PRIZE Robotics Controller Programming Guide. 2018
4. arduino 1.8.4-windows
5. tetrix_Prizm_01-03_18

학습 1	캡스톤 디자인 프로그램의 개요
학습 2	TETRIX PRIZM™ 로보틱스 컨트롤러 구성 및 특징
학습 3	PRIZM Bee-Dee Bot 조립
학습 4	PRIZM과 아두이노 프로그래밍의 만남(1)
학습 5	PRIZM과 아두이노 프로그래밍의 만남(2)
학습 6	TETRIX PRIZM 아두이노 라이브러리 함수(1)
학습 7	TETRIX PRIZM 아두이노 라이브러리 함수(2)
학습 8	PRIZM Educator 기초 프로그래밍(1)
학습 9	**PRIZM Educator 기초 프로그래밍(2)**
학습 10	PRIZM TaskBot 기초 프로그래밍(3)
학습 11	PRIZM TaskBot 응용 프로그래밍(1)
학습 12	PRIZM TaskBot 응용 프로그래밍(2)

학습 목표

9. PRIZM Educator 기초 프로그래밍(2)를 이해할 수 있다.

9-1 활동 시작하기

이제 본격적으로 활동을 시작할 시간이다.

시작하기 단계의 센서를 활용한 2가지 활동들은 아두이노 소프트웨어(IDE)와 이를 통해서 PRIZM과 간단한 부품들을 이용하는 방법을 배우는 데 도움이 될 것이다.

이 단계의 센서를 활용한 2가지 활동들은 PRIZM BeeDee_Bot을 프로그래밍하기 전 아두이노 소프트웨어를 사용하는 법을 익히는 준비 과정이라고 보면 된다.

✔ TIP

본 교재의 PRIZM 제어를 위한 함수들의 정의와 실제 아두이노 스케치에서의 어떻게 적용되는지 등에 대해 5.6장에 자세히 기술되어 있다.

1. 아두이노 스케치

첫 스케치를 만들기 전에, 스케치의 기본적인 규칙들을 이해해야 할 필요가 있다. 각각의 스케치는 여러 명령으로 이루어져 있으며, 대개 텍스트 한 줄이 하나의 명령을 가리킨다. 각 명령들은 텍스트가 쓰여진 순서대로 실행되며, 스케치 내의 이러한 텍스트 모음은 흔히 코드라고 불리기도 한다.

프로그래밍이 가끔 다른 말로 코딩이라고도 불리는 이유이다.

텍스트 기반의 프로그래밍에 영향을 주는 대부분의 규칙들을 Syntax라고 하며, 국어에서 문법이나 구두법과 비슷하다고 보면 된다. 예를 들어, 명령을 나타내는 코드의 각각의 줄은 국어에서 문장이 마침표로 끝나듯 세미콜론 (;)으로 끝나야 한다. 수행 실습활동을 진행하면서 더 많은 규칙들을 만날 것이며, 모두 설명이 있으니깐 걱정하지 않아도 된다.

대개 코딩을 배우는 가장 좋은 방법은 예시들을 통해 익힌다.

앞으로의 수행 활동들을 통해서 여러 예시 코드들을 이용해서 스케치를 만들고, PRIZM 컨트롤러에 적용하는 법을 알려준다.

각각의 함수들에 대한 예시 스케치들은 File 〉 Examples 〉 TETRIX_PRIZM 탭의 드롭 다운 메뉴에서 찾을 수 있다.

✔ **TIP**

프로그램을 만들기 전에 PRIZM 라이브러리 함수들뿐만 아니라 기본적인 아두이노 언어의 명령어도 이해할 필요가 있다.
이 부분은 아래의 아두이노 홈페이지에서 여러 가지 튜토리얼을 제공하니 아래 사이트에 접속해서 배울 것을 추천해 드린다.
www.arduino.cc.

9-2 센서의 활용

1. 초음파 센서의 개요

초음파 센서 단계의 수행활동으로, 초음파 센서를 사용하는 스케치를 작성해 본다. 이번 수행활동에서는 초음파 센서를 디지털 센서 포트 D3에 연결한 뒤, 센서 앞의 물건까지의 거리를 측정해 시리얼 창에 출력한다. 다른 센서와 마찬가지로, 초음파 센서를 통해서 주변 환경에 대한 정보를 수집할 수 있다.

초음파 센서를 통해서는 거리 정보를 수집할 수 있다. 이 센서는 음파를 보낸 뒤, 앞의 물체에 반사되어 돌아오는 음파를 수신하는 방식으로 작동한다. 그리고 그 시간차를 통해서 센서로부터의 물체까지의 거리를 결정한다. 초음파 센서를 통해서 대략 3-400센티미터까지의 거리를 측정할 수 있다.

9-3 STEM 심화주제와 실생활 접목

1. STEM 심화 주제

1) Science(과학)

- 빛 - 반사와 흡수(1)
- 전자기 스펙트럼(1)
- 음파 용어(주파수, 진폭, 골, 마루)(2)
- 음파의 반사(2)

2) Technology(기술)

- 디지털 vs 아날로그(1)
- 측정 눈금(1)
- 주파수 측정하기(2)
- 음성 디지털화(2)

3) Engineering(공학)

- 모서리 위치 결정(1)
- 음속 측정의 적용 분야(2)

4) Math(수학)

- 데이터 분석(1)
- 역제곱 법칙(2)

2. 실생활과 접목하기

1) 라인파인더 센서의 응용

창고 내에서 로봇들이 지정된 위치로 가기 위해 길을 찾을 때 흔히 사용하는 방법이 선을 따라 움직인다. 선을 따라가기 위해서는, 선을 감지할 수 있어야 하며 이 때 사용되는 방법 중 하나가 이번 활동에서 사용된 라인파인더 센서이다.

코드를 통해서 선의 위치를 로봇에게 알려주는 동시에 선으로부터 벗어나는 것이 감지되면 DC 모터를 통해서 방향을 보정하여 실생활에서 로봇이 선을 따라가게 구현할 수 있다.

2) 초음파 센서 응용

우리 모두는 아마 대부분 아주 어릴 때 적어도 한 번씩은 초음파 센서로 스캔 당해 본 적이 있다. 아마 여러분은 아주 어릴 때라서 기억하지 못하겠지만 말이다. 초음파 센서가 가장 많이 사용되는 분야 중 하나가 의학 분야이다. 의사들은 음파의 반사를 통해서 임산부 안에 태아의 신장이나 발달을 관찰하곤 하며, 태아의 성별을 판별하기도 한다.

수행 내용

재료 · 자료

- Arduino, TETRIX의 제어 및 코딩 관련 자료

기기(장비 · 공구)

- 컴퓨터, TETRIX DC 모터, TETRIX 파워 폴 모터 케이블, PRIZM 컨트롤러, USB 케이블, TETRIX 12V충전식 NiMH 배터리 팩, PRIZM 컨트롤러 ON/OFF 배터리 스위치 어댑터 180도 표준 스케일 HS-485HB 서보 모터, Grove 라인파인더 센서와 케이블, 흰색, 검은색으로 명암이 구분된 표면

안전 · 유의사항

- 컴퓨터, TETRIX의 주변기기, PRIZN 컨트롤러의 전원을 관리한다.

수행 순서

01 라인파인더 센서의 활용 프로그래밍을 구현한다.

학습 9

라인파인더 센서 프로그램의 수행활동에서는 라인파인더 센서의 소개하고 탐구하여 모터의 출력에서 센서의 입력까지를 움직임을 구현해 본다. 이 예에서 라인파인더 센서를 디지털 센서 포트인 D3에 연결 한다 그리고 라인파인더 센서로부터 디지털 입력을 읽기 위하여 스크래치를 생성할 것이다.

라인파인더 센서를 통하여 세상의 모든 정보를 수집한다. 라인파인더 센서의 유형에 따라 정보의 유형이 다르다. 라인파인더 센서는 반사된 빛과 어두운 표면을 구분하기 위하여 반사되는 적외선 센서를 사용한다.

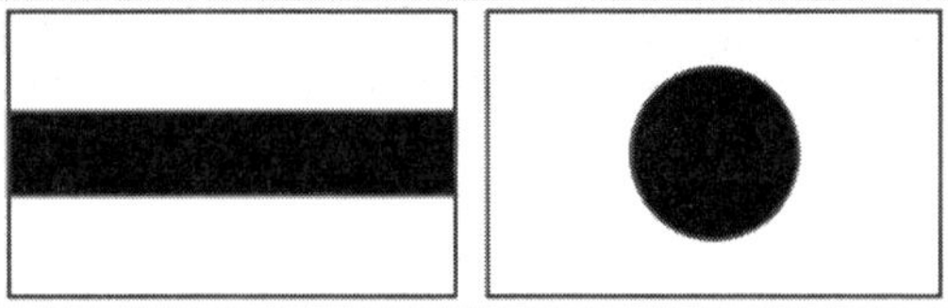

[그림 9-1] 흰색, 검은색으로 명암이 구분된 표면

1. 스케치 만들기

새로운 스케치를 만드려면 File 〉 New 탭을 선택하여 코딩을 한다.

다음 예시 스케치를 불러오기 전에, 현재 열려 있는 스케치 중 나중에 참조하고 싶은 Intro_LineFinder 코드들을 꼭 저장하라.

[그림 9-2]처럼 Intro_LineFinder 파일명의 새로운 스케치 창이 열린다.

```
/* PRIZM controller example program
 * This program will read the digital signal of the Line Finder Sensor attached to digital
   port D3.
 * If the sensor is facing a reflective surface and receiving a reflected IR beam, the
   PRIZM red LED
 * will switch on. If the sensor is facing a dark surface or is too far away from a
   reflective surface,
 * the red LED will be switched off.
*/

 #include <PRIZM.h>       // include the PRIZM library
 PRIZM prizm;             // instantiate a PRIZM object "prizm" so we can use its functions
void setup() {            // this code runs once
 prizm.PrizmBegin();      // initialize PRIZM
}
void loop() {             // this code repeats in a loop
 if(prizm.readLineSensor(3) == HIGH) {prizm.setRedLED(LOW);} // LED off
 if(prizm.readLineSensor(3) == LOW) {prizm.setRedLED(HIGH);} // LED on
delay(50);                // slow the loop down

}
```

[그림 9-2] 라인파인더 센서 코딩 프로그램

2. 기본 지식 쌓기

라인파인더 센서 프로그램 스케치에서는 스케치를 구성하는 기본적인 코드 구조 두 가지에 대해서 살펴본다.

앞으로 작성하게 될 대부분의 스케치에서는 setup()과 loop() 함수들을 사용한다.

setup() 함수는 코드의 앞부분 중 include 문장과 객체 생성 바로 뒤에 작성한다. setup() 함수는 스케치에서 한번만 실행되어야 할 기능들을 위해서 필요하며, 많은 기능들을 setup() 안에 작성할 수 있지만 적어도 PRIZM을 초기화하는 작업인 prizm.PrizmBegin()은 작성해야 한다. 이 함수의 주목적은 PRIZM의 시작 버튼을 구성한다.

loop() 함수는 이름 그대로의 기능을 수행한다. loop 문장의 괄호 안에 작성된 명령들은 스케치가 리셋 버튼에 의해 종료되기 전까지 계속 반복된다. 지금까지 loop() 안에 수행해야 할 활동의 명령을 넣어 반복한다.

loop()과 setup() 안에 작성하고 싶은 명령들은 중괄호를 통해서 감싸주면 된다. 작성하고 싶은 명령들에 앞서 { 표시를 작성하고, 모든 명령들을 작성했다면 } 표시를 통해 중괄호를 닫으면 된다. 이 때 중괄호를 흔히 북 엔드라고, 그리고 그 안의 코드를 코드 블럭이라고 부른다.

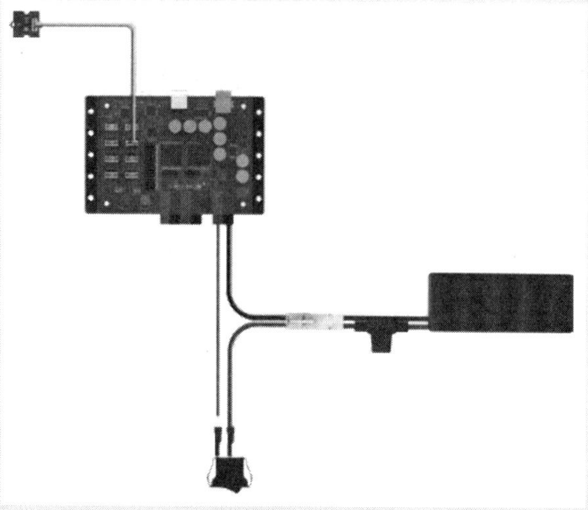

[그림 9-3] 라인파인더 센서의 연결

3. 코드 실행하기

PRIZM에 스케치를 업로드 하기 전에, 연결을 확인한다. 이번에는 PRIZM의 디지털 센서 포트 3에 라인파인더 센서를 추가로 연결해야 한다.

연결이 확인되면, 스케치를 업로드 한다. 업로드가 완료되면 초록색 LED가 켜진다. 만약 불이 들어왔다면, PRIZM 컨트롤러의 초록색 시작 버튼을 누른다. 센서를 준비한 명암이 명확하게 구분된 표면 위에 놓는다. 흰색 배경에서 검은 배경으로 움직이면서 PRIZM의 빨간색 LED에 불이 들어오는지 관찰해본다. 센서가 검은색 배경 위에 있다면, 적외선이 반사되지 않으므로 빨간색 LED에 불이 들어오지 않는다. 반대로, 흰색 또는 반사 표면에 있다면, 빨간색 LED에 불이 들어온다. 센서를 멈추고 싶다면, 빨간색 리셋 버튼을 누른다.

✔ **TIP**

센서 보드 뒷편의 작은 조절 나사를 돌려 라인파인더 센서의 범위를 조절할 수 있다.

4. 더 나아가기

이번 스케치를 통해서 새로운 프로그램 구조(if문)와 새로운 함수(prizm.readLineSensor), 그리고 값을 비교하는 법(==, equal to)을 배울 수 있다.

If문을 사용하면, 특정 조건을 만족하는지 또는 만족하지 않는지를 확인할 수 있다. 만약 괄호 안에 제시된 조건을 만족한다면, 중괄호 안의 코드 블록이 실행된다. 만약 조건을 만족하지 않는다면 프로그램은 중괄호 안의 코드 블록을 건너뛰게 된다.

함수 prizm.readLineSensor는 라인파인더 센서의 상태를 읽은 뒤, HIGH를 의미하는 1이나 LOW를 의미하는 0을 반환한다. 라인파인더 센서가 검은색 선 또는 무반사 표면을 감지했을 경우, 1을 반환하며 흰색 또는 반사 표면을 감지했을 경우 0을 반환한다.

비교 명령문인 ==(equal to)는 참, 거짓을 판별하는 테스트의 한 종류이다.

이러한 세 가지 요소를 합쳐, 이번 스케치에서는 라인파인더 센서의 입력에 따라 빨간색 LED를 켜거나, 끄는 작업을 수행하게 된다.

간단하게 말하자면, 라인파인더 센서가 검은색 선 또는 무반사 표면을 감지하면, 빨간색 LED가 꺼지며 반대로 흰색 또는 반사 표면을 감지하면, 빨간색 LED가 켜지게 된다.

• 센서 포트 함수

라인파인더 센서가 놓여진 표면의 상태나 높이에 따라 센서 감지가 어떻게 달라지는지 실험해 보자.

도전1 **라인파인데 센서가 변환하는 값을 시리얼 모니터에 나타나도록 구현한다.**

```
#include <PRIZM.h>          // include the PRIZM Library
  PRIZM prizm;              // create an object name of "prizm"

void setup() {              // this code runs once
  prizm.PrizmBegin();       // initialize PRIZM
  Serial.begin(9600);       // configure the serial monitor for 9600 baud rate
}

void loop() {               // this code repeats in a loop
  if(prizm.readLineSensor(3) == HIGH) {
    prizm.setRedLED(LOW); // LED off
    Serial.println(prizm.readLineSensor(3)); // 라인파인더 센서가 반환하는 값을 시리얼 모니터에 프린트
    }

  if(prizm.readLineSensor(3) == LOW)  {
    prizm.setRedLED(HIGH); // LED on
    Serial.println(prizm.readLineSensor(3)); // 라인파인더 센서가 반환하는 값을 시리얼 모니터에 프린트
    }
```

학습 9

```
  delay(100);  //slow the loop down

}
```

예시 코드를 이용해서, 라인파인더 센서를 사용하는 새로운 스케치를 작성해보자. 이전의 활동들에서 배운 내용들을 이용해서 라인파인더 센서의 상태에 기반해서 창의적으로 움직일 수 있는 방법을 생각해보자.

02 초음파 센서의 프로그래밍

1. 스케치 만들기

새로운 스케치를 만드려면 File 〉 New 탭을 선택하여 코딩을 한다.

다음 예시 스케치를 불러오기 전에, 현재 열려 있는 스케치 중 나중에 참조하고 싶은 Intro_UltraSonic 코드들을 꼭 저장하라.

```
/* PRIZM controller example program
 * This example program will read the digital signal of the
 * Ultrasonic Sensor attached to the digital sensor port D3.
 * The distance in centimeters of an object placed in front
 * of the sensor will be sent to the serial monitor window.
 */
 #include <PRIZM.h>      // include the PRIZM library
 PRIZM prizm;            // instantiate a PRIZM object "prizm" so we can use its functions
void setup() { // this code runs once
 prizm.PrizmBegin();     // initialize PRIZM
 Serial.begin(9600);     // configure the serial monitor for 9600 baud rate
}
void loop() {            // this code repeats in a loop
 Serial.print(prizm.readSonicSensorCM(3)); // print the cm distance to the serial monitor
 Serial.println(" Centimeters"); // print " Centimeters"
 delay(200);             // slow down the loop. wait for 200 ms to keep from printing to
                           serial monitor too fast
}
```

[그림 9-6]처럼 Intro_UltraSonic 파일명의 새로운 스케치 창이 열린다.

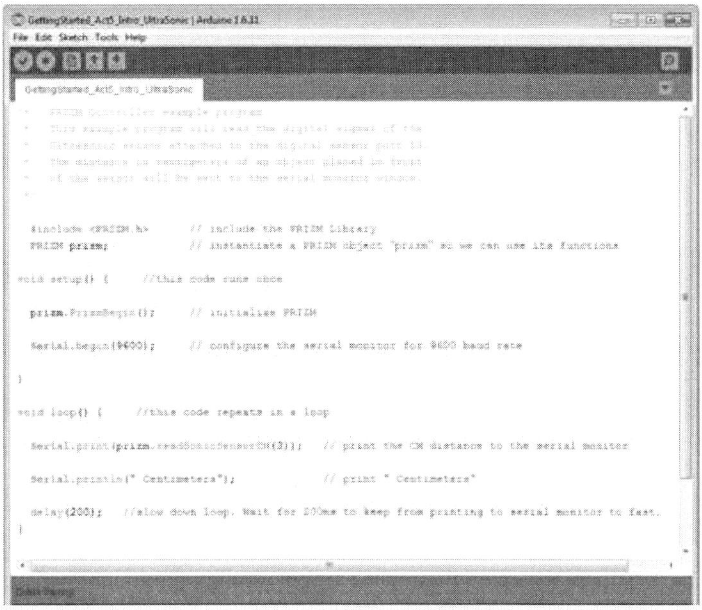

[그림 9-6]Intro_UltraSonic 파일명의 새로운 스케치 창

2. 기본 지식 쌓기

다음 예시 스케치를 불러오기 전에, 현재 열려 있는 스케치 중 나중에 참조하고 싶은 코드들을 꼭 저장한다.

File 〉 Examples 〉 TETRIX_PRIZM 〉 GettingStarted_Act5_Intro_UltraSonic 탭을 선택해서 새로운 스케치를 불러온다. 파일명의 새로운 스케치 창이 열린다.

학습 9

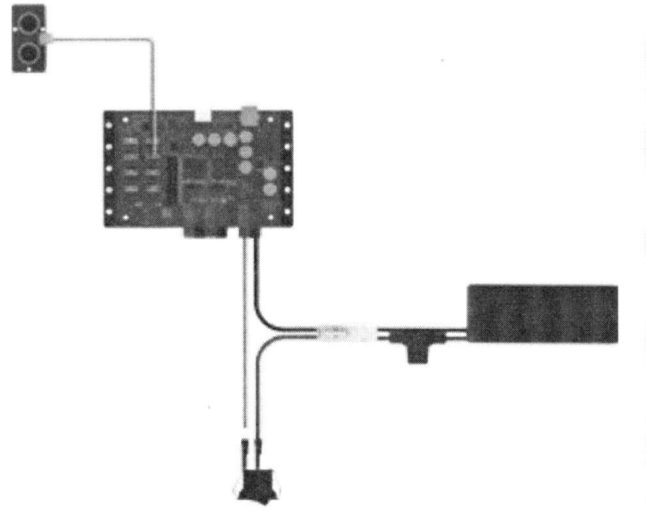

[그림 9-7] 프리즘 제어기에 초음파 센서 연결

3. 코드 실행하기

PRIZM에 스케치를 업로드 하기 전에, 연결을 확인한다.

이번에는 PRIZM의 디지털 센서 포트 3에 초음파 센서를 추가로 연결해야 한다.

연결이 확인되면, 스케치를 업로드 한다. 스케치를 실행하기 전에, 스케치 창에서 시리얼 모니터를 열어야 한다. [그림 9-8]과 같이 시리얼 모니터를 열기 위해서는 스케치 창의 오른쪽 상단의 돋보기 버튼을 클릭한다.

[그림 9-8] 오른쪽 상단의 돋보기 버튼을 클릭

[그림 9-9]와 같이 시리얼 모니터가 분리된 창으로 뜨게 된다.

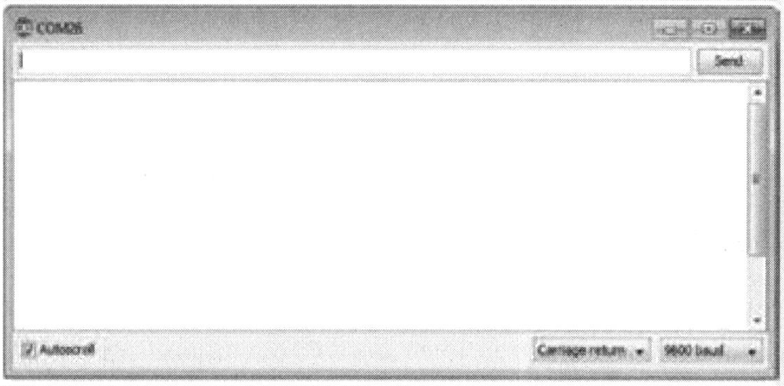

[그림 9-9] 시리얼 모니터가 분리된 창이 오픈

시리얼 모니터와 연결이 확인되면, 센서를 위로 향한 채로 초록색 시작 버튼을 눌러서 코드를 실행한다.

센서 위에 물체를 놓고 거리를 바꾸면서 시리얼 모니터에 실시간으로 나타나는 데이터를 관찰해 본다.

4. 더 나아가기

이번 스케치는 여러 가지의 새로운 함수를 사용한다.

Serial.begin()는 스케치 내에서 시리얼 모니터를 사용할 수 있게 해준다.

[그림 9-10] Serial.begin()는 스케치 내에서 시리얼 모니터를 사용

Serial.begin()은 시리얼 모니터를 사용하기 위한 초기화 함수로, 스케치 내 setup 안에 쓰여 한 번만 실행되어야 한다. 이 함수는 시리얼 모니터와의 통신 속도로 보드 속도(초당 비트 속도)라는 것을 사용하는데, 본 수행활동에서는 기본 설정인 9600을 사용하도록 한다.

Serial.print()는 주어진 데이터를 읽기 쉬운 텍스트 형태로 변환해 시리얼 모니터로 출력하는 함수이다. 주어진 데이터는 다른 장치에서 받은 동적 정보일 수도, 또는 프로그래머가 입력한 고정된 정보일 수도 있다.

prizm.readSonicSensorCM()은 초음파 센서의 상태를 확인하고, 지정된 측정 범위 내에 디지털 값을 반환한다. 본 수행활동에서 사용하는 초음파 센서의 최대 측정 범위는 3-400 센티미터이다. 반환된 값은 초음파 센서가 감지한 물체까지의 거리를 나타난다.

Serial.println()은 Serial.print()와 마찬가지로 괄호 안에 주어진 데이터를 읽기 쉬운 텍스트 형태로 변환해 시리얼 모니터로 출력하나, 다른 점은 매번 새로운 줄에 작성해 보여준다.

[그림 9-11] Serial.println()은 데이터를 시리얼 모니터로 출력

새롭게 사용된 이 네 가지 함수들이 외관상으로는 복잡해 보이지만, 사실은 굉장히 간단한 함수들이다.

예시 스케치를 보면, Serial.begin(9600)은 setup 내에서 시리얼 모니터와의 통신을 연결하는 동시에 통신 속도를 지정한다.

Serial.print()는 데이터를 받아 시리얼 모니터에 출력한다.

prizm.readSonicSensorCM()은 Serial.print() 함수에게 매개 변수로 줄 거리 데이터를 반환한다.

Serial.println("Centimeters")는 매번 새로운 줄에 Centimeters라는 데이터의 단위를 명시해 준다.

- 센서 포트 함수

✔ Tip

스케치 창에서 PRIZM 라이브러리 함수들이 올바르게 작성되었다면 색깔이 다르게 처리된다. 아두이노에서 PRIZM 함수들은 syntax가 올바르다면 주황색으로 표시될 것이다.

도전2 서브모터와 초음파센서를 동시에 활용하여 좌,우 번갈아가며 벽과 거리를 측정하도록 구현해보자(좌우 벽과의 거리는 시리얼 모니터에 띄운다).

```
#include <PRIZM.h>        // include the PRIZM Library
  PRIZM prizm;            // instantiate a PRIZM object "prizm" so we can use its functions

void setup() {                             // this code runs once
  prizm.PrizmBegin();                      // initialize PRIZM
  prizm.setServoSpeed(1,25);               // set servo 1 speed to 25%
  Serial.begin(9600);                      // configure the serial monitor for 9600 baud rate
}

void loop() {                              // this code repeats in a loop
  prizm.setServoPosition(1,180);           // rotate servo1 to 180 degrees
  delay(3000);
  Serial.print(prizm.readSonicSensorCM(4)); // print the CM distance to the serial monitor
  Serial.println(" Centimeters");          // print " Centimeters"

  prizm.setServoPosition(1,0);             // rotate servo1 to 180 degrees
  delay(3000);
  Serial.print(prizm.readSonicSensorCM(4)); // print the CM distance to the serial monitor
  Serial.println(" Centimeters");          // print " Centimeters"
}
```

예시 코드를 이용해서, 초음파 센서와 시리얼 모니터를 이용하는 새로운 스케치를 작성한다. 이전 수행활동에서 배운 것을 떠올려 초음파 센서 앞에 물체의 종류나, 거리를 변화시키며, 초음파 센서가 거리를 정확하게 측정할 수 있는지, 물체를 감지할 수 있는지 등을 관찰해 본다. 센치미터 대신 인치를 사용하고 싶다면, readSonicSensorCM() 대신 readSonicSensorIN()을 사용한다. 이 때 Serial.println 괄호 내에 입력하는 텍스트 데이터를 "Centimeters"에서 "Inches"로 바꾸는 것을 잊지 마라. 초음파 센서를 사용하는 법을 이해하면, 나중에 로봇을 다룰 때 장애물을 피해서 움직일 수 있게 프로그래밍할 수 있다.

학습활동.9 교수 · 학습 방법

교수 방법

- PRIZM Educator 기초 프로그래밍(2)에 대한 관련 용어, 구성, 방식 이해 정도를 파악한 후 수업을 진행한다.
- 교수자의 주도로 PRIZM Educator 기초 프로그래밍(2) 등의 내용을 PPT 자료로 제시한 후 설명한다.
- 가능하면 사전에 개인별 학습 자료를 준비하여 모든 학생이 참여할 수 있는 문제 해결식 수업, 협력 수업이 가능하도록 한다.
- PRIZM Educator 기초 프로그래밍(2) 전 과정을 작업의 순서에 따라 단계적으로 실습이 이루어질 수 있도록 지도한다.
- 교재를 통해 수업을 준비하는데 있어서 필요한 모든 정보나 팁, 힌트 등 도움이 될 만한 내용들을 확인할 수 있다.
- 학생들이 만들게 될 각 모델들은 수업시간에 중점적으로 다뤄질 부분과 어휘, 질문, 답을 포함하고 있으며 또한 탐구할만한 추가적인 아이디어들도 포함하고 있다.

학습 방법

- PRIZM Educator 기초 프로그래밍(2)에 대한 관련 용어를 숙지하고, PRIZM Educator 기초 프로그래밍(2)에 대해 이해한다.
- PRIZM Educator 기초 프로그래밍(2)의 각 단계별 중점 사항을 체계적으로 학습한다.
- PRIZM Educator 기초 프로그래밍(2)의 수행순서의 전 과정을 실습한다.
- PRIZM Educator 기초 프로그래밍(2)의 내용을 이해한다.
- PRIZM Educator 기초 프로그래밍(2)를 이해하고 숙달이 될 때까지 학습한다.

학습활동.9 평가 및 피드백

평가 준거

- 평가자는 피평가자가 수행 준거 및 평가 내용에 제시되어 있는 내용을 성공적으로 수행할 수 있는 지를 평가해야 한다.

학습내용	평가항목	성취수준		
		상	중	하
PRIZM Educator 기초 프로그래밍(2)	PRIZM Educator 기초 프로그래밍(2)를 이해할 수 있다.			

평가 방법

• 작업 포트폴리오

학습내용	평가항목	성취수준		
		상	중	하
PRIZM Educator 기초 프로그래밍(2)	PRIZM Educator 기초 프로그래밍(2)를 이해할 수 있다.			

• 필기시험

학습내용	평가항목	성취수준		
		상	중	하
PRIZM Educator 기초 프로그래밍(2)	PRIZM Educator 기초 프로그래밍(2)를 이해할 수 있다.			

• 체크리스트를 통한 관찰

학습내용	평가항목	성취수준		
		상	중	하
PRIZM Educator 기초 프로그래밍(2)	PRIZM Educator 기초 프로그래밍(2)를 이해할 수 있다.			

• 피드백

1. 작업 포트폴리오
   – 제출한 보고서를 평가한 후 주요 사항에 대하여 표시하여 돌려준다.
2. 필기 시험
   – 평가 결과 성적이 저조한 학생은 보고서 제출 기회를 부여한다.
3. 체크리스트를 통한 관찰
   – 실습 과정에서 평가한 후 개선해야 할 사항 등을 정리하여 돌려둔다.

참고자료

1. PITSCO, TETRIX PRIZE Coding Essentials student Guide. 2018
2. PITSCO, TETRIX PRIZE Robotics Controller Quick-Start Guide and Specficatons. 2018
3. PITSCO, TETRIX PRIZE Robotics Controller Programming Guide. 2018
4. arduino 1.8.4-windows
5. tetrix_Prizm_01-03_18

학습 1	캡스톤 디자인 프로그램의 개요
학습 2	TETRIX PRIZM™ 로보틱스 컨트롤러 구성 및 특징
학습 3	PRIZM Bee-Dee Bot 조립
학습 4	PRIZM과 아두이노 프로그래밍의 만남(1)
학습 5	PRIZM과 아두이노 프로그래밍의 만남(2)
학습 6	TETRIX PRIZM 아두이노 라이브러리 함수(1)
학습 7	TETRIX PRIZM 아두이노 라이브러리 함수(2)
학습 8	PRIZM Educator 기초 프로그래밍(1)
학습 9	PRIZM Educator 기초 프로그래밍(2)
학습 10	**PRIZM Educator 기초 프로그래밍(3)**
학습 11	PRIZM 응용 프로그래밍(1)
학습 12	PRIZM 응용 프로그래밍(2)

학습 목표	
	10. PRIZM Educator 기초 프로그래밍(3)를 이해할 수 있다.

10-1 활동 시작하기

이제 본격적으로 활동을 시작할 시간이다.

시작하기 단계에 모터를 활용한 4가지 활동들은 아두이노 소프트웨어(IDE)와 이를 통해서 PRIZM과 간단한 부품들을 이용하는 방법을 배우는 데 도움이 될 것이다.

이 단계의 모터를 활용한 4가지 활동들은 PRIZM Bee-Dee Bot을 프로그래밍하기 전 아두이노 소프트웨어를 사용하는 법을 익히는 준비 과정이라고 보면 된다.

학습 10

✔ TIP

본 교재의 PRIZM 제어를 위한 함수들의 정의와 실제 아두이노 스케치에서의 어떻게 적용되는지 등에 대해 6.7장에 자세히 기술되어 있다.

1. 아두이노 스케치

첫 스케치를 만들기 전에, 스케치의 기본적인 규칙들을 이해해야 할 필요가 있다. 각각의 스케치는 여러 명령으로 이루어져 있으며, 대개 텍스트 한 줄이 하나의 명령을 가리킨다. 각 명령들은 텍스트가 쓰여진 순서대로 실행되며, 스케치 내의 이러한 텍스트 모음은 흔히 코드라고 불리기도 한다.

프로그래밍이 가끔 다른 말로 코딩이라고도 불리는 이유이다.

텍스트 기반의 프로그래밍에 영향을 주는 대부분의 규칙들을 Syntax라고 하며, 국어에서 문법이나 구두법과 비슷하다고 보면 된다.

예를 들어, 명령을 나타내는 코드의 각각의 줄은 국어에서 문장이 마침표로 끝나듯 세미콜론 (;)으로 끝나야 한다. 수행 실습활동을 진행하면서 더 많은 규칙들을 만날 것이며, 모두 설명있으니깐 걱정하지 않아도 된다.

대개 코딩을 배우는 가장 좋은 방법은 예시들을 통해 익힌다.

앞으로의 수행 활동들을 통해서 여러 예시 코드들을 이용해서 스케치를 만들고, PRIZM 컨트롤러에 적용하는 법을 알려준다.

각각의 함수들에 대한 예시 스케치들은 File 〉 Examples 〉 TETRIX_PRIZM 탭의 드롭 다운 메뉴에서 찾을 수 있다.

✔ **TIP**

프로그램을 만들기 전에 PRIZM 라이브러리 함수들뿐만 아니라 기본적인 아두이노 언어의 명령어도 이해할 필요가 있다.
이 부분은 아래의 아두이노 홈페이지에서 여러 가지 튜토리얼을 제공하니 아래 사이트에 접속해서 배울 것을 추천해 드린다.
www.arduino.cc.

10-2 STEM 심화주제와 실생활 접목

1. STEM 심화 주제

1) Science(과학)

- 회전 운동 에너지(1)
- 회전 토크(1)
- 원형 운동(2)
- 접선 운동(2)
- 시간, 거리, 속도 간의 관계(3/4)

2) Technology(기술)

- 직접 구동 vs 기어 구동(1)
- DC 모터 제어 함수(1)
- 모터 제어와 정밀함(2)
- 코딩을 통한 문제 해결(2)
- 마이크로프로세서 내의 시간 측정(3/4)
- 선회 반지름 측정(3/4)

3) Engineering(공학)

- 차동(differential-drive), 스키드(skid) 조종 메커니즘(1)
- 기하학적 경로를 따라가도록 기계 설계하기(2)
- 경로 추종 프로그램(3/4)

4) Math(수학)

- 시계, 반 시계 방향 회전(1)
- 휠 원주 vs 회전당 움직인 거리(1)
- 원의 수학적 정의(2)
- 반지름 계산하기(2)
- 정사각형의 변과 각 사이의 관계(3/4)
- 각도 측정(3/4)

2. 실생활과 접목하기

1) 직선 이동 응용

앞으로 움직이는 기계들 중 대표적인 것 중 하나가 기차이다. 항상 앞으로, 또는 가끔 뒤로 같이 움직이기 때문에 기차의 모터는 서로 다르게 회전할 필요가 없다.

2) 원 이동 응용

수 관개(스프링클러로 물을 뿌리는) 시스템으로 운영되는 농장을 가본 적이 있다면, 이렇게 원형으로 움직이는 기계를 본 적이 있다. 전형적인 살수 관개 시스템은 중앙에 급수원이 있는 중심점이 있고, 물을 수송하는 휠과 연결된 파이프 기둥이 있다. 전기 모터로 휠이 돌아가면, 휠과 연결된 파이프 기둥이 원형 궤도로 회전하며 물을 뿌리게 된다.

3) 정사각형 이동 응용

일부 운송 수단은 항상 같은 경로를 유지한다. 예를 들면 창고 내에서 상자들을 움직이는 기계 같은 경우는 시작점에서 목적지를 반복해서 움직인다. 만약 시작점이 세 곳이 있고, 도착점이 한 곳이 있다면, 이 활동처럼 정사각형 궤적으로 계속 움직일 수도 있다.

✔ Tip

이번 활동은 배터리의 충전 상태에 따라 영향 받을 수 있다. 이번 활동의 움직임은 delay 함수와 모터의 rpm 변화에 따라 달려있는데, 이는 모두 배터리의 충전 상태에 영향을 받는다. 이렇듯 로봇 제어에 추측 항법을 쓰게 되면 이런 결과가 나올 수 있다.

자유투를 연습할 때는 아마 농구공이 골대에 들어가도록 같은 힘으로, 같은 자세로 농구공을 던지는 걸 반복한다. 반복학습은 스포츠뿐만 아니라 로봇 디자인과 코딩에도 굉장히 중요하다. 로봇이 항상 같은 정사각형 경로로 움직이도록 디자인하는 것은 로봇이 반복적인 일을 변함없이 해낼 수 있다.

✔ Tip

스케치 내의 한 부분에 정의된 함수는 스케치 내의 다른 부분에서 호출될 수 있다. 이런 피호출 함수를 이용하면 스케치를 좀 더 간결하게 만들 수 있다.

수행 내용

재료 · 자료

- Arduino, TETRIX의 제어 및 코딩 관련 자료

기기(장비 · 공구)

- 컴퓨터, TETRIX DC 모터, TETRIX 파워 폴 모터 케이블, PRIZM 컨트롤러, USB 케이블, TETRIX 12V충전식 NiMH 배터리 팩, PRIZM 컨트롤러 ON/OFF 배터리 스위치 어댑터 180도 표준 스케일 HS-485HB 서보 모터

안전 · 유의사항

- 컴퓨터, TETRIX의 주변기기, PRIZN 컨트롤러의 전원을 관리한다.

수행 순서

01 Bee-Dee Bot을 프로그래밍하여 앞으로 움직이기를 구현한다.

앞으로 움직이기 수행 활동은 Bee-Dee Bot을 이용한 수행과정이다. 그래서 아주 간단한 걸로 시작하려 한다. 이번 활동에서는 Bee-dee Bot을 앞으로 3초 동안 움직인 뒤, 정지하고 프로그램을 끝내는 아주 간단한 스케치를 작성해 본다.

1. 스케치 만들기

새로운 스케치를 만들려면 File 〉 New 탭을 선택하여 코딩을 한다.

현재 열려 있는 스케치들 중 나중에 참고하고 싶은 코드들을 Drive_Forward으로 파일 명 저장하라.

학습 10

```
/* PRIZM controller example program
 * This program will move the PRIZM TaskBot forward for 3 seconds, stop, and end program.
 * author PWU 08/05/2016
 */
 #include <PRIZM.h>      // include PRIZM library
 PRIZM prizm;            // instantiate a PRIZM object "prizm" so we can use its functions
void setup() {
 prizm.PrizmBegin();     // initialize PRIZM
 prizm.setMotorInvert(1,1); // invert the direction of DC Motor 1
// to harmonize the direction of opposite-facing drive motors
}
void loop() {
 prizm.setMotorPowers(50,50); // turn Motors 1 and 2 on at 50% power
 delay(3000);            // wait here for 3 seconds while motors are spinning
 prizm.PrizmEnd();       // end program and reset PRIZM
}
```

[그림 10-1]처럼 Drive_Forward 파일명의 새로운 스케치 창이 뜬다.

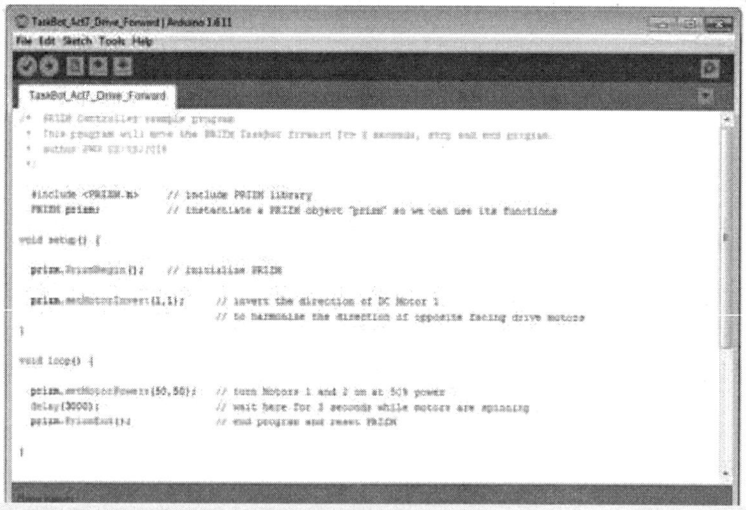

[그림 10-1] Drive_Forward 파일명의 스케치 창

2. 코드 실행하기

PRIZM에 스케치를 업로드 하기 전에, 연결을 확인하는 걸 잊지 마라.

연결이 확인되면, 스케치를 업로드 하라. 업로드가 완료되면 초록색 LED가 켜진다. 만약 불이 들어왔다면, USB 케이블을 빼고 TaskBot을 바닥에 놓는다.

초록색 시작 버튼을 눌러서 스케치를 실행한다. TaskBot의 이동 시간과 방향을 관찰해 본다. 스케치의 쓰여진 주석과 비교했을 때, 실제 행동이 일치하나 확인한다.

TaskBot은 3초 후에 멈춰야 한다.

3. 더 나아가기

이번 스케치에서는 세 가지의 새로운 함수를 사용한다.

1) prizm.setMotorInvert() 함수

prizm.setMotorInvert() 함수는 모터의 회전 방향을 바꿔주는 역할을 한다. 만약 두 모터가 서로 다른 방향으로 회전하고 있었다면, 이 함수를 통해서 두 모터를 같은 방향으로 회전시킬 수 있다. 이 함수는 두 개의 매개변수를 가지며, 첫 번째 매개변수는 모터의 채널을, 두 번째 매개변수는 회전 방향을 바꿀 것인지 또는 그대로 할 것인지를 0 또는 1로 선택한다.

2) prizm.setMotorPowers() 함수

prizm.setMotorPowers() 함수는 첫 번째 모터와 두 번째 모터의 파워를 지정해주는 역할을 한다. 두 개의 매개변수를 가지는데, 각각은 모터에 지정할 속도를 가리킨다. 이번 스케치에서는 두 모터에 모두 50%의 파워를 주었다.

3) prizm.PrizmEnd() 함수

prizm.PrizmEnd() 함수는 스케치를 종료시킨다.

이번 스케치에서는 이 모든 함수들이 함께 사용되어 로봇이 앞으로 3초를 움직인 후 멈추게 한다. 이번 수행활동에서는 두 모터가 항상 같이 움직여야 하기 때문에, setup 내에서만 prizm.setMotorInvert가 사용되어야 한다. 또한 prizm.setMotorPowers를 통해 하나의 함수로 두 개의 모터의 속도를 50%로 조절할 수 있다. 행동을 계속 반복하기보다 prizm.PrizmEnd()를 사용해서 3초동안 움직인 뒤 스케치를 완전히 끝난다.

스케치 과정과 DC 모터의 움직임과 관련된 PRIZM 라이브러리 함수들에 대한 자세한 내용은 부록 내 TETRIX PRIZM 아두이노 라이브러리 함수의 아래 항목을 참고하라.

- DC 모터 함수

도전1 1초간 전진한 다음 1초간 후진하여 제자리로 돌아가도록 구현한다.

```
#include <PRIZM.h>  // include PRIZM library
  PRIZM prizm;      // instantiate a PRIZM object "prizm" so we can use its functions
void setup() {
  prizm.PrizmBegin(); // initialize PRIZM
  prizm.setMotorInvert(1,1); // invert the direction of DC Motor 1
                             // to harmonize the direction of opposite facing drive motors
}

void loop() {
  prizm.setMotorPowers(50,50);     // turn Motors 1 and 2 on at 50% power
  delay(1000);                     // wait here for 3 seconds while motors are spinning
  prizm.setMotorPowers(125,125);   // stop both motors with in brake mode
  delay(1000);
  prizm.setMotorPowers(-50,-50);   // turn Motors 1 and 2 on at 50% power
  delay(1000);                     // wait here for 3 seconds while motors are spinning
  prizm.setMotorPowers(125,125);   // stop both motors with in brake mode
  delay(1000);

  prizm.PrizmEnd();                // end program and reset PRIZM
}
```

예시 스케치를 이용해서, Bee-Dee Bot을 앞으로 움직이게 하다가 멈추게 하는 스케치를 새로 작성해보자. 이전 활동들에서 배운 것을 떠올려 시간과 방향을 다르게 해서 실험해보자.

이번 실험에서는 거리를 측정할 수 있기 때문에 속도를 구해낼 수 있다. 파워 변수를 다르게 하면서, 시간에 따른 거리에 어떤 영향을 주는지 살펴보자.

이를 이용해서 특정한 위치까지 Bee-Dee Bot을 움직이도록 실험해보자. Bee-Dee Bot이 지정된 거리를 넘어가지 않으면서 최대한 가깝게 가도록 스케치를 만들어보자.

✔ Tip

인코더 사용이 없어도 배터리의 충전 상태에 따라 같은 명령을 주어도 DC 모터의 속도는 달라질 수 있다.

02 Bee-Dee Bot을 프로그래밍하여 원으로 움직이기를 구현한다.

원으로 움직이기의 수행활동에서는 모터에 대한 지식을 바탕으로 새로운 방향으로 Bee-Dee Bot을 조종해 본다. 물론 직진하는 것도 중요하지만, 더 넘어서 로봇은 방향을 틀 수 있어야 한다. 이번 수행활동에서는 Bee-Dee Bot의 모터의 파워를 다르게 하면서 원형으로 움직여 본다.

1. 스케치 만들기

새로운 스케치를 만들려면 File 〉 New 탭을 선택하여 코딩을 한다.

현재 열려 있는 스케치들 중 나중에 참고하고 싶은 코드들을 Drive_Circle으로 파일 명 저장하라.

```
/* PRIZM controller example program
 * This program will cause the PRIZM TaskBot to drive in a continuous circle.
 * Press the red Reset button to stop the program.
 * author PWU 08/05/2016
 */
 #include <PRIZM.h>          // include PRIZM library
 PRIZM prizm;                // instantiate a PRIZM object "prizm" so we can use its functions
void setup() {
 prizm.PrizmBegin(); // initialize PRIZM
 prizm.setMotorInvert(1,1); // invert the direction of DC Motor 1 to harmonize direction

}
void loop() {
 prizm.setMotorPowers(50,25); // spin Motor 1 at 50% power and Motor 2 at 25% power,
                              // resulting in the robot driving in a clockwise circle
}
```

[그림 10-2]처럼 Drive_Circle 파일명의 새로운 스케치 창이 뜬다.

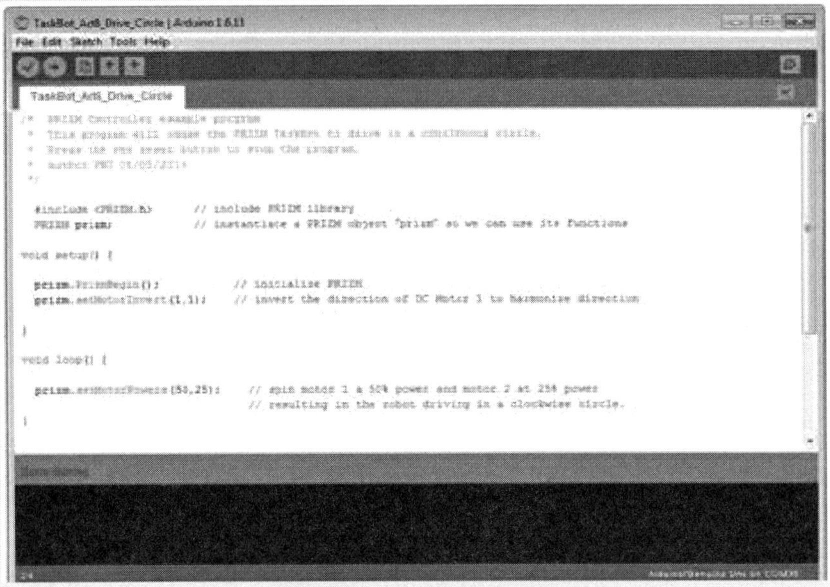

[그림 10-2] 원으로 움직이기 코딩 프로그램

PRIZM에 스케치를 업로드 하기 전에, 연결을 확인한다.

연결이 확인되면, 스케치를 업로드 하라. 업로드가 완료되면 초록색 LED가 켜진다. 만약 불이 들어왔다면, USB 케이블을 빼고 Bee-Dee Bot을 바닥에 놓는다,

✔ **Tip**

로봇이 원형 궤도를 돌기 위해서는 대략 152~183cm(5~6피트) 정도의 빈 공간이 필요하다.

초록색 시작 버튼을 눌러서 스케치를 실행하라. Bee-Dee Bot의 이동 시간과 방향을 관찰해보라. 스케치의 쓰여진 주석과 비교했을 때, 실제 행동이 일치하나? 모터를 멈추고 싶다면, 빨간색 리셋 버튼을 누른다.

2. 더 나아가기

물론 이번 스케치에서는 어떠한 새로운 함수도 사용하지는 않지만, 두 개의 모터가 함께 작용해서 원형 궤적을 그리는 것에 대해 좀 더 자세히 살펴본다.

항상 두 모터가 같은 방향으로 회전해야 하기 때문에, setup내에서만 prizm.setMotorInvert를 사용해 항상 모터들이 같은 방향으로 회전하도록 한다. prizm.setMotorPowers는 하나의 명령으로 두 개의 모터에게 각각 다른 속도로 회전할 수 있도록 한다. 따라서 한 모터는 50프로의 파워로, 다른 모터는 25프로의 파워로 설정되었고, 이를 통해서 로봇이 원형 궤적을 그리며 회전하게 된다.

스케치 과정과 DC 모터의 움직임과 관련된 PRIZM 라이브러리 함수들에 대한 자세한 내용은 TETRIX PRIZM 아두이노 라이브러리 함수의 아래 항목을 참고한다.

- DC 모터 함수

도전2 반시계 방향으로 회전하도록 구현한다.

```
#include <PRIZM.h>       // include PRIZM library
  PRIZM prizm;           // instantiate a PRIZM object "prizm" so we can use its functions

void setup() {
  prizm.PrizmBegin();           // initialize PRIZM
  prizm.setMotorInvert(1,1);    // invert the direction of DC Motor 1 to harmonize direction

}

void loop() {
prizm.setMotorPowers(25,50);  // spin motor 1 a 25% power and motor 2 at 50% power
                              // resulting in the robot driving in a clockwise circle.
}
```

예시 코드를 이용해서, Bee-Dee Bot을 다른 크기의 원형 궤적으로 움직이는 스케치를 작성한다. 이전 활동들에서 배운 내용을 떠올려, 함수에 다른 변수를 넣어 원의 지름을 크게, 또는 작게 만들어보자.

또는 새로운 행동을 추가해보자. 타원형이나 8자 모양으로 움직여보는 건 어떤가?

03 Bee-Dee Bot을 프로그래밍하여 정사각형으로 움직이기를 구현한다.

이번 정사각형 움직이기 활동에서는 Bee-Dee Bot을 90도 회전시켜 본다. 90도 회전을 통해서 정사각형 궤적으로 움직이도록 스케치를 작성해 본다.

1. 스케치 만들기

새로운 스케치를 만드려면 File 〉 New 탭을 선택하여 코딩을 한다.

현재 열려 있는 스케치들 중 나중에 참고하고 싶은 코드들을 Drive_Square_1으로 파일명 저장하라.

```
/* PRIZM controller example program
 * This program will move the PRIZM TaskBot in a square driving pattern.
 * author PWU 08/05/2016
*/
 #include <PRIZM.h> // include PRIZM library
 PRIZM prizm; // instantiate a PRIZM object "prizm" so we can use its functions
void setup() {
 prizm.PrizmBegin(); // initialize PRIZM
 prizm.setMotorInvert(1,1); // invert the direction of DC Motor 1 to harmonize the direction
}
void loop() {
 prizm.setMotorPowers(50,50);     // go forward at 50% power
 delay(3000);                     // wait here for 3 seconds while motors spin
 prizm.setMotorPowers(125,125);   // stop both motors in brake mode
 delay(1000);                     // wait here for 1 second
 prizm.setMotorPowers(50,-50);    // make a right turn
 delay(600);                      // wait here for 0.6 seconds while motors spin
 prizm.setMotorPowers(125,125);   // stop both motors in brake mode
 delay(1000);                     // wait here for 1 second
 prizm.setMotorPowers(50,50);     // go forward at 50% power
 delay(3000);                     // wait here for 3 seconds while motors spin
 prizm.setMotorPowers(125,125);   // stop both motors in brake mode
 delay(1000);                     // wait here for 1 second
 prizm.setMotorPowers(50,-50);    // make a right turn
 delay(600);                      // wait here for 0.6 seconds while motors spin
 prizm.setMotorPowers(125,125);   // stop both motors in brake mode
 delay(1000);                     // wait here for 1 second
```

```
    prizm.setMotorPowers(50,50);     // go forward at 50% power
    delay(3000);                     // wait here for 3 seconds while motors spin
    prizm.setMotorPowers(125,125);   // stop both motors in brake mode
    delay(1000);                     // wait here for 1 second
    prizm.setMotorPowers(50,-50);    // make a right turn
    delay(600);                      // wait here for 0.6 seconds while motors spin
    prizm.setMotorPowers(125,125);   // stop both motors in brake mode
    delay(1000);                     // wait here for 1 second
    prizm.setMotorPowers(50,50);     // go forward at 50% power
    delay(3000);                     // wait here for 3 seconds while motors spin
    prizm.setMotorPowers(125,125);   // stop both motors in brake mode
    delay(1000);                     // wait here for 1 second
    prizm.PrizmEnd();                // end program and reset PRIZM
}
```

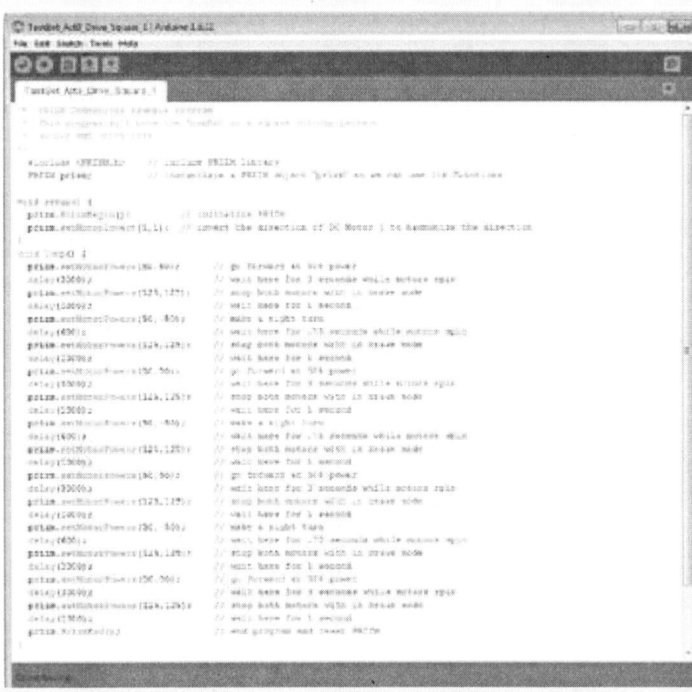

[그림 10-3] Drive_Square_1 코딩 프로그램

학습 10

2. 코드 실행하기

PRIZM에 스케치를 업로드하기 전에, 연결을 확인한다.

연결이 확인되면, 스케치를 업로드한다. 업로드가 완료되면 초록색 LED가 켜진다. 만약 불이 들어왔다면, USB 케이블을 빼고 TaskBot을 바닥에 놓는다.

초록색 시작 버튼을 눌러서 스케치를 실행한다. TaskBot의 이동 시간과 방향을 관찰한다. 스케치의 쓰여진 주석과 비교했을 때, 실제 행동이 일치하는지 확인한다.

3. 더 나아가기

물론 이번 스케치에 쓰인 함수들은 모두 이전에 본 것들이지만, 역할은 꽤 다르다. 여러 개의 명령들을 합쳐 정사각형으로 움직이는 명령을 만들어낸다.

이번 프로그램을 이해하는데 중요한 것 중 하나는 로봇이 정사각형으로 움직이는 데 있어서 추측 항법을 쓴다. 추측 항법이란 건, 간단하게 말하자면 시간을 기초로 로봇을 제어하는 방법이다. 예를 들어 우회전을 하고 싶다면, 모터들에게 반대방향으로 50%의 파워로 600밀리 세컨드(millisecond, 1000분의 1초) 동안 움직이게 하는 것이다.

물론 로봇의 배터리 상태나, 바닥의 마찰 상태 등에 따라 항상 정확하게 90도 회전을 하진 못하지만 기본적으로 본 수행활동에서는 추측 항법을 사용한다.

모든 함수들이 모여 BeeDee_Bot이 정사각형 모양으로 움직이도록 한다. 항상 모터가 같은 방향으로 회전해야 하기 때문에 prizm.setMotorInvert 함수를 setup 내에서만 실행하며, prizm.setMotorPowers를 통해서 하나의 명령으로 두 개의 모터를 각기 다른 속도로 회전시킨다.

스케치 과정과 DC 모터의 움직임과 관련된 PRIZM 라이브러리 함수들에 대한 자세한 내용은 TETRIX PRIZM 아두이노 라이브러리 함수의 아래 항목을 참고한다.

- DC 모터 함수

도전3 **추측항로를 이용하여 'ㄱ', 'ㄷ', 'ㄹ' 모양으로 주행하도록 구현한다.**

예시 코드를 이용해서 Bee-Dee Bot이 정사각형 모양으로 움직이는 새로운 스케치를 작성한다. 이전 활동들에서 배운 것을 떠올리며 변수를 바꿔가며 정사각형을 크게 또는 작게 만들어 본다.

정사각형에서 더 나아가, 조금 더 복잡한 경로로 움직이는 스케치를 만들어 본다. 추측 항로를 이용해서 알파벳 모양이나, 간단한 미로를 따라 움직이는 스케치를 만들어 본다.

✔ **Tip**

스케치 창에서 PRIZM 라이브러리 함수들이 올바르게 작성 되었다면 색깔이 다르게 처리된다. 아두이노에서 PRIZM 함수들은 syntax가 올바르다면 주황색으로 표시된다.

```
#include <PRIZM.h>            // include PRIZM library
PRIZM prizm;                  // instantiate a PRIZM object "prizm" so we can use its functions

void setup() {
  prizm.PrizmBegin();         // initialize PRIZM
  prizm.setMotorInvert(1,1);  // invert the direction of DC Motor 1 to harmonize the direction
}
void loop() {
  prizm.setMotorPowers(50,50);     //  파워 50으로 직진
  delay(1000);                     // wait here for 3 seconds while motors spin
  prizm.setMotorPowers(125,125);   // 양쪽 모터 정지
  delay(1000);                     // wait here for 1 second

  prizm.setMotorPowers(50,-50);    // 오른쪽으로 회전
  delay(600);                      // wait here for .75 seconds while motors spin
  prizm.setMotorPowers(125,125);   // 양쪽 모터 정지
  delay(1000);                     // wait here for 1 second

  prizm.setMotorPowers(50,50);     // 파워 50으로 직진
  delay(500);                      // wait here for 3 seconds while motors spin
  prizm.setMotorPowers(125,125);   // 양쪽 모터 정지
  delay(1000);                     // wait here for 1 second

  prizm.setMotorPowers(50,-50);    // 오른쪽으로 회전
  delay(600);                      // wait here for .75 seconds while motors spin
  prizm.setMotorPowers(125,125);   // 양쪽 모터 정지
  delay(1000);                     // wait here for 1 second

  prizm.setMotorPowers(50,50);     // 파워 50으로 직진
  delay(1000);                     // wait here for 3 seconds while motors spin
  prizm.setMotorPowers(125,125);   // 양쪽 모터 정지
  delay(1000);                     // wait here for 1 second
  prizm.setMotorPowers(-50,50);    // 왼쪽으로 회전
  delay(600);                      // wait here for .75 seconds while motors spin
  prizm.setMotorPowers(125,125);   // 양쪽 모터 정지
```

```
  delay(1000);                      // wait here for 1 second

  prizm.setMotorPowers(50,50);      // 파워 50으로 직진
  delay(500);                       // wait here for 3 seconds while motors spin
  prizm.setMotorPowers(125,125);    // stop both motors with in brake mode
  delay(1000);                      // 양쪽 모터 정지

  prizm.setMotorPowers(-50,50);     // 왼쪽으로 회전
  delay(600);                       // wait here for .75 seconds while motors spin
  prizm.setMotorPowers(125,125);    // 양쪽 모터 정지
  delay(1000);                      // wait here for 1 second

  prizm.setMotorPowers(50,50);      // 파워 50으로 직진
  delay(1000);                      // wait here for 3 seconds while motors spin
  prizm.setMotorPowers(125,125);    // 양쪽 모터 정지
  delay(1000);                      // wait here for 1 second

  prizm.PrizmEnd();                 // end program and reset PRIZM
}
```

04 Bee-Dee Bot을 프로그래밍하여 정사각형으로 움직이기를 간단하게 구현한다.

활동 3에서 했던 정사각형 활동을 기억하고, 이번 활동에서는 조금 더 효율적인 방법으로 같은 경로를 움직이는 스케치를 만들어 본다.

1. 스케치 만들기

새로운 스케치를 만들려면 File 〉 New 탭을 선택하여 코딩을 한다.

현재 열려 있는 스케치들 중 나중에 참고하고 싶은 코드들을 Drive_Square_2으로 파일 명 저장하라.

```
/* PRIZM controller example program
 * This program will move the TaskBot in a square driving pattern using a forward and
   right turn function.
 * author PWU 08/05/2016
 */
 #include <PRIZM.h>              // include PRIZM library
 PRIZM prizm;                    // instantiate a PRIZM object "prizm" so we can use its functions
void setup() {
 prizm.PrizmBegin();             // initialize PRIZM
 prizm.setMotorInvert(1,1);      // invert the direction of DC Motor 1 to harmonize direction

}
void loop() {
for(int x=0; x<=3; x++) {        // do this four times, increment x by +1
 forward();
 rightTurn();
 }
 prizm.PrizmEnd();
}
void forward() {                 // function to go forward
 prizm.setMotorPowers(50,50);    // go forward at 50% power
 delay(3000);                    // wait here for 3 seconds while motors spin
 prizm.setMotorPowers(125,125); // stop both motors in brake mode
 delay(1000); // wait here for 1 second
 }
void rightTurn() {               // function for a right turn
 prizm.setMotorPowers(50,-50);   // make a right turn
 delay(600);                     // wait here for 0.6 seconds while motors spin
 prizm.setMotorPowers(125,125); // stop both motors in brake mode
 delay(1000);                    // wait here for 1 second
 }
```

학습 10

[그림 9-4]처럼 Drive_Square_2 파일명의 새로운 스케치 창이 열린다.

[그림 9-4] Drive_Square_2 코딩

2. 코드 실행하기

PRIZM에 스케치를 업로드 하기 전에 연결을 확인한다.

연결이 확인되면, 스케치를 업로드 하세요. 업로드가 완료되면 초록색 LED가 켜진다.

만약 불이 들어왔다면, USB 케이블을 빼고 BeeDee_Bot을 바닥에 놓는다.

초록색 시작 버튼을 눌러서 스케치를 실행한다. BeeDee_Bot의 이동 시간과 방향을 관찰한다. 스케치의 쓰여진 주석과 비교했을 때, 실제 행동이 일치하는지 확인한다.

3. 더 나아가기

이번 스케치에서는 새로운 프로그램 구조인 for문과 피호출함수를 사용한다. 이것들을 사용하면 가성이 높고, 더불어 간단한 스케치를 만들 수 있다.

for문은 중괄호 안의 코드를 반복시키고 싶을 때 사용한다. 또한 특정한 횟수만큼 일을 반복하고 싶을 때도 역시 유용하다.

피호출함수는 새로운 함수를 사용자가 정의하는 것으로, setup()과 loop() 사이에 사용한다.

스케치 내에서 같은 명령이 여러 번 실행될 때 사용한다.

수행활동 9에서 정사각형 모양으로 BeeDee_Bot을 움직일 때는 각각의 명령을 모두 다 적어서 스케치가 괜히 복잡해지고, 길어 가독성이 떨어진다. 이번 수행활동에서는 반복되는 명령들을 모두 파악해서, loop() 바깥에 함수로 정의했기 때문에 좀 더 간단하게 스케치를 작성할 수 있다.

이번 스케치에서는 forward()와 rightTurn()이라고 하는 함수를 loop() 바깥에 정의했다.

두 개의 함수를 미리 정의했기 때문에 loop() 안에서 호출할 수 있었다. loop()는 for문으로 시작해 반복하고 싶은 횟수만큼 명령을 반복한다.

for문은 세 가지로 구성한다.

첫 번째는 스케치 내에서 int x = 0에 해당하며 초기화를 담당한다. 이는 반복문의 맨 처음에 적히며, 반복문 실행과 함께 딱 한 번만 실행된다,

두 번째는 x <=3으로 조건문이다. 반복되는 코드 블록이 실행되기 전에 매번 주어진 조건문이 참인지 거짓인지를 판별한다. 만약 참이라면, 세 번째 부분인 x++이 실행되며 x 값이 더해진 뒤 다시 조건문을 확인하게 된다. 그리고 만약 조건문이 거짓으로 판단되면 for문은 끝나게 된다.

간단하게 말하자면 for문은 초기화로 시작된다. 그리고 조건문은 for문 내의 코드 블럭을 몇 번 실행하고 싶은지를 나타내며, 이 예시에서는 총 4번이 된다. 그리고 x값을 증가시키는 x++코드는 한 번 반복할 때마다 x에 몇을 더하고 싶은지를 나타내며, 반복 횟수를 결정하는 요소라고 보면 된다.

스케치 과정과 DC 모터의 움직임과 관련된 PRIZM 라이브러리 함수들의 자세한 내용은 TETRIX PRIZM 아두이노 라이브러리 함수의 아래 항목을 참고한다.

• DC 모터 함수

학습 10

도전4 for 문과 피호출함수를 사용하여 Bee-Dee Bot이 8자로 주행하도록 구현하라.

예시 코드를 이용해서 Bee-Dee Bot을 정사각형 모양으로 움직이는 새로운 스케치를 작성하되, for 문과 피호출함수를 꼭 사용한다. 또는 정사각형에서 더 나아가 직사각형이나 육각형 경로로 움직여본다.

이전 활동에서 배운 것을 떠올려 각자 새롭고 흥미로운 방향으로 프로그래밍을 해 본다.

학습활동.10 교수 · 학습 방법

교수 방법

- PRIZM Educator 기초 프로그래밍(3)에 대한 관련 용어, 구성, 방식 이해 정도를 파악한 후 수업을 진행한다.
- 교수자의 주도로 PRIZM Educator 기초 프로그래밍(3) 등의 내용을 PPT 자료로 제시한 후 설명한다.
- 가능하면 사전에 개인별 학습 자료를 준비하여 모든 학생이 참여할 수 있는 문제 해결식 수업, 협력 수업이 가능하도록 한다.
- PRIZM Educator 기초 프로그래밍(3) 전 과정을 작업의 순서에 따라 단계적으로 실습이 이루어질 수 있도록 지도한다.
- 교재를 통해 수업을 준비하는데 있어서 필요한 모든 정보나 팁, 힌트 등 도움이 될 만한 내용들을 확인할 수 있다.
- 학생들이 만들게 될 각 모델들은 수업시간에 중점적으로 다뤄질 부분과 어휘, 질문, 답을 포함하고 있으며 또한 탐구할만한 추가적인 아이디어들도 포함하고 있다.

학습 방법

- PRIZM Educator 기초 프로그래밍(3)에 대한 관련 용어를 숙지하고, PRIZM Educator 기초 프로그래밍(3)에 대해 이해한다.
- PRIZM Educator 기초 프로그래밍(3)의 각 단계별 중점 사항을 체계적으로 학습한다.
- PRIZM Educator 기초 프로그래밍(3)의 수행순서의 전 과정을 실습한다.
- PRIZM Educator 기초 프로그래밍(3)의 내용을 이해한다.
- PRIZM Educator 기초 프로그래밍(3)를 이해하고 숙달이 될 때까지 학습한다.

학습활동.10 평가 및 피드백

평가 준거

- 평가자는 피평가자가 수행 준거 및 평가 내용에 제시되어 있는 내용을 성공적으로 수행할 수 있는 지를 평가해야 한다.

학습내용	평가항목	성취수준		
		상	중	하
PRIZM Educator 기초 프로그래밍(3)	PRIZM Educator 기초 프로그래밍(3)를 이해할 수 있다.			

평가 방법

• 작업 포트폴리오

학습내용	평가항목	성취수준		
		상	중	하
PRIZM Educator 기초 프로그래밍(3)	PRIZM Educator 기초 프로그래밍(3)를 이해할 수 있다.			

• 필기시험

학습내용	평가항목	성취수준		
		상	중	하
PRIZM Educator 기초 프로그래밍(3)	PRIZM Educator 기초 프로그래밍(3)를 이해할 수 있다.			

• 체크리스트를 통한 관찰

학습내용	평가항목	성취수준		
		상	중	하
PRIZM Educator 기초 프로그래밍(3)	PRIZM Educator 기초 프로그래밍(3)를 이해할 수 있다.			

• 피드백

1. 작업 포트폴리오
   - 제출한 보고서를 평가한 후 주요 사항에 대하여 표시하여 돌려준다.
2. 필기 시험
   - 평가 결과 성적이 저조한 학생은 보고서 제출 기회를 부여한다.
3. 체크리스트를 통한 관찰
   - 실습 과정에서 평가한 후 개선해야 할 사항 등을 정리하여 돌려둔다.

학습 10

참고자료

1. PITSCO, TETRIX PRIZE Coding Essentials student Guide. 2018
2. PITSCO, TETRIX PRIZE Robotics Controller Quick-Start Guide and Specficatons. 2018
3. PITSCO, TETRIX PRIZE Robotics Controller Programming Guide. 2018
4. arduino 1.8.4-windows
5. tetrix_Prizm_01-03_18

학습 1	캡스톤 디자인 프로그램의 개요
학습 2	TETRIX PRIZM™ 로보틱스 컨트롤러 구성 및 특징
학습 3	PRIZM Bee-Dee Bot 조립
학습 4	PRIZM과 아두이노 프로그래밍의 만남(1)
학습 5	PRIZM과 아두이노 프로그래밍의 만남(2)
학습 6	TETRIX PRIZM 아두이노 라이브러리 함수(1)
학습 7	TETRIX PRIZM 아두이노 라이브러리 함수(2)
학습 8	PRIZM Educator 기초 프로그래밍(1)
학습 9	PRIZM Educator 기초 프로그래밍(2)
학습 10	PRIZM Educator 기초 프로그래밍(3)
학습11	**PRIZM 응용 프로그래밍(1)**
학습 12	PRIZM 응용 프로그래밍(2)

학습 목표

11. PRIZM 응용 프로그래밍(1)를 이해할 수 있다.

11-1 라인파인더 센서의 응용

라인파인더(Line Finder) 센서는 라인(줄)을 인식하는 센서이다. 검정색, 흰색의 컬러를 인식하는 원리이며, 검정색을 인식할 경우 HIGH(5V) 신호를 흰색을 인식할 경우 LOW(0V)를 출력하는 디지털 센서이다.

PRIZM 모듈은 발광부와 수신부로 이루어져 있으며, 커넥터 옆 부분에는 거리를 조절할 수 있는 가변 저항부가 존재하여 약 1.5~5cm 정도를 조절할 수 있다. [그림 11-1]처럼 센서의 뒷면 (커넥터가 있는 면) 에는 검출 신호에 대한 LED가 부착되어 있다.

검은색 라인(5V)를 검출할 때에는 LED가 꺼지며, 흰색 라인(0V)를 검출할 때에는 LED가 켜진다. PRIZM의 연결은 디지털 센서 포트 3에 라인파인더 센서를 추가로 연결한다.

연결이 확인되면 아두이노 스케치의 프로그램을 업로드하고 업로드가 완료되면 초록색 LED가 켜진다. 초록색 LED가 켜지면, PRIZM 컨트롤러의 초록색 시작 버튼을

학습 11

누른다. 센서를 준비한 명암이 명확하게 구분된 표면 위에 놓으면 흰색 배경에서 검은 배경으로 움직이면서 PRIZM의 빨간색 LED에 불이 들어오는지 확인한다. 라인파인더 센서가 검은색 배경 위에 있다면, 적외선이 반사되지 않으므로 빨간색 LED에 불이 켜진다. 반대로, 흰색 또는 반사 표면에 있다면, 빨간색 LED가 켜진다. 라인파인더 센서를 멈추고 싶다면, 빨간색 리셋 버튼을 누르면 된다.

[그림 11-1] 라인파인더 센서의 구조

〈표 11-1〉 디지털 라인파인더 센서 포트 (D3)

핀번호	기능	아두이노 소프트웨어 (IDE) 핀 배치
Pin 1	접지(Ground)	N/A
Pin 2	+5 volts, 100 mA	N/A
Pin 3	디지털 입/출력	디지털 I/O (9)
Pin 4	디지털 입/출력	디지털 I/O (2)

11-2 STEM 심화주제와 실생활 접목

1. STEM 심화주제

1) Science(과학)

- 속도 공식(1)
- 일직선 등가속도 운동(1)
- 빛의 반사와 흡수(2)
- 입사각과 반사각(2)

2) Technology(기술)

- 문제 해결 전략(1)
- 역치(2)
- 검은색, 흰색(아날로그) vs 0, 1(디지털)(2)

3) Engineering(공학)

- 토크 적용하기(1)
- 가장자리에 가깝게 기계 설계하기(2)

4) Math(수학)

- 거리, 시간, 속도 계산(1)
- 명제(1)
- 명제를 통해서 문제 해결하기(2)

2. 실생활과 접목하기

1) 선을 만나면 정지 응용

운전을 하는 사람이라면, 횡단보도가 있는 교차로를 흔히 마주친다. 이 때 보행자의 안전을 위해서 횡단보도에 닿기 전에 차를 정차해야 한다. 이런 일을 많이 마주치다 보면, 아마 습관처럼 횡단보도 앞에서 정차하게 된다. 하지만 로봇의 경우는 사람과 달라서 자동화된 장치와 센서를 통해서 언제, 그리고 어디서 멈춰야 하는지를 알려줘야 한다.

2) 선을 따라 주행 응용

독일 브랜드, PUMA는 PUMA Beat Bot을 출시하면서 체력 단련에 있어서 새로운 방향성을 제시했다. Beat Bot은 선을 따라 움직이는 로봇의 한 종류로 달리기를 할 때 사람과 경쟁하며 페이스 메이커가 되어 준다. 스마트폰을 통해서 Beat Bot의 거리와 속도를 본인의 실력에 맞게 조절할 수 있다.

수행 내용

재료 · 자료

- Arduino, TETRIX의 제어 및 코딩 관련 자료

기기(장비 · 공구)

- 컴퓨터, TETRIX DC 모터, TETRIX 파워 폴 모터 케이블, PRIZM 컨트롤러, USB 케이블, TETRIX 12V충전식 NiMH 배터리 팩, PRIZM 컨트롤러 ON/OFF 배터리 스위치 어댑터 180도 표준 스케일 HS-485HB 서보 모터

안전 · 유의사항

- 컴퓨터, TETRIX의 주변기기, PRIZN 컨트롤러의 전원을 관리한다.

수행 순서

01 Bee-Dee Bot을 프로그래밍하여 선을 만나면 정지하기를 간단하게 구현한다.

이전의 활동에서도 아주 간단한 것들로 시작했듯이, 이번에도 라인파인더 센서를 부착한 뒤 이를 이용한 아주 기본적인 활동으로 시작한다. 이번 수행활동에서는 Bee_Dee Bot이 앞으로 움직이다가 선을 만나면 멈추는 행동을 구현해 본다. 이번 수행활동은 주변 환경의 정보를 기반으로 해서 Bee-Dee Bot이 결정을 내릴 수 있는 수행활동이다.

1. 스케치 만들기

새로운 스케치를 만들려면 File 〉 New 탭을 선택하여 코딩을 한다.

현재 열려 있는 스케치들 중 나중에 참고하고 싶은 코드들을 Drive_To_Line으로 파일 명 저장하라.

```
/* PRIZM controller example program
 * This program implements line following with the PRIZM TaskBot. Using the Line
   Finder Sensor
 * on sensor port D3, the robot will follow the edge of a black stripe on a white surface.
 * The program will power one motor at a time, resulting in back-and-forth forward
   motion to
 * keep the robot traversing the line edge.
 * author PWU 08/05/2016
 */
 #include <PRIZM.h>           // include PRIZM library
 PRIZM prizm;                 // instantiate a PRIZM object "prizm" so we can use its functions
void setup() {
 prizm.PrizmBegin();          // initialize PRIZM
 prizm.setMotorInvert(1,1);   // invert the direction of DC Motor 1
                              // to harmonize the direction of
                              // opposite-facing drive motors
}
void loop() {
 // beam reflected, no line detected
 if(prizm.readLineSensor(3) == 0) {prizm.setMotorPowers(125,30); prizm.setRedLED(LOW);}
 // no reflected beam, line detected
 if(prizm.readLineSensor(3) == 1) {prizm.setMotorPowers(30,125); prizm.setRedLED(HIGH);}

}
```

학습 11

[그림 11-1]처럼 Drive_To_Line 파일명의 새로운 스케치 창이 뜬다.

[그림 11-1] Drive_To_Line 코딩 프로그램

2. 코드 실행하기

PRIZM에 스케치를 업로드 하기 전에, 연결을 확인한다. 라인파인더 센서는 디지털 센서 포트 3에 연결되어야 한다.

연결이 확인되면, 스케치를 업로드 한다. 업로드가 완료되면 초록색 LED가 켜진다.

만약 불이 들어왔다면, USB 케이블을 빼고 Bee-Dee Bot을 바닥에 놓는다.

Bee-Dee Bot은 대략 36 인치 또는 1 미터 이상 떨어진 검은 선을 향한 채로 흰색 또는 반사 표면 위에 있어야 한다.

초록색 시작 버튼을 눌러서 스케치를 실행한다. Bee-Dee Bot의 행동을 관찰한다. 스케치를 끝내려면 빨간색 리셋 버튼을 누른다. 스케치에 쓰여진 주석과 비교했을 때 실제 행동이 일치하는지 확인한다.

【문제 해결】 라인파인더 센서가 올바른 위치의 센서 포트에 연결 되었는지, 선을 감지할 수 있게 센서가 잘 정렬되었는지 확인한다. 약간의 높이 조정이 필요할 수도 있으며 센서 모듈 뒤에 조정 나사를 조여야 될 수도 있다.

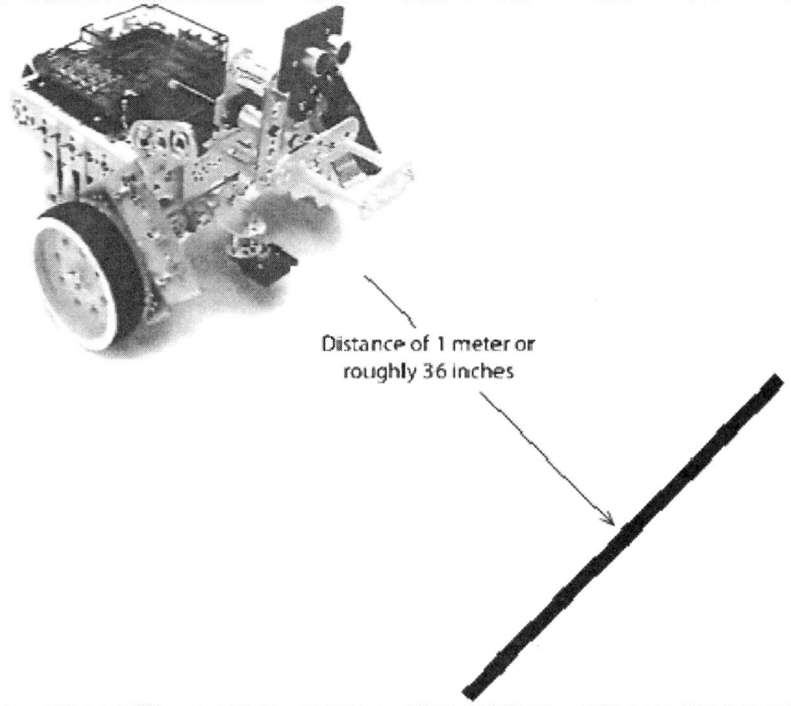

3. 더 나아가기

이번 스케치에서는 수행활동 4에서 배웠던 if문뿐만 아니라 while문이라고 하는 새로운 프로그램 구조를 이용한다.

while문은 for문과 마찬가지로 반복문에 속한다. while문의 괄호 안에 들어있는 조건이 거짓이 될 때까지 중괄호 안의 코드 블록이 계속해서 실행되는 구조이다.

이번 스케치에서 if문은 라인파인더 센서의 상태를 확인하는 역할을 한다.

첫 번째 if문은 Bee-Dee Bot이 흰색 또는 반사 표면을 지나갈 때 35%의 파워로 움직이라고 지시한다.

두 번째 if문은 두 가지 부분으로 이루어지는데, 검은 선 또는 무 반사 표면을 지나갈 때는 브레이크를 걸고 스케치가 리셋 되기 전까지 빨간색 LED를 계속 깜빡이는 무한 반복을 지시한다.

이 예시 코드에서는 while문을 사용하고, 괄호 안에 1을 넣어 구현했다.

학습 11

도전1 Bee-Dee Bot이 검은 색을 만나면 후진하거나 회전하는 프로그래밍을 구현한다.

```
#include <PRIZM.h>          // include PRIZM library
  PRIZM prizm;              // instantiate a PRIZM object "prizm" so we can use its functions

void setup() {
  prizm.PrizmBegin();           // initialize PRIZM
  prizm.setMotorInvert(1,1);    // invert the direction of DC Motor 1
                                // to harmonize the direction of
                                // opposite facing drive motors
}

void loop() {
  if(prizm.readLineSensor(3) == 0) {      // when sensor is receiving reflected light beam
    prizm.setMotorPowers(35,35);          // turn Motors 1 and 2 on at 35% power if line
  }

  if(prizm.readLineSensor(3) == 1) {      // when sensor detects black stripe
    prizm.setMotorPowers(125,125);        // stop motors in brake mode if black line is detected
    delay(1000);
    prizm.setMotorPowers(50,-50);         // make a right turn
    delay(600);                           // wait here for .75 seconds while motors spin
    prizm.setMotorPowers(125,125);        // stop both motors with in brake mode
    delay(1000);                          // wait here for 1 second

    while(1){                   // infinite loop - stays locked in this loop until reset is pressed
    prizm.setRedLED(HIGH);      // flash Prizm red LED on and off until reset
    delay(500);
    prizm.setRedLED(LOW);
    delay(500);
    }
  }
}
```

예시 코드를 이용해서 Bee-Dee Bot이 검은 선을 만나면 멈추도록 새로운 스케치를 작성한다. 이전 활동에서 배운 것을 떠올려 응용한다.

더 나아가 Bee-Dee Bot이 검은 선을 만나면 단순히 멈추는 것이 아니라, 뒤로 가거나 또는 다른 방향으로 회전을 하는 등 다른 행동을 하도록 스케치를 작성해 본다.

✔ **Tip**

스케치 창에서 PRIZM 라이브러리 함수들이 올바르게 작성 되었다면 색깔이 다르게 처리된다. 아두이노에서 PRIZM 함수 들은 syntax가 올바르다면 주황색으로 표시한다.

02 Bee-Dee Bot을 프로그래밍하여 선따라 움직이기를 간단하게 구현한다.

이번 활동에서는 이전 활동에서 배운 것을 토대로 살짝 다른 방향으로 응용해 본다. Bee-Dee Bot이 선을 따라 움직이도록 스케치를 작성해 본다.

[그림 11-3] 검은 색선의 두께

[그림 11-3]처럼 검은 색 선의 두께는 적어도 2인치 이상은 되어야 한다.

1. 스케치 만들기

새로운 스케치를 만드려면 File 〉 New 탭을 선택하여 코딩을 한다.

현재 열려 있는 스케치들 중 나중에 참고하고 싶은 코드들을 Follow_A_Line으로 파일 명 저장하라.

```
/* PRIZM controller example program
 * This program uses the Ultrasonic Sensor connected to
 * sensor port D4 to detect an obstacle in its driving path
 * within 25 cm. When detected, the robot will stop and wait
 * for the object blocking its path to be cleared.
 * author PWU 08/05/2016
 */
 #include <PRIZM.h>  // include PRIZM library
 PRIZM prizm;        // instantiate a PRIZM object "prizm" so we can use its functions
void setup() {
 prizm.PrizmBegin();  // initialize PRIZM
 prizm.setMotorInvert(1,1); // invert the direction of DC Motor 1
                      // to harmonize the direction of
                      // opposite-facing drive motors
```

```
}
void loop() {
 if(prizm.readSonicSensorCM(4) > 25)
 {
 prizm.setMotorPowers(50,50); // if distance greater than 25 cm, do this
 }
 else
 {
 prizm.setMotorPowers(125,125); // if distance less than 25 cm, do this
 }
}
```

[그림 11-4]처럼 Follow_A_Line파일명의 새로운 스케치 창이 뜬다.

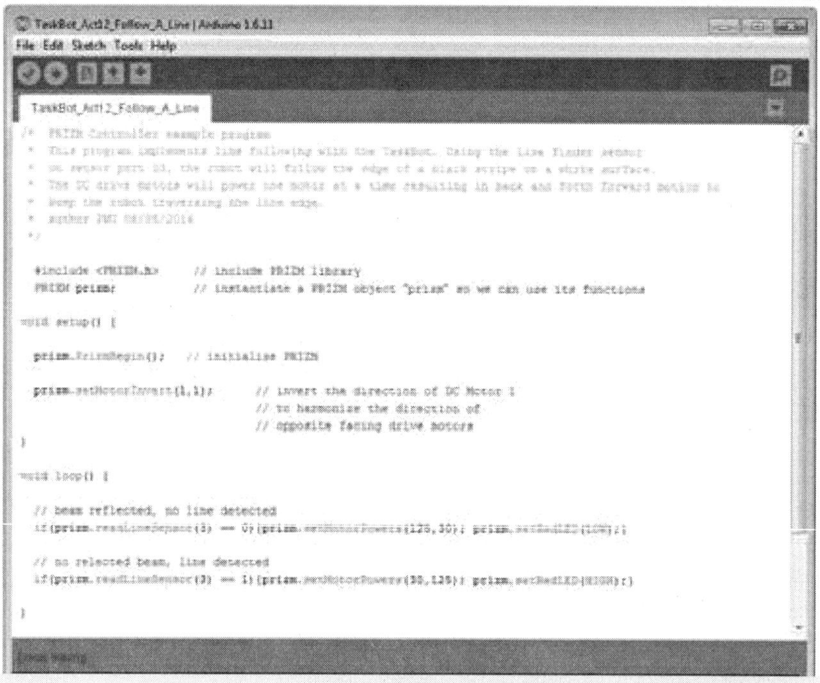

[그림 11-4] Follow_A_Line 코딩 프로그램 스케치 창

2. 코드 실행하기

PRIZM에 스케치를 업로드 하기 전에 연결을 확인한다. 라인파인더 센서는 디지털 센서 포트 3에 연결하면 된다.

이 코드를 실행하려면, 흰색 또는 반사 표면과 그 위에 로봇이 지나다닐 검은색 선이 필요하다.

흰색에 광이 나는 판지나 종이 여러 장으로 덮은 표면이면 된다.

검은색 선은 판지나 종이 위에 절연 테이프를 붙여서 만들면 된다. 일직선으로 만들든, 약간 굴곡지게 만들든 상관없지만 너무 굴곡을 넣으면 로봇이 따라가는데 한계가 있어 벗어날 수 있다.

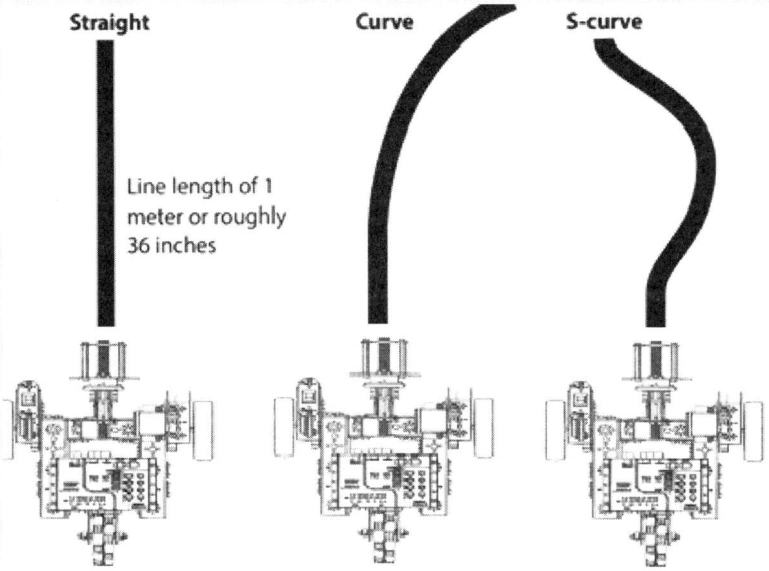

연결이 확인되면, 스케치를 업로드 한다. 업로드가 완료되면 초록색 LED가 켜진다.

만약 불이 들어왔다면, USB 케이블을 빼고 Bee-Dee Bot을 바닥에 놓는다,

Bee-Dee Bot은 라인파인더 센서가 검은 색 선 위에 놓인 채로 흰색 표면에 위치해야 한다.

초록색 시작 버튼을 눌러서 스케치를 실행한다. Bee-Dee Bot의 행동을 관찰해보자

학습 11

[그림 11-6] 라인파인더의 실행

스케치를 끝내고 싶다면 리셋 버튼을 누른. 스케치에 쓰인 주석과 비교했을 때, 실제 행동이 일치하는지 확인한다.

【문제 해결】 라인파인더 센서가 올바른 센서 포트에 연결되었는지, 그리고 검은색 선을 감지할 수 있도록 정렬되었는지 꼭 확인한다. 높이 조절이나 센서 모듈 뒤에 조정 나사를 조절해야 될 수도 있다.
센서가 잘 작동하는지 확인하려면, 검은색 선과 흰색 표면에 센서를 대가며 센서와 함께 부착된 빨간색 LED에 불이 들어오는지 확인한다. 흰색 표면에 위치했을 때는 켜져야 되며, 검은색 선에 위치했을 때는 꺼져야 된다.

3. 더 나아가기

이번 스케치에서는 이전 활동들에서 계속 봐와서 익숙할 법한 if문을 두 개 사용한다. 각각의 if문에 조건이 거짓일 경우 실행할 두 번째 명령을 추가했다.

if문의 첫 번째 명령문들은 모터에 지시를 내린다. 라인파인더 센서의 조건에 따라 모터를 정해진 파워로 회전시키며 두 개의 명령문들은 서로 반대 방향으로 작용한다. 이를 통해서 Bee-Dee Bot이 선을 계속 따라갈 수 있다.

if문의 두 번째 명령문들은 PRIZM의 빨간색 LED와 관련 있다. 라인파인더 센서의 조건에 따라 빨간색 LED를 킬 것인지, 또는 끌 것인지를 결정하며 마찬가지로 두 개의 명령문들은 서로 반대 방향으로 작용한다.

두 개의 if문 안의 명령들을 통해서 TaskBot은 검은색 선을 따라가는 동시에, 빨간색 LED의 깜빡임을 통해서 PRIZM은 시각적 신호를 보내게 된다.

스케치의 과정과 DC 모터의 움직임과 관련된 PRIZM 라이브러리 함수들에 대한 자세한 내용은 TETRIX PRIZM 아두이노 라이브러리 함수의 아래 항목을 참고한다.

- 센서 포트 함수
- DC 모터 함수

도전2 **검은색 선을 따라서 3초간 직진한 후 180도 회전한 다음, 3초간 직진하는 동작이 반복하도록 프로그래밍을 구현한다.**

예시 코드를 이용해서 Bee-Dee Bot이 검은 색 선을 따라갈 수 있도록 새로운 스케치를 작성해본다. 이전 활동들에서 배운 것도 떠올려 보자.

더 나아가 Bee-Dee Bot이 좀 더 빠르게 선을 따라 움직이도록 또는 선을 따라 반대 방향으로 움직이도록 스케치를 작성해 본다.

학습활동.11 교수 · 학습 방법

교수 방법

- PRIZM 응용 프로그래밍(1)에 대한 관련 용어, 구성, 방식 이해 정도를 파악한 후 수업을 진행한다.
- 교수자의 주도로 PRIZM 응용 프로그래밍(1) 등의 내용을 PPT 자료로 제시한 후 설명한다.
- 가능하면 사전에 개인별 학습 자료를 준비하여 모든 학생이 참여할 수 있는 문제 해결식 수업, 협력 수업이 가능하도록 한다.
- PRIZM 응용 프로그래밍(1) 전 과정을 작업의 순서에 따라 단계적으로 실습이 이루어질 수 있도록 지도한다.
- 교재를 통해 수업을 준비하는데 있어서 필요한 모든 정보나 팁, 힌트 등 도움이 될 만한 내용들을 확인할 수 있다.
- 학생들이 만들게 될 각 모델들은 수업시간에 중점적으로 다뤄질 부분과 어휘, 질문, 답을 포함하고 있으며 또한 탐구할만한 추가적인 아이디어들도 포함하고 있다.

학습 방법

- PRIZM 응용 프로그래밍(1)에 대한 관련 용어를 숙지하고 ,PRIZM 응용 프로그래밍(1) 에 대해 이해한다.
- PRIZM 응용 프로그래밍(1)의 각 단계별 중점 사항을 체계적으로 학습한다.
- PRIZM 응용 프로그래밍(1)의 수행순서의 전 과정을 실습한다.
- PRIZM 응용 프로그래밍(1)의 내용을 이해한다.
- PRIZM 응용 프로그래밍(1)를 이해하고 숙달이 될 때까지 학습한다.

학습활동.11 평가 및 피드백

평가 준거

- 평가자는 피평가자가 수행 준거 및 평가 내용에 제시되어 있는 내용을 성공적으로 수행할 수 있는 지를 평가해야 한다.

학습내용	평가항목	성취수준		
		상	중	하
PRIZM 응용 프로그래밍(1)	PRIZM TaskBot 응용 프로그래밍(1)를 이해할 수 있다.			

평가 방법

• 작업 포트폴리오

학습내용	평가항목	성취수준		
		상	중	하
PRIZM 응용 프로그래밍(1)	PRIZM TaskBot 응용 프로그래밍(1)를 이해할 수 있다.			

• 필기시험

학습내용	평가항목	성취수준		
		상	중	하
PRIZM 응용 프로그래밍(1)	PRIZM TaskBot 응용 프로그래밍(1)를 이해할 수 있다.			

• 체크리스트를 통한 관찰

학습내용	평가항목	성취수준		
		상	중	하
PRIZM 응용 프로그래밍(1)	PRIZM TaskBot 응용 프로그래밍(1)를 이해할 수 있다.			

• 피드백

1. 작업 포트폴리오
   - 제출한 보고서를 평가한 후 주요 사항에 대하여 표시하여 돌려준다.
2. 필기 시험
   - 평가 결과 성적이 저조한 학생은 보고서 제출 기회를 부여한다.
3. 체크리스트를 통한 관찰
   - 실습 과정에서 평가한 후 개선해야 할 사항 등을 정리하여 돌려준다.

참고자료

1. PITSCO, TETRIX PRIZE Coding Essentials student Guide. 2018
2. PITSCO, TETRIX PRIZE Robotics Controller Quick-Start Guide and Specficatons. 2018
3. PITSCO, TETRIX PRIZE Robotics Controller Programming Guide. 2018
4. arduino 1.8.4-windows
5. tetrix_Prizm_01-03_18

학습 1	캡스톤 디자인 프로그램의 개요
학습 2	TETRIX PRIZM™ 로보틱스 컨트롤러 구성 및 특징
학습 3	PRIZM Bee-Dee Bot 조립
학습 4	PRIZM과 아두이노 프로그래밍의 만남(1)
학습 5	PRIZM과 아두이노 프로그래밍의 만남(2)
학습 6	TETRIX PRIZM 아두이노 라이브러리 함수(1)
학습 7	TETRIX PRIZM 아두이노 라이브러리 함수(2)
학습 8	PRIZM Educator 기초 프로그래밍(1)
학습 9	PRIZM Educator 기초 프로그래밍(2)
학습 10	PRIZM Educator 기초 프로그래밍(3)
학습 11	PRIZM 응용 프로그래밍(1)

학습12 PRIZM 응용 프로그래밍(2)

학습 목표

12. PRIZM 응용 프로그래밍(2)를 이해할 수 있다.

12-1 초음파 센서를 활용한 응용

초음파 센서를 디지털 센서 포트 D3에 연결한 뒤, 센서 앞의 물건까지의 거리를 측정해 시리얼 창에 출력한다. 초음파 센서를 통해서는 거리 정보를 수집하고 이 센서는 음파를 보낸 뒤, 앞의 물체에 반사되어 돌아오는 음파를 수신하는 방식으로 작동한다. 그리고 그 시간차를 통해서 초음파 센서로 부터의 물체까지의 거리를 결정한다. 초음파 센서는 약 3-400Cm까지의 거리를 측정할 수 있다.

prizm.readSonicSensorCM()은 초음파 센서의 상태를 확인하고, 지정된 측정 범위 내에 디지털 값을 반환한다. 반환된 값은 초음파 센서가 감지한 물체까지의 거리를 나타낸다.

센치미터 대신 인치를 사용하고 싶으면, readSonicSensorCM() 대신에 readSonicSensorIN()을 사용하면 된다. 이 때 만약 시리얼 모니터를 사용할 경우에는 Serial.println 괄호 내에 입력하는 텍스트 데이터를 "Centimeters"에서 "Inches"로 바꾸는 것을 잊지 마라. 초음파 센서를 사용하는 법을 이해한다면, 나중에 로봇을 다룰 때 장애물을 피해서 움직일 수 있게 프로그래밍 할 수 있다.

12-2 STEM 심화주제와 실생활 접목

1. STEM 심화 주제

1) Science(과학)

- 소리의 속도(1)
- 음파의 구성(1)
- 평평한 표면에서의 음파 반사(2)
- 구면에서의 음파 반사(2)
- 고르지 않은 표면에서의 음파 반사(2)
- 사람의 감각(2)
- 감각 정보를 바탕으로 한 인간의 두뇌 작용(3)

2) Technology(기술)

- 센서 신호 교정(1)
- 초음파 센서 데이터 해석(2)
- 감각 정보에 우선순위 매기기(3)

3) Engineering(공학)

- 장애물을 감지하도록 기계 설계하기(1/2)
- 감각 정보를 통해서 문제 해결하기(3)

4) Math(수학)

- 소리의 속도를 통한 거리 계산(1)
- 데이터 그래프(2)
- 데이터 평균(2)
- 자료 분배 용어들(평균, 중간값, 최빈값, 범위)(3)

2. 실생활과 접목하기

1) 장애물 감지 응용

신형 차에는 대부분 센서들이 장착되어 있어 운전자에게 다른 차 또는 벽과 얼마나 가까운지를 알려준다. 차가 벽에 가까워지면, 삐 소리를 내며 운전자가 벽에 닿기 전에 멈출 수 있도록 경고를 준다. 이 때 사용되는 센서가 초음파 센서이다.

2) 장애물 회피 응용

자동차에 센서를 부착해 주변 환경을 인식할 수 있도록 하는 것이 최근 추세이다.

일부 자동차들은 센서를 통해서 만약 충돌이 일어날 것 같으면 자동으로 브레이크를 걸어주는 시스템도 장착되어 있다. 전자 공학을 통해서 사람이 직접 조작하는 것보다 훨씬 빠른 반응 속도로 조작할 수 있기 때문에 충돌을 비롯한 사고를 방지할 수 있다.

3) 모든 센서를 활용한 응용

스마트폰을 비롯한 요즘 흔히 볼 수 있는 전자 기기들은 센서를 통해서 활동량이나 칼로리 소모 등을 체크한다. 여러 센서들에서 받는 정보를 통해서 앞으로 해야 할 일, 또는 계산해야 될 일들을 수행한다. 로봇도 이런 부분에서는 마찬가지이다. 본 수행활동에서는 센서로부터 받는 정보를 통해 로봇에게 할 일을 주고, 결정을 내리게 한다.

수행 내용

재료 · 자료

• Arduino, TETRIX의 제어 및 코딩 관련 자료

기기(장비 · 공구)

• 컴퓨터, TETRIX DC 모터, TETRIX 파워 폴 모터 케이블, PRIZM 컨트롤러, USB 케이블, TETRIX 12V충전식 NiMH 배터리 팩, PRIZM 컨트롤러 ON/OFF 배터리 스위치 어댑터 180도 표준 스케일 HS-485HB 서보 모터

안전 · 유의사항

• 컴퓨터, TETRIX의 주변기기, PRIZN 컨트롤러의 전원을 관리한다.

수행 순서

01 Bee-Dee Bot이 벽을 만나면 멈추기 프로그래밍을 구현한다.

이번 활동에서는 앞서 배운 내용들을 초음파 센서를 이용해서 응용한다.
Bee-Dee Bot이 벽을 감지하면 멈추는 스케치를 작성해 본다.

1. 스케치 만들기

새로운 스케치를 만드려면 File 〉 New 탭을 선택하여 코딩을 한다.
현재 열려 있는 스케치들 중 나중에 참고하고 싶은 코드들을 Drive_To_Wall으로 파일 명 저장하라.

```
/* PRIZM controller example program
 * This program uses the Ultrasonic Sensor connected to sensor port D4 to detect objects in its
 * driving path. When an object is detected, the robot will stop, back up, make a right turn, and
 * continue author PWU 08/05/2016
 */
 #include <PRIZM.h>        // include PRIZM library
 PRIZM prizm;              // instantiate a PRIZM object "prizm" so we can use its functions
void setup() {
 prizm.PrizmBegin();       // initialize PRIZM
 prizm.setMotorInvert(1,1);// invert the direction of DC Motor 1
                           // to harmonize the direction of
                           // opposite-facing drive motors
}
void loop() {
 if(prizm.readSonicSensorCM(4) > 25)  // obstacle sense range set at 25 centimeters
 {
 prizm.setMotorPowers(35,35);         // forward while no obstacle detected
 prizm.setRedLED(LOW);                // turn off red LED
 prizm.setGreenLED(HIGH);             // turn on green LED
 }
 else
 {
 prizm.setGreenLED(LOW);              // turn off green LED
 prizm.setRedLED(HIGH);               // detected obstacle, turn on red LED
 prizm.setMotorPowers(125,125);       // stop, obstacle detected
 delay(500);
 prizm.setMotorPowers(-35,-35);       // back up
 delay(1000);
 prizm.setMotorPowers(125,125);       // stop
 delay(500);
 prizm.setMotorPowers(35,-35);        // make a right turn
 delay(500);

 }
}
```

학습 12

[그림 12-1]처럼 Drive_To_Wall 파일명의 새로운 스케치 창이 뜬다.

[그림 12-1] Drive_To_Wall 코딩 프로그램 스케치 창

3. 코드 실행하기

PRIZM에 스케치를 업로드 하기 전에, 연결을 확인하는 걸 잊지 마라. 초음파 센서는 디지털 센서 포트 4에 연결하면 된다.

연결이 확인되면, 스케치를 업로드 하라. 업로드가 완료되면 초록색 LED가 켜진다.

만약 불이 들어왔다면, USB 케이블을 빼고 Bee-Dee Bot을 바닥에 놓는다,

Bee-Dee Bot은 물체나 벽을 향해서 최소한 25센티미터는 떨어져 있어야 한다.

초록색 시작 버튼을 눌러서 스케치를 실행한다. 로봇의 행동을 관찰해 본다.

스케치가 끝나기 전에 물체나 벽을 치웠을 때 Bee-Dee Bot은 어떻게 행동하는지 관찰해 본다. 스케치를 끝내고 싶다면, 빨간색 리셋 버튼을 누른다. 스케치에 쓰여진 주석과 비교했을 때, 실제 행동이 일치하는지 확인한다.

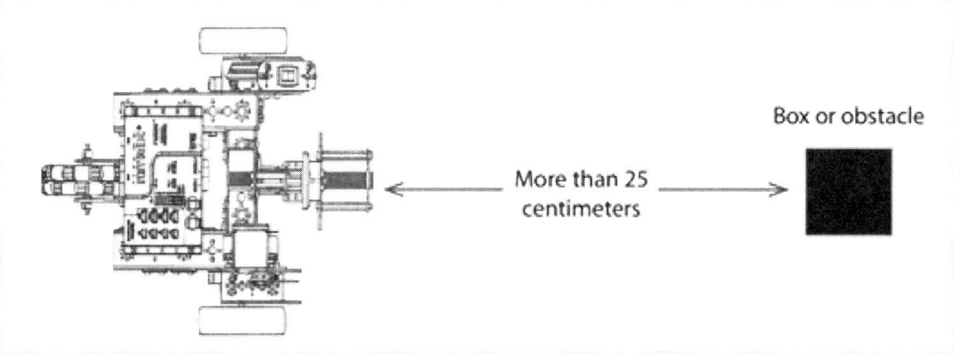

[그림 12-3] Bee-Dee Bot은 물체나 벽에서 최소 25cm이상 거리 유지

4. 더 나아가기

이번 스케치에서는 if/else문이라는 새로운 프로그램 구조를 사용한다.

If/else문을 사용하면 기본적인 형태였던 if문보다 유연한 제어가 가능하다. If 블록은 조건이 참일 경우 실행되며, else 블록은 조건이 거짓일 경우 실행된다.

스케치에 작성된 if/else문은 초음파 센서의 상태를 확인하여 만약 센서가 물체까지 측정한 거리가 25센티미터 이상일 경우, 모터의 파워를 50%로 설정하며 이하일 경우, 브레이크를 거는 역할을 한다.

- 센서 포트 함수
- DC 모터 함수

【문제 해결】 초음파 센서가 올바른 센서 포트에 연결되었는지 확인한다. 본 수행활동에서는 D4에 연결 되어 있어야 한다. 벽의 표면이 고르지 못하거나 충분히 넓지 못하면 센서가 거리를 측정하지 못할 수도 있다. 센서가 잘 작동하는지 확인하려면 활동 5로 돌아가 시리얼 모니터에 나오는 값을 확인해 본다.
이 때 센서 포트도 그 활동에 맞게 맞춰서 끼우는 것을 잊지 마라

학습 12

도전1 Bee-Dee Bot이 벽을 만나면 정지하기 프로그래밍을 구현한다.

예시 코드를 이용해서 Bee-Dee Bot이 벽을 만나면 멈출 수 있게 새로운 스케치를 작성해 본다.

이전 활동들에서 배운 내용들을 떠올려 응용해 본다.

방향, 범위, 속도를 바꾸면서 연습해 본다. 물체의 모양이나 크기, 범위를 바꿔보며 초음파 센서가 어떤 경우에 가장 잘 감지하는지 실험해 본다.

02 Bee-Dee Bot이 장애물을 피하는 프로그래밍을 구현한다.

이번 활동에서는 if/else문에 명령을 더 추가해서 Bee-Dee Bot이 나아가면서 장애물을 피할 수 있게 스케치를 작성해 본다.

1. 스케치 만들기

새로운 스케치를 만들려면 File 〉 New 탭을 선택하여 코딩을 한다.

현재 열려 있는 스케치들 중 나중에 참고하고 싶은 코드들을 Avoid_Obstacles으로 파일 명 저장하라.

```
/* PRIZM controller example program
 * This program uses the Line Finder and the Ultrasonic Sensors at the same time.
 * The robot will follow the edge of a black line (stripe) on a white surface and scan for
   an object
 * in its path. When an obstacle is detected, it will wait for the obstacle to be cleared
   and then continue.
 * The line sensor is connected to digital port D4. The Ultrasonic Sensor is connected to
 * digital port D4. The red LED shows the line sensor status. The green LED shows the
 * sonic Sensor status.
 * author PWU 08/05/2016
```

```
*/
#include <PRIZM.h> // include PRIZM library
PRIZM prizm; // instantiate a PRIZM object "prizm" so we can use its functions
void setup() {
 prizm.PrizmBegin(); // initialize PRIZM
 prizm.setMotorInvert(1,1); // invert the direction of DC Motor 1
// to harmonize the direction of
// opposite-facing drive motors
 prizm.setServoSpeed(1,50); // set Servo 1 speed to 50
}
void loop() {
 if(prizm.readLineSensor(3) == 1) {
 prizm.setMotorPowers(30,125); // line detected
 prizm.setRedLED(HIGH);
 }
 else
 {
 prizm.setMotorPowers(125,30); // no line detected
 prizm.setRedLED(LOW);
 }

 while(prizm.readSonicSensorCM(4) < 25) { // object is in path, loop here until cleared
 prizm.setGreenLED(HIGH); // turn on green LED
 prizm.setMotorPowers(125,125); // stop, obstacle detected
 prizm.setServoPosition(1,0); // raise detection flag!
 }
 prizm.setGreenLED(LOW); // turn off green LED
 prizm.setServoPosition(1,90); // lower flag position
}
```

학습 12

[그림 12-4]처럼 Avoid_Obstacles파일명의 새로운 스케치 창이 뜬다.

[그림 12-4] Avoid_Obstacles 코딩 프로그램의 스케치 창

2. 코드 실행하기

PRIZM에 스케치를 업로드 하기 전에, 연결을 확인하는 걸 잊지 마라. 초음파 센서는 디지털 센서 포트 4에 연결하면 된다.

연결이 확인되면, 스케치를 업로드 한다. 업로드가 완료되면 초록색 LED가 켜진다.

만약 불이 들어왔다면, USB 케이블을 빼고 Bee-Dee Bot을 바닥에 놓는다.

이 코드를 실행하기 전에 장애물과 로봇 사이, 장애물과 장애물 사이가 최소 25센티미터 이상이 되도록 놓아준다. 너무 무거운 장애물을 올려 놓을 경우 로봇이 혹시 부딪히게 되면 고장 날 수 있기 때문에 가벼운 재질의 장애물, 예를 들면 종이 박스를 놓으면 된다.

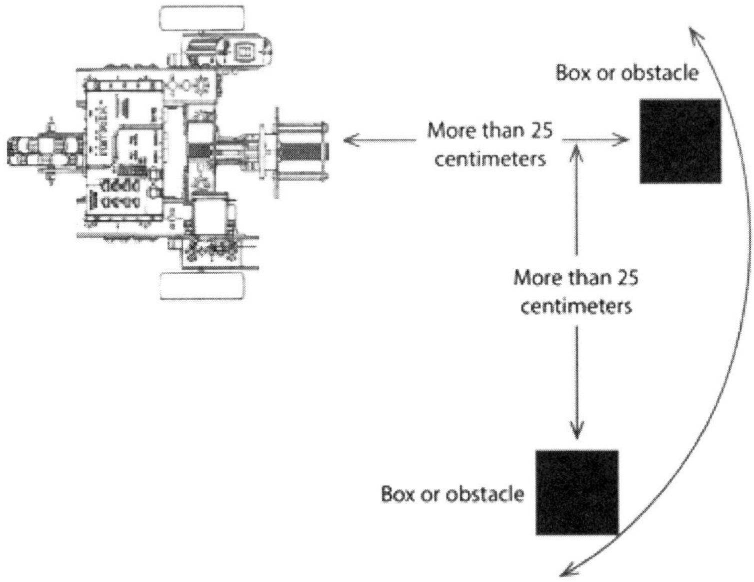

[그림 12-5] 장애물과 로봇 사이, 장애물과 장애물 사이가 최소 25cm 이상 놓음

초록색 시작 버튼을 눌러서 스케치를 실행한다. 로봇은 경로 상으로 25센티미터 앞에 물체가 있지 않는 한 계속 앞으로 움직인다.

물체가 감지되면, 로봇은 멈춘 뒤 후진하고 오른쪽으로 방향을 틀어 직진한다. 로봇의 행동을 관찰해 본다.

3. 더 나아가기

이번 스케치는 전 활동에서 처음 다룬 if/else문을 계속 사용하지만, 명령들을 더 추가해서 사용하고 있다.

이번 스케치에서 각각의 if/else문은 여러 명령들을 함께 실행한다. If 코드 블록에서는 Bee-Dee Bot의 모터를 35%의 파워로 회전시키며, 초록색 LED을 켠다. Else 코드 블록에서는 Bee-Dee Bot을 정지시킨 뒤, 후진하고 오른쪽으로 회전시키는 동시에 초록색 LED를 끄고, 빨간색 LED을 켠다. 이 과정은 loop()에 의해서 리셋 버튼을 누르기 전까지 계속 반복된다.

스케치 과정과 DC 모터의 움직임과 관련된 PRIZM 라이브러리 함수들에 대한 자세한 내용은 TETRIX PRIZM 아두이노 라이브러리 함수의 아래 항목과 아두이노 홈페이지(www.arduino.cc)를 참고한다.

- 센서 포트 함수
- DC 모터 함수

학습 12

【문제 해결】 초음파 센서가 올바른 센서 포트에 연결되었는지 확인한다. 본 수행활동에서는 D4에 연결 되어 있어야 한다.
벽의 표면이 고르지 못하거나 충분히 넓지 못하면 센서가 거리를 측정하지 못할 수도 있다. 센서가 잘 작동하는지 확인하려면 수행활동 5로 돌아가 시리얼 모니터에 나오는 값을 확인해보라. 이 때 센서 포트도 그 활동에 맞게 맞춰서 끼우는 것을 잊지 마라.

도전2 Bee-Dee Bot에 장애물 회피 프로그래밍을 구현한다.

예시 코드를 이용해서, Bee-Dee Bot이 장애물을 피하도록 새로운 스케치를 작성해보라.

이전 활동들에서 배운 것을 떠올려 응용해보자. 다른 물체로 장애물을 만들거나, 여러 장애물을 놓아 로봇이 모두 피하게 스케치를 작성해보자. 예시 코드를 바꿔 보면서 로봇이 장애물을 만났을 때 행동이나 반응의 변화를 관찰해보자.

03 Bee-Dee Bot에 사고 부여하기 프로그래밍을 구현한다.

코딩을 더 하기 전에, Bee-Dee Bot에 서보 모터를 추가한다. 이제 서보 모터를 비롯해 다양한 종류의 모터와 센서들을 통해서 Bee-Dee Bot이 스스로 결정을 내릴 수 있도록 사고를 부여한다.

서보 모터는 로봇이 경로 상에서 장애물을 감지했을 때 신호를 주기 위해서 사용한다. 서보 모터는 물체가 감지되면 레버를 올려 신호를 주도록 한다. 아래 단계들을 따라 Bee-Dee Bot에 서보 모터와 레버를 장착해보라

필요한 부품들은 다음과 같다.

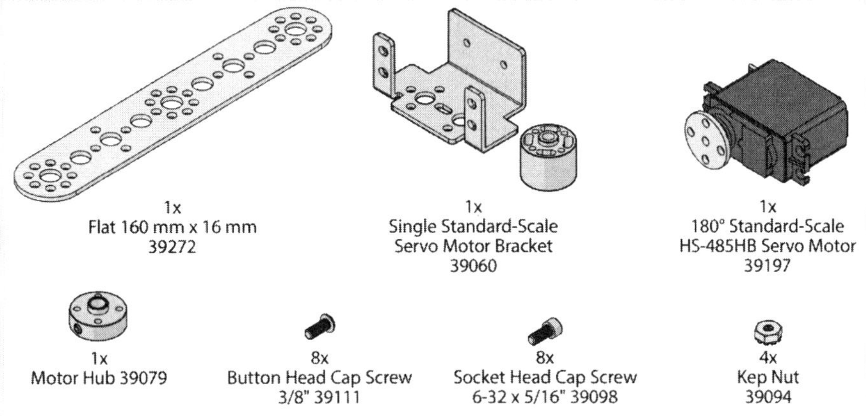

[그림 12-]

완성된 조립 상태는 아래와 같다.

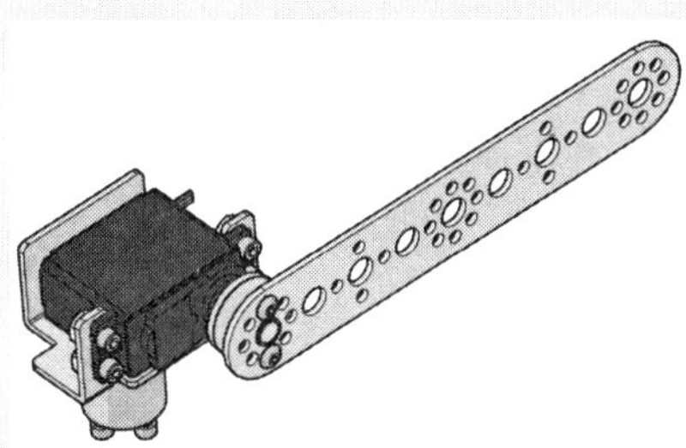

[그림 12-]

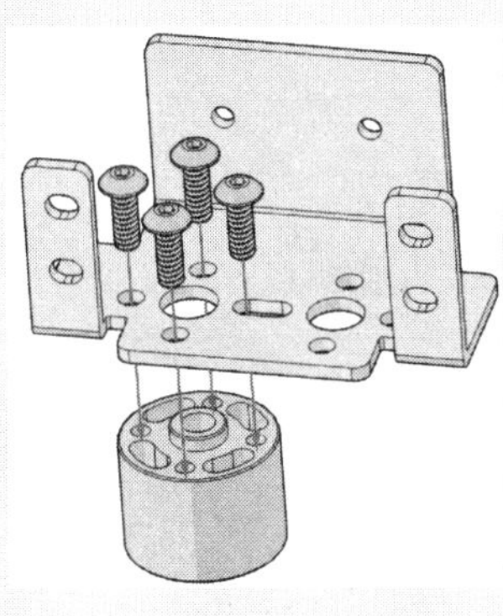

[그림 12-] Step 1.0

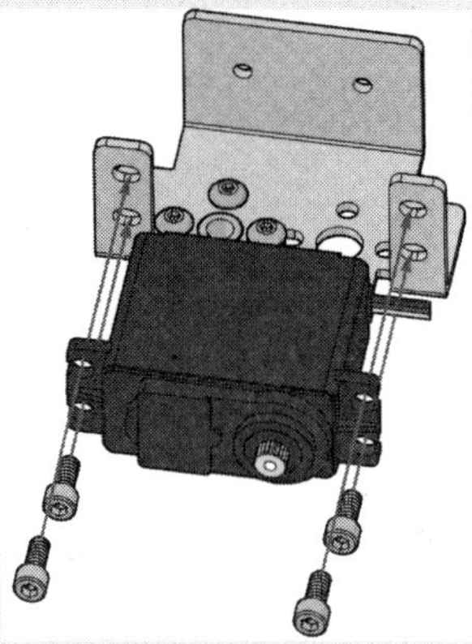

[그림 12-] Step 1.1

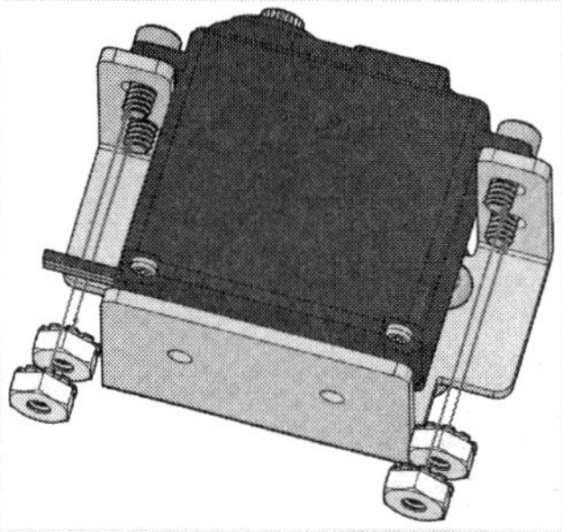

[그림 12-] Step 1.2

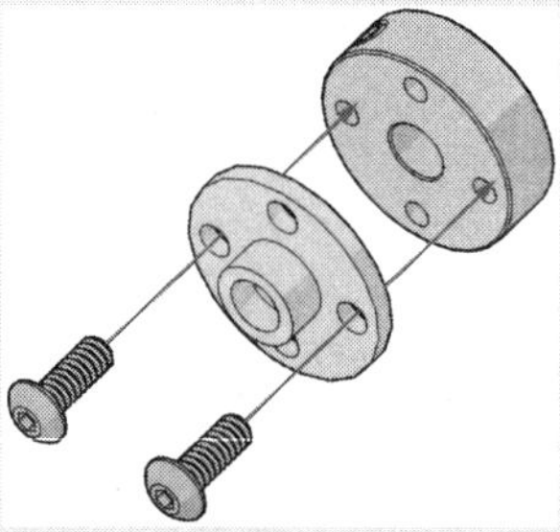

[그림 12-] Step 1.3

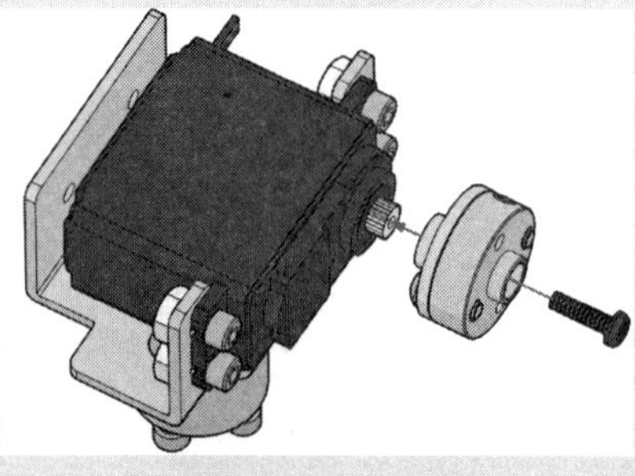

[그림 12-] Step 1.4

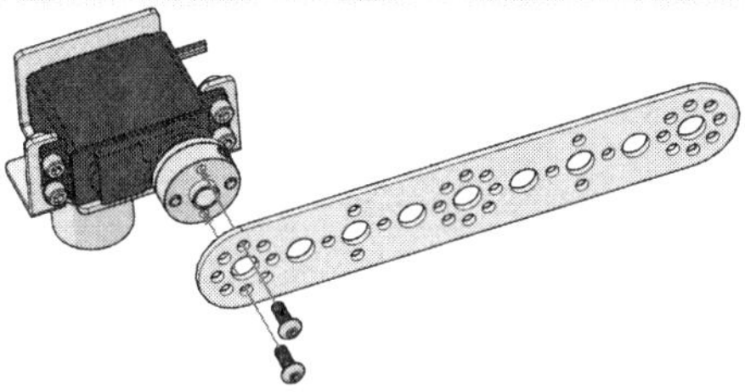

[그림 12-] Step 1.5

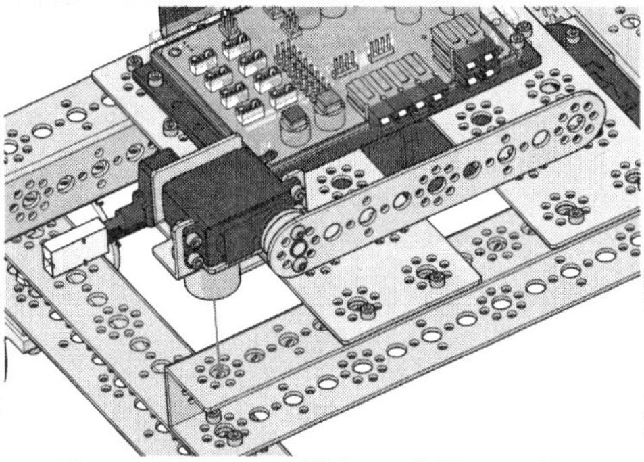

[그림 12-] Step 1.6

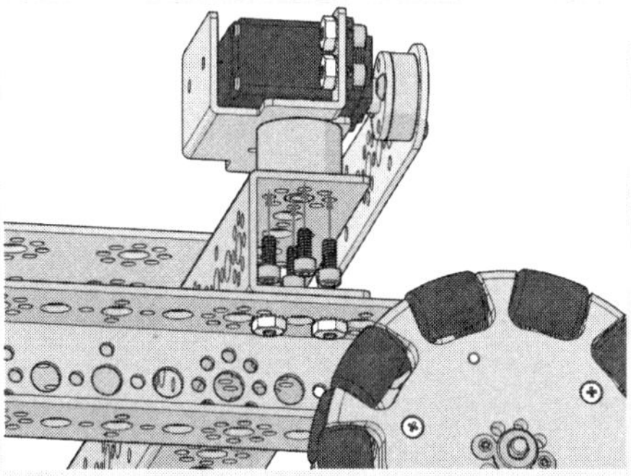

[그림 12-] Step 1.7

완성된 조립 상태는 아래와 같다.

04 Bee-Dee Bot에 모든 센서들 사용하여 프로그래밍을 구현한다.

모든 센서들 사용하기 수행활동은 지금까지 해온 작업의 결실이라고 보면 된다. Bee-Dee Bot이 장애물을 감지하는 동시에, 선을 따라 움직이게 스케치를 작성한다. 단, 장애물이 감지되면 Bee-Dee Bot은 멈춘 뒤 서보 모터로 레버를 올린 뒤 장애물이 치워질 때까지 기다리도록 한다.

1. 스케치 만들기

새로운 스케치를 만들려면 File 〉 New 탭을 선택하여 코딩을 한다.

현재 열려 있는 스케치들 중 나중에 참고하고 싶은 코드들을 Combining_Sensors으로 파일 명 저장하라.

```
/* PRIZM controller example program
 * This program uses the Line Finder and the Ultrasonic Sensors at the same time.
 * The robot will follow the edge of a black line (stripe) on a white surface and scan for
   an object
 * in its path. When an obstacle is detected, it will wait for the obstacle to be cleared
   and then continue.
 * The line sensor is connected to digital port D4. The Ultrasonic Sensor is connected to
 * digital port D4. The red LED shows the line sensor status. The green LED shows the
 * sonic Sensor status.
 * author PWU 08/05/2016
 */
 #include <PRIZM.h>        // include PRIZM library
 PRIZM prizm;              // instantiate a PRIZM object "prizm" so we can use its functions
void setup() {
 prizm.PrizmBegin();       // initialize PRIZM
 prizm.setMotorInvert(1,1);  // invert the direction of DC Motor 1
// to harmonize the direction of
// opposite-facing drive motors
 prizm.setServoSpeed(1,50); // set Servo 1 speed to 50
}
void loop() {
 if(prizm.readLineSensor(3) == 1) {
 prizm.setMotorPowers(30,125); // line detected
 prizm.setRedLED(HIGH);
```

```
    }
    else
    {
    prizm.setMotorPowers(125,30); // no line detected
    prizm.setRedLED(LOW);
    }

    while(prizm.readSonicSensorCM(4) < 25) { // object is in path, loop here until cleared
    prizm.setGreenLED(HIGH);            // turn on green LED
    prizm.setMotorPowers(125,125);      // stop, obstacle detected
    prizm.setServoPosition(1,0);        // raise detection flag!
    }
    prizm.setGreenLED(LOW);             // turn off green LED
    prizm.setServoPosition(1,90);       // lower flag position
}
```

[그림 12-6]처럼 Combining_Sensors 파일명의 새로운 스케치 창이 뜬다.

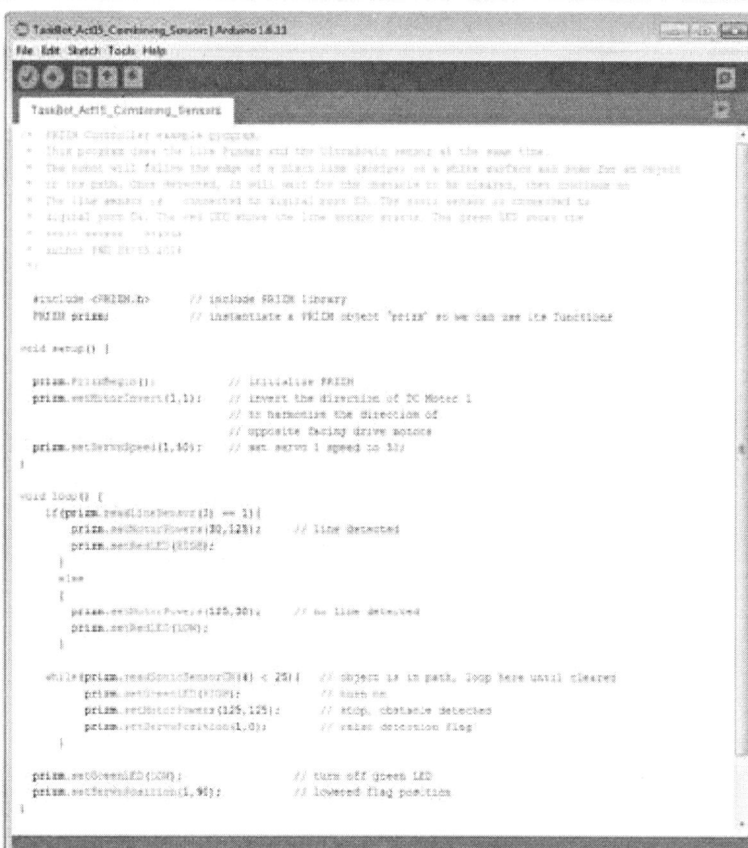

[그림 12-6] Combining_Sensors의 새로운 스케치 창

학습 12

2. 코드 실행하기

PRIZM에 스케치를 업로드 하기 전에, 연결을 확인하는 걸 잊지 마라. 라인파인더 센서는 디지털 센서 포트 3에, 초음파 센서는 디지털 센서 포트 4에 연결하면 된다.

본 수행활동에서 라인파인더 센서는 선을 따라가기 위해, 초음파 센서는 장애물 감지를 위해 사용한다. 예시 스케치는 로봇이 흰색 표면 위에 놓인 검은색 선을 따라가는 동시에, 경로 상에서 장애물을 감지할 수 있게 작성되어 있다.

장애물이 25센티미터 이내에 있는 것으로 감지되면, 로봇은 충돌을 막기 위해서 멈춘다.

이후 로봇은 물체가 사라질 때까지 레버를 올리고, 기다린다. 만약 물체가 사라지면, 계속 선을 따라간다.

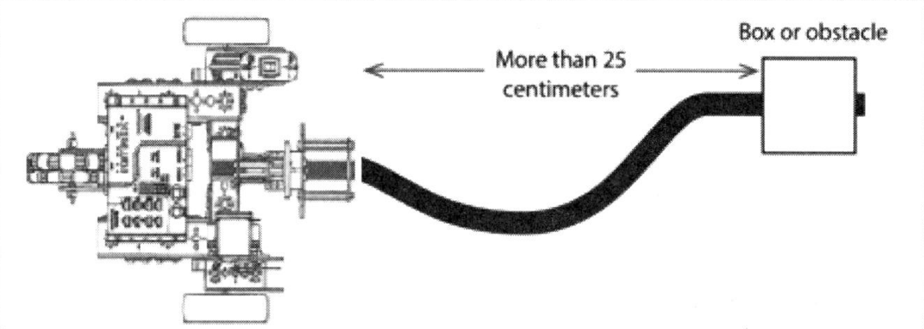

[그림 12-7] 장애물이 25cm 이내 감지되면 로봇은 정지

연결이 확인되면, 스케치를 업로드 한다. 업로드가 완료되면 초록색 LED가 켜진다. 만약 불이 들어왔다면, USB 케이블을 빼고 Bee-Dee Bot을 바닥에 놓는다.

Bee-Dee Bot은 흰색 표면 위에, 라인파인더 센서는 따라갈 검은색 선 위에 놓여 있어야 한다.

[그림 12-8] 라인파인더 센서는 검은색 선 위에 놓음

이 코드를 실행하기 전에, 장애물을 로봇으로부터 최소 25센티미터 이상 떨어지게 놓는다.

또한 장애물을 너무 무거운 것으로 택하면 로봇이 부딪혔을 경우 고장의 원인이 될 수 있으므로 가벼운 재질로, 예를 들면 종이 박스로 놓아준다.

초록색 시작 버튼을 눌러서 스케치를 실행한다. TaskBot의 행동을 관찰해본다. 장애물을 옮기면서 로봇이 어떻게 반응하는지 관찰해 본다.

스케치를 끝내고 싶다면, 빨간색 리셋 버튼을 누른다. 스케치에 쓰여진 주석과 비교했을 때, 실제 행동이 일치하는지 확인한다?

【문제 해결】 라인파인더 센서가 올바른 위치의 센서포트에 연결 되었는지, 선을 감지할 수 있게 센서가 잘 정렬되었는지 확인한다. 약간의 높이 조정이 필요할 수도 있으며 센서 모듈 뒤에 조정 나사를 조여야 될 수도 있다.

【문제 해결】 초음파 센서가 올바른 센서 포트에 연결되었는지 확인 한다. 본 수행 활동에서는 D4에 연결되어 있어야 한다.
벽의 표면이 고르지 못하거나 충분히 넓지 못하면 센서가 거리를 측정하지 못할 수도 있다. 센서가 잘 작동하는지 확인하려면 수행활동 5로 돌아가 시리얼 모니터에 나오는 값을 확인해본다. 이 때 센서 포트도 그 활동에 맞게 맞춰서 끼우는 것을 잊지 마라.

✔ **Tip**

스케치를 업로드 한 뒤에 PRIZM이 작동하지 않는다면, 전원 스위치를 껐다가 켜본다.

3. 더 나아가기

이번 스케치는 이전에 다루었던 if/else문과 while문을 사용한다. 본 스케치에서는 새로운 것들을 추가했다기 보다는 지금까지 배운 것들을 모두 사용하는데 초점을 맞추었다.

If/else문은 수행활동 6에서 다루었던 것처럼 선을 따라가는 행동을 지시하는 방식이다. while문은 초음파 센서의 상태를 확인하며, 만약 물체가 25센티미터 이내에서 감지되면 특정 행동을 지시하는 역할을 한다. 본 스케치에서 특정 활동이란, 로봇을 멈춘 뒤 서보 모터를 이용해 레버를 올리고 Bee-Dee Bot의 경로에서 장애물이 사라질 때까지 기다리는 것을 의미한다. 만약 장애물이 치워 졌다면, Bee-Dee Bot은 레버를 내리고 원래 진행하던 대로 선을 따라 움직인다.

스케치 과정과 스케치 과정과 DC 모터의 움직임과 관련된 PRIZM 라이브러리 함수들에 대한 자세한 내용은 TETRIX PRIZM 아두이노 라이브러리 함수의 아래 항목과 아두이노 홈페이지 (www.arduino.cc) 를 참고한다.

- 센서 포트 함수
- DC 모터 함수
- 서보 모터 함수

도전4 Bee-Dee Bot에 모든 센서를 사용하여 프로그래밍을 구현한다.

예시 코드를 이용해서 Bee-Dee Bot이 검은 선을 따라가다가 장애물을 만나면 멈출 수 있게 하는 새로운 스케치를 작성해본다. 이전 활동들에서 배운 것들을 떠올려 응용해 본다.

Bee-Dee Bot이 선을 따라가다가 장애물을 만나면 장애물을 돌아서 움직인 뒤, 선을 찾아 다시 따라가는 방식의 행동을 스케치를 통해 구현해본다.

학습활동.12 교수 · 학습 방법

교수 방법

- PRIZM 응용 프로그래밍(2)에 대한 관련 용어, 구성, 방식 이해 정도를 파악한 후 수업을 진행한다.
- 교수자의 주도로 PRIZM 응용 프로그래밍(2) 등의 내용을 PPT 자료로 제시한 후 설명한다.
- 가능하면 사전에 개인별 학습 자료를 준비하여 모든 학생이 참여할 수 있는 문제 해결식 수업, 협력 수업이 가능하도록 한다.
- PRIZM 응용 프로그래밍(2) 전 과정을 작업의 순서에 따라 단계적으로 실습이 이루어질 수 있도록 지도한다.
- 교재를 통해 수업을 준비하는데 있어서 필요한 모든 정보나 팁, 힌트 등 도움이 될 만한 내용들을 확인할 수 있다.
- 학생들이 만들게 될 각 모델들은 수업시간에 중점적으로 다뤄질 부분과 어휘, 질문, 답을 포함하고 있으며 또한 탐구할만한 추가적인 아이디어들도 포함하고 있다.

학습 방법

- PRIZM 응용 프로그래밍(2)에 대한 관련 용어를 숙지하고, PRIZM 응용 프로그래밍(2)에 대해 이해한다.
- PRIZM 응용 프로그래밍(2)의 각 단계별 중점 사항을 체계적으로 학습한다.
- PRIZM 응용 프로그래밍(2)의 수행순서의 전 과정을 실습한다.
- PRIZM 응용 프로그래밍(2)의 내용을 이해한다.
- PRIZM 응용 프로그래밍(2)를 이해하고 숙달이 될 때까지 학습한다.

학습활동.12 평가 및 피드백

평가 준거

- 평가자는 피평가자가 수행 준거 및 평가 내용에 제시되어 있는 내용을 성공적으로 수행할 수 있는 지를 평가해야 한다.

학습내용	평가항목	성취수준		
		상	중	하
PRIZM 응용 프로그래밍(2)	PRIZM 응용 프로그래밍(2)를 이해할 수 있다.			

평가 방법

- 작업 포트폴리오

학습내용	평가항목	성취수준		
		상	중	하
PRIZM 응용 프로그래밍(2)	PRIZM 응용 프로그래밍(2)를 이해할 수 있다.			

- 필기시험

학습내용	평가항목	성취수준		
		상	중	하
PRIZM 응용 프로그래밍(2)	PRIZM 응용 프로그래밍(2)를 이해할 수 있다.			

- 체크리스트를 통한 관찰

학습내용	평가항목	성취수준		
		상	중	하
PRIZM 응용 프로그래밍(2)	PRIZM 응용 프로그래밍(2)를 이해할 수 있다.			

- 피드백

1. 작업 포트폴리오
   - 제출한 보고서를 평가한 후 주요 사항에 대하여 표시하여 돌려준다.
2. 필기 시험
   - 평가 결과 성적이 저조한 학생은 보고서 제출 기회를 부여한다.
3. 체크리스트를 통한 관찰
   - 실습 과정에서 평가한 후 개선해야 할 사항 등을 정리하여 돌려둔다.

참고자료

1. PITSCO, TETRIX PRIZE Coding Essentials student Guide. 2018
2. PITSCO, TETRIX PRIZE Robotics Controller Quick-Start Guide and Specficatons. 2018
3. PITSCO, TETRIX PRIZE Robotics Controller Programming Guide. 2018
4. arduino 1.8.4-windows
5. tetrix_Prizm_01-03_18

저자약력

남 상 엽
- 공학박사
- 삼성종합기술원 정보시스템연구소 근무
- 모토로라반도체통신 기술연구소 근무
- 국제대학교 교수(1998~현재)
- Head Of Cube System Lab(현재)

안 병 구
- 공학박사(New Jersey Institute of Technology : NJIT)
- 포항산업과학연구원(RIST) 선임연구원 근무
- 홍익대학교 소프트웨어융합학과 교수(현재)

이 규 대
- 공학박사(고려대학교 전자공학과)
- 미국 조지아텍 연구교수(2001)
- 공주대학교 교수(현재)
- ICGHIT2018 General chair

강 현 웅
- 성균관대 겸임교수(현재)
- 핸즈온테크놀러지 대표이사(현재)

로보틱스 프로그래밍

2019년 3월 20일 1판 1쇄 발행

저 자 남상엽·안병구·이규대·강현웅

발행인 남 승 우

발행처 도서출판 상尙 학學 당堂

서울특별시 동작구 사당로9가길 6

TEL : 02) 595-1692~4

FAX : 02) 595-1394

E-mail : namdoo6@unitel.co.kr

신고 : 2-155호 (1968. 11. 29)

정가 27,000원

ISBN 978-89-6587-181-1 93000

〈디자인〉 편집 엄해숙 / 표지 토틀컴